陕西师范大学“211工程”重点学科建设项目
教育科学研究新进展
郝文武 栗洪武 主编

现代大学制度的法律重构

祁占勇 / 著

中国社会科学出版社

图书在版编目（CIP）数据

现代大学制度的法律重构：权力制衡与权利保障／祁占勇著．—北京：中国社会科学出版社，2009．7
ISBN 978-7-5004-7772-3

Ⅰ．现…　Ⅱ．祁…　Ⅲ．①高等教育－教育制度－研究－中国②高等教育－教育法令规程－研究－中国
Ⅳ．G649．22　D922．164

中国版本图书馆 CIP 数据核字（2009）第 076343 号

策划编辑　冯春凤
特约编辑　任风彦
责任校对　王兰馨
封面设计　回归线视觉传达
版式设计　王炳图

出版发行　中国社会科学出版社
社　　址　北京鼓楼西大街甲 158 号　　邮　编　100720
电　　话　010—84029450（邮购）
网　　址　http：//www.csspw.cn
经　　销　新华书店
印　　刷　北京君升印刷有限公司　　装　订　广增装订厂
版　　次　2009 年 7 月第 1 版　　印　次　2009 年 7 月第 1 次印刷
开　　本　710×960　1/16
印　　张　22　　插　页　2
字　　数　290 千字
定　　价　42.00 元

教育科学研究新进展丛书
编委会

总 序

教育是亘古的事业，有了人类就有了教育，也就有了人类对教育的认识；教育又是未来的事业，是为未来社会培养人才的实践，所以教育研究既要温故又要知新。陕西师范大学教育学院的年轻学者，在精心耕耘于教坛，收获丰硕成果的同时，深入钻研教育问题，在继承之基础上不断创新，也取得显著成绩，并作为学校“211 工程”重点学科建设项目的成果，由教育科学出版社、中国社会科学出版社等出版“面向当代教师教育的教育科学研究”、“教育科学研究新视野”与“教育科学研究新进展”三套丛书，从一个侧面展示其教育学学科建设、教育学学人学术研究承传与发展的风貌，这是一件令人高兴的事情。

我与陕西师范大学的老师们有着密切的交往。北师大、陕师大同是教育部直属的师范大学，而且陕师大的不少老师来自北师大，因此我们两所大学有着天然的兄弟情谊。两校的教育干部培训中心、教师培训中心，都是教育部下属的连锁单位。我曾经担任过北师大这两个单位的领导，所以无论是开会、讲学，我们都会汇聚在一起讨论共同遇到的问题。陕西师大教育学院也是我最熟悉的单位，那里有我国老一辈的学者如刘泽如、吴元训等先生，有我们同辈的张安民、孙昌识等先生，也有我们的学生辈郝文武等人。

陕师大也是我到西安的主要立足之地。我第一次到西安，就住在陕西师范大学。那是 1980 年的事，参加在陕师大召开的中国教育学会教育史研究会的成立大会。西安这个美丽而朴实的古都，它的文化底蕴，它给中华民族带来的文明，给我以极大的震撼。会议之余，我两次跑到碑林去欣赏我国古代书法艺术之宝，半坡村、华清池遗址当然也没有错过。以后多次到西安，东西两边的古迹都跑了一个遍。陕师大就坐落在这个文化窝子里，你想，她的身上能不散发着浓郁的文化气息吗?

在长期的交往中，使我对陕西师范大学教育学院也有了更多的了解。陕西师大教育学院与陕西师范大学一起已经历了六十余年的发展历程。它的前身——教育系走过了曲折的道路，特别是“文革”期间遭受到严重的破坏，一度停办。改革开放以后开始重建，并且由教育系扩展为教育科学学院。最近教育科学学院又分为教育学院和心理学院。近 30 年来，在学校领导的重视下，经过几代教职员工的不懈努力，陕西师大教育学科在人才培养、教师队伍建设、学科建设、科学研究等方面都取得显著成绩。特别是在“十五”期间，学科建设取得了历史性的突破：2002 年，教育学专业被陕西省人民政府命名为“名牌专业”；2003 年，获得教育学原理博士点和心理学博士点；2005 年，取得了课程与教学论博士点；2004 年，申请到了西北基础教育与教师教育研究中心基地；2006 年，获得了教育学、心理学两个博士后流动站；2008 年，学校又将“面向 21 世纪的教师教育与认知科学研究”列为“211 工程”重点学科建设研究项目。我衷心地祝贺他们所取得的这些成绩，并祝愿他们在新世纪取得更大的成就。

现在，展现在大家面前的这三套丛书，便是陕西师大教育学院和心理学院教师近年来在学术研究领域辛勤耕耘所取得的新收获。该丛书以“三个面向”和科学发展观的战略思想为指导，坚持理论与实践相结合、教育科学与教师教育研究相结合的原则，比较深入地探讨了新世纪教育转型、改革和发展中重要的基本理论与实践问题，这对更新教育观念，推进教育实践发展，培养高水平、应用型基础教育的优秀教师都有积极意义。

追求精品是学术性著作的本性。这三套丛书无论是基础理论研究，还是实践领域的应用研究，都能在广泛占有资料的基础上，反映出学科研究的前沿水平，体现了创新见解；而且，作者多数为中青年学者，他们思维敏锐，观念新颖，研究方法独特，每本著作都各有特色。同时，为了提高书稿质量，各书还分别邀请相关专家作为特约审稿人，对书稿的质量进行全面把关。

相信这三套丛书的出版，将会进一步提升陕西师范大学教育学科的研究水平，为教育科学研究的百花园地增色添彩，在西北地区乃至全国发挥良好的作用。承蒙陕西师大教育学院不弃，要我写几句话，是为序。

2009 年元月

前　　言

具有60多年历史的陕西师范大学，近十几年来在教学、科研、学科建设等方面发生了历史转折性的巨大变化，2006年被国家列为“211工程”建设大学，并确定了“以教师教育为主要特色的综合性研究型大学”的办学目标。为此，学校坚持优先发展教育科学，把教育学科列入“211工程”重点建设学科。在学校领导的大力支持和广大教师的共同努力下，近年来教育学学科建设得到快速的发展，目前设有教育学原理和课程与教学论两个博士点，同时取得了一批突出的科研成果，2008年国家批准“面向当代教师教育的教育科学与认知科学研究”为“211工程”重点学科建设项目，由教育学院和心理学院承担其主要任务。“陕西师范大学‘211工程’重点学科建设项目面向当代教师的教育科学研究”系列丛书，就是其重要成果之一；“教育科学研究新视野”和“教育科学研究新进展”两套丛书，也是教育学院和心理学院教师近年来研究的新成果。

“面向当代教师教育的教育科学与认知科学研究”项目确定为“当代中国基础教育与教师教育课程的理论和实践研究”、“学生学习与作业绩效的行为和认知神经研究”、“现代教育技术与西北地区教育实践研究”等三个主要研究方向。

“当代中国基础教育与教师教育课程的理论和实践研究”方向的主要任务是通过对中国当代教育实践和教育思想变革的根源、动力、内容和历程探讨，阐明中国当代教育思想和教育实践变革的价值追求和发展方向。通过对中国当代基础教育及其新课程改革与教师教育改革和发展的研究，形成适应并引领我国基础教育发展、新课程改革和教师教育发展的理论，主要内容涉及当代中国教育本质、教育价值、教育目的、课程、教育技术的哲学变革，教师教育体制改革和课程改革，教师教学专业可持续发展的路径与策略，基础教育课程改革、课堂教学模式重建及其从传统教学方式向新型教学方式转变等。

“学生学习与作业绩效的行为和认知神经研究”方向的主要内容包括：第一，应用认知神经科学与人因学研究。本研究在继续发挥空间认知基础理论研究的国内领先水平和优势基础上，结合认知神经科学技术手段，积极开展有关教育心理学研究。第二，学习与记忆的神经机制研究。本研究采用分子生物学的方法，探索学习和记忆的神经机制，在深入探讨学习与记忆的分子学基础上，通过脑成像技术，开展系列学习与记忆的脑机制研究。第三，心理发展与健康的脑与行为机制研究。本研究主要拟突破的重点问题是情绪障碍、注意缺陷多动障碍的神经基础，网络成瘾、问题行为的神经生理机制，情绪发展的神经生理学基础等。

“现代教育技术与西北地区教育实践研究”方向的主要内容包括：信息技术促进教师专业发展的理论与实践研究，西北地区教师教育信息资源建设理论与实践研究，信息技术与课程整合的有效模式研究，西北地区教师教育数据库建设，教育信息化的基本理论与对策研究等。本研究对在西北地区中小学普及信息技术教育，实现信息技术与教学过程的有机结合，建立完善的信息技术基础课程体系，推广新型教学模式，优化课程设置，丰富教学内容，提高师资水平和教学效果，全面推进素质教育有重要的意义。

首先感谢我国著名教育家顾明远先生对我们的关心和厚爱，

老先生不辞辛苦欣然为本丛书作序，使后学晚辈备感荣幸和鼓舞；同时，对我校发展规划与“211 工程”建设处、教务处和教育科学出版社、中国社会科学出版社、陕西师范大学出版社的各位同仁为本丛书出版的支持和辛劳表示衷心感谢！我们也期盼本丛书能对我国教育理论与实践的发展产生积极的影响，并诚恳欢迎专家、学者对存在的问题提出宝贵意见。

编 委 会

2008 年元月

目　录

第一章　导言:现代大学制度建构中的法律缺失与法制建设

21世纪是一个变革与创新的时代，而变革与创新的时代需要变革与创新的理论与实践。处于社会转型期的大学将何去何从？是横亘在我们面前的热点与难点问题。时至今日，作为逐渐从社会边缘走向社会生活中心的大学，已成为影响社会的主要“轴心”力量之一——“这不仅是从培养知识界精英这一意义上说，而且是从为整个社会提供知识的意义上说。”[①] 因为，大学的发展在一定层面上影响着一个国家经济发展的潜力与命脉，制约着一个民族培养具有创造性人才的实力，反映着一个国家人力资源质量与结构的好坏。放眼西方国家大学的发展，一个基本的史实就是通过法律制度建设来规范大学的发展，使大学的教育、科研、服务功能相得益彰，以期迎接现代性的挑战。

中国近代是在“西学东渐”的大背景下，为了防御西方的侵入与威胁的情况下开始现代化的，其典型特征就是对西方先进的文化、技术等进行模仿与移植，包括对先进制度的移植，而教育方面的变革与发展也不例外。具体来说，从19世纪中叶开始，中国在教育方面的改革与发展离不开“中学为体、西学为用”的框架模式，无论是学制的改革、新式学堂的创立，还是蔡元培

① ［美］伯顿·R. 克拉克，王承绪等译：《高等教育新论》，浙江教育出版社1987年版，第43页。

对北大的改革等，无不深受西方教育理念与思想的影响，都存有西方教育改革的痕迹。进入到20世纪中叶，由于政府对高校的控制，大学的发展成为政府的附属机构，一切皆以“行政命令与控制”为指示来运转与发展，显然脱离了大学发展的本质内涵，忽略了大学发展本身的特性与功能。20世纪80年代以来，随着我国改革开放政策的推进，政府开始转变职能，实行“瘦身”与分权、放权、授权。首当其冲的就是企业单位的改制，到目前为止，企业改革的成效已初现端倪，建立了“产权清晰、权责明确、政企分开、管理科学”的现代企业制度；而与之形成鲜明对比的是，事业单位的改革成效却不令人满意。

作为事业单位的大学，理应也是改革的重点。但是，为何大学的变革在整个改革浪潮中没有实现预定的目标？虽然大学改革的浪潮不断地进入人们的眼球，而且人们对大学变革与改革的期望、关怀与热情也从来没有减少过。诚如鲍尔所言：“教育改革犹如‘政策流行病’席卷全球。盘根错节的改革理念通常是不稳定和不平衡的，但却具有不可遏制的态势；它在不同的社会和政治环境中，在不同的历史背景下，渗透并改变着不同的教育制度。……虽然具体细节各有差别，但各国改革的总体效应却存在惊人的相似之处。虽然具体形式各异，但教育改革整体的要素却同样适用于中小学、学院和大学。这些要素包括市场、管理主义和强调绩效。”① 在现实中，我国大学改革与发展中还存在着相当多的问题，人们对大学改革的前景一片迷茫，陷入了“人们不预先改革精神就不可能改革制度，但人们不预先改革制度又不可能改革精神”② 的两难困境之中。目前“全世界的大学已经进

① ［美］斯蒂芬·J. 鲍尔，侯定凯译：《教育改革——批判和后结构主义的视角》，华东师范大学出版社2002年版，作者中文版序。

② ［法］埃德加·莫兰，陈一壮译：《复杂性理论与教育问题》，北京大学出版社2004年版，第185页。

入一个看不到尽头的令人感到混乱的时期。……高等教育丧失了它可能一度具有的稳定状态。”① 大学“变成了极其矛盾的文化机构”②。面对大学改革的困局，我们必须要对当今大学的改革进行深刻的反思，以寻求大学改革与发展的新的生长点与生命力。

一　现代大学体制性障碍的消解需要法治的支撑

研究起源于问题，问题则来源于现实的需要。

“现代、太现代了”，面对如今一浪高过一浪的改革潮流，如所谓的知识与信息革命、学习型社会与终身学习、建设人力资源强国、全面建设小康社会、建设社会主义新农村等，人们不仅在观望或摸索，也在进行理性的思考。

上述任务和理想的实现，也推动着现代大学的发展。现代大学在社会发展中占据着不可低估的位置，大学承担着教学、科研、服务社会的职能，大学可以提高人口的质量、优化人口的结构，有利于我国向人力资源强国迈进；大学是人才集聚的地方，可以为国家输送高质量的人才，有利于知识、信息革命的加速发展；大学对社会的贡献，有利于促进学习型社会的建设；大学在速度、规模上的不断发展，有利于更多的人接受高等教育，不仅有利于国民素质的提高，更加有助于我国全面建设小康社会的推进；大学改革与发展方向的设计，有利于国家高等教育政策的调整以及高校自身发展的定位，有利于人们更加关注高校的发展命运……

① ［美］伯顿·克拉克，王承绪译：《建立创业型大学：组织上转型的途径》，人民教育出版社 2003 年版，导言第 1 页。

② ［美］埃里克·古尔德，吕博等译：《公司文化中的大学》，北京大学出版社 2005 年版，第 2 页。

然而，大学能承受如此之重吗？大学的发展呈现一派繁荣景象，但繁荣背后不是没有问题，浮华幕后可能潜藏着更多的隐患。我国大学改革与发展中还存在着相当多的问题，人们对大学改革的前景一片迷茫。现阶段，我国大学已陷入了一些困境。一方面，为了保证教育的机会公平，我们招收越来越多的学生，高等教育也一跃进入了大众化阶段，但与此同时却呈现出人们对教育质量下降的担忧，从而引发了质量与数量、规模与速度、公平与效率等的争论；一方面，我国的大学由于缺乏自主性而要求更大的自治权力，但同时也有滥用权力、不会用权、用不好权的情况；另一方面，大学出现众多问题亟待更多监督。

处在整个政治经济体制改革和事业单位改革背景之下的大学，转型期这一历史时期决定了大学的改革势在必行。

新中国成立以来，我国有关教育方面的改革一直没有间断过，而高等教育真正进入实质性改革，则源自于20世纪70年代末改革开放政策的实施。这一改革也正好与西方国家开展的“学校重建运动”不谋而合，我国近30年在高等教育方面的改革与变革，基本上围绕着“扩大与落实大学办学自主权”的问题展开讨论，也取得了相当可观的成绩。这不仅表现在法律法规、规章等的法律、政策文本中，如我国先后颁布的《中共中央关于教育体制改革的决定》（1985）、《中国教育改革与发展纲要》（1992）、《高等教育法》（1998）等，就连“扩大与落实高等学校的办学自主权”问题都明确地进行了规定，同时进一步指出要“转变政府职能，使学校面向社会自主办学”；而且学界也对此问题展开了深入的研究，“扩大高校自主权与中国转型社会改革相互交织，成为探讨20世纪90年代中国高等教育改革的重要脉络”①。而且有关

① 卢乃桂、陈霜叶：“20世纪90年代以来中国高等教育改革中市场角色的研究”，《教育研究》2004年第10期。

高校办学自主权研究方面的文献每年都呈上升势头。在此基础上学者也对大学的本质属性以及办学规律进行了研究，如对大学自治、学术自由、高等教育的公共性等问题展开研究，分析了学术自由与社会干预、政府干预的关系以及合理限度[①]，揭示了中国教育法律关系变革中的“市场介入”以及政府权力的转移与分化，明晰了政府分权与大学自主的关系[②]，探讨了大学的法人治理结构[③]等，这些研究在一定层面拓展了高等教育研究的领域，对我国高校相继开展的人事制度改革、后勤社会化改革、招生制度改革等提供了有力的理论支撑。

但是，时至今日，面临现代性的冲击与挑战，现代大学在不断的发展、改革、变革过程中，不仅遭遇了空前的困惑与困境，不同的利益主体，有着不同的利益诉求，作为理性和价值中立模式的学者共同体陷入了多种目标的相互冲突之中；而且先前所探讨的问题“并不意味着相关的过去争论不休的理论与实践问题都已得到解决”[④]，大学作为现代社会中一个具有建制特征、专业利益、资本分配和转换机制的场域，相对独立于政治、经济和社会权力场域。然而，大学在发展中的主导资本依然是政治资本、经济资本横流，文化资本、学术资本并没有得到很大程度上的发挥；大学的办学自主权并没有得到真正的落实与扩大，大学的法人地位并没有得到真正的落实；办学目标的过于功利化、学术管理的官僚化、校园文化的泛政治化等，使大学的功能日趋萎

---

① 参见周光礼：《学术自由与社会干预——大学学术自由的制度分析》，华中科技大学出版社 2003 年版；朱新梅：“政府干预与大学公共性的实现——中国大学的公共性研究”，北京师范大学研究生院 2005 年。

② 许杰：“政府分权与大学自主”，北京师范大学研究生院 2005 年。

③ 覃壮才：“我国公立高等学校法人治理结构研究”，北京师范大学研究生院 2004 年。

④ 李泽彧：“关于我国高等学校办学自主权的探讨”，《人大复印资料·高等教育》2001 年第 7 期。

缩与退化；大学传承学术和发展学术的功能不断弱化；大学作为高深学问的权威机构则因文科研究充任现行政策的注释员，理工科重实用技术轻基础理论而变得名不副实[①]。“高等学校由政府包办的传统思想观念仍然存在，计划经济体制下形成的管理制度也依然起作用，政府转变职能进展缓慢，高等学校对政府的依赖意识和等、靠、要思想没有从根本上改变，已经规定的办学自主权实际尚未到位，没有得到根本落实，改革的效果不能令人满意。”大学组织结构的内在秩序日益走向失范，对物质资源的追逐导致大学精神理想、教育价值、学术规范正在遗失，[②] 大学正遭遇着“本体危机”[③] 的尴尬！其实，这种本体危机正好映衬了大学生存空间中制度的缺失，制度障碍成为阻碍大学发展的瓶颈，使得大学在处理学术自由、大学自治与政府、社会干预间的关系时，处于二者的“夹缝”中。大学同时承受了政府、社会、市场等的多重压力，其自主性依然处于缺失状态；大学脱离了其良性运转的轨迹，大学对不同利益主体的利益诉求与表达存在着失衡，“在中国，权力干预学术自由的时代还没有完全过去，我们又将迎来一个金钱主宰学术方向的时代。”[④] 正因为如此，实践层面的大学自主权改革的呼声就没有停止过，仍旧不绝于耳、经久不衰。

如何消解大学的“本体危机”而重塑大学精神呢？

---

① 肖雪慧：“教育：必要的乌托邦”，《社会科学论坛》2000 年第 7 期。

② 周远清：《21 世纪中国的高等教育》，高等教育出版社 2001 年版，第 85 页。

③ 关于何为大学的“本体危机”，人们在探讨中存在着两种不同的认识：有人认为，大学“本体危机”的实质是大学顽固坚持其“象牙塔”理念，对社会的需要反应迟钝，社会对大学失去了信心。有人则认为，大学的“本体危机”恰恰在于大学迫于经济或经济以外的各种压力而放弃了其“象牙塔”理念，大学过于依附于社会，并以社会不能接受的方式朝“全面商业化”的方向发展及以社会不能接受的方式朝“泛政治化”的方向发展。参见周光礼：《学术自由与社会干预——大学学术自由的制度分析》，华中科技大学出版社 2003 年版，第 2 页。

④ 甘阳、李猛：《中国大学改革之道》，上海人民出版社 2004 年版，第 214 页。

在“政企分开”取得较为成功的基础上，即建立了与中国政治、经济、文化体制相适应的现代企业制度，其他组织也在纷纷效仿企业改革的路径。现代企业制度的建立，意味着企业将最终摆脱传统计划经济体制的束缚，真正成为在竞争中求生存、求发展的独立的法人财产主体和市场主体，这种制度以企业的发展规律为基础，以出资者与经营者相分离的“法人治理结构”为根本特点。企业制度改革的成功思路，为现代大学的改革提供了广阔的前景和曙光，无论是理论工作者还是实践工作者抑或是政策的制定者，都在不同程度地策划和构想着中国的现代大学制度。

然而，已有的研究并没有消除人们心中的疑团，大学的“本体危机”仍困扰着人们，这与我国大学长期运行于行政权力的主导环境中不无关系，政府高度统一管理，大学改革仍然是政府主导型的改革模式，行政权力泛化与强化导致权力的结构性失衡。具体来讲，这些疑团与困扰可以概括为：政府居投资者、办学者、管理者的三重角色依然没有得到彻底的改变；市场介入的力量仍然较小；大学“依法治校”的局面还没有形成；大学的规章制度、内部规则高于位阶高的法律、政策现象依然很多；大学的人事制度改革即教师聘任制度仍然流于形式；大学的教师职务制度与聘任制度没有真正得以区分，评聘不分的现象比较普遍；大学更多地关注实体规则与制度，存在着程序规则与制度缺乏的现象；大学内部的权力匹配严重失调，学术权力式微，监督权力销匿，行政权力继续强势发展；大学自治与自主的意识淡漠，没有真正体现学术自由的精神，没有形成与内外部环境相得益彰的良性的法律运行机制……

面临问题重重的高等教育，阻碍我国高等教育改革与发展的障碍到底是什么？事实上，正如有学者所言：“现在教育发展中遇到的很多问题都是制度性障碍，不克服这些制度性障碍，教育就不可能有大的发展。比如说，推动学校自主办学，搞了多年，效果并不理想，问题在于现在主要靠的是政策性放权，而不是制度性建设。学校能不能作为一个法人独立办学，关键在于有没有制度保障。只给政策而不革新制度，是难以取得实质性进展的。不久前教育部公布的《从人口大国迈向人力资源大国》的报告提出建立现代大学制度，完善学校法人制度，都是着眼于克服制度性障碍，抓住了根本。"[①] 大学正在遭遇着制度性障碍，如何建构适合中国国情的现代大学制度？政府如何管理大学？大学如何有效运作？大学如何进行制度性变革？"人类社会发展到今天，已形成庞大而复杂的制度协调，即分领域、有层次、多形式的'制度之网'，不同领域、不同层次、不同形式的制度之间相互作用，共同向导与规范着人们的政治行为、经济行为和文化行为。"[②] 一部大学发展史，就是一部大学制度创新史。具体来讲，我国高等教育发展中所面临的体制性障碍可以概括为以下四个方面：

一是高等教育行政管理体制的障碍。从20世纪80年代中期开始，高校自主权的落实与扩张遭遇瓶颈，即政府和社会为大学提供的资源和制度空间很小，大学陷入了"本体危机"的边缘。主要是因为高等教育行政管理体制障碍所致。

从制度分析的角度来看，制度环境建设的核心是完善大学办学自主权。1998年，联合国教科文组织通过了《世界高等教育大会宣言》，呼吁世界各国政府不要过于干预大学，要维护大学的办学自主权和独立的法人地位。2000年，国际大学协会也发表了《学术自由、大学自主和社会责任》的声明，并准备起草一份维护大学办学自主权的国际公约。

---

① 熊庆年："抓住机遇 创新制度"，《上海教育》2003年第06A期。

② 王军：《可持续发展》，中国发展出版社1997年版，第152页。

高等教育行政管理体制，即我们通常所说的政校关系问题，从体制的角度来看，政校关系的核心是权力的分配问题，即政府和学校之间职权、职责的界定问题。政校关系理不顺，政府该管的没有管，形成权力缺位；不该管的，自然也管不好，形成权力错位。政府职能的缺位和错位就会导致高等教育改革的梗阻，影响整个高等教育事业的发展。但我国大学长期运行于行政权力主导的环境中，政府高度统一管理、行政权力高度泛化与强化导致权力的结构性失衡。

大学办学自主权的落实与扩张，正在遭遇着制度性障碍，主要是因为政府和社会为大学发展提供的资源和制度发挥的空间很小，从而使高校陷入了对外缺乏自治权与对内滥用自治权并存的境地。

二是高等学校内部组织体制的障碍。高校内部治理走向泛行政化，即大学自身制度整合办学资源以及把握发展机遇能力有限，大学成为行政机关的一个缩影与再现。主要是因为高等学校内部组织体制障碍所致。

高校作为一个特殊的社会组织，是以学术自由为真谛的，大学的生命力在于学术本性。我国已在法律体系中确立了学术自由的原则，但是在具体实践中没有相应的制度作保障。如何将学术自由的原则具体化，最主要的是确立大学自治的制度。但我国现有的高等学校管理体制是与计划经济相适应的，高等学校习惯于依赖政府，成为政府的一个层级。大学在发展中的主导资本依然是政治资本、经济资本横流，文化资本、学术资本并没有得到很大程度上的发挥。

大学自治的实现：一方面就是改变高等学校依附于教育行政主管机关的状况，使其成为真正意义上的法人，将高校与政府之间的关系框定在法治的范围之内，意味着大学对于国家和社会的相对独立性。另一方面，大学自治制度的真正实现还有待于微观自治的实行，即大学的有效治理。而大学的有效治理不仅仅在于大学内部权力的有效运行，还要注重保障大学成员尤其是教师和学生的权利。

但现实中，高校内部治理在不断地挤压学术权力，通过行政权力的模式来维持高校的发展，造成了大量的学术失范。高校自身把握机遇能力有限，习惯于按照行政命令、指导的方式行使权力，其自主性、主体性没有得到发挥。大学组织结构的内在秩序日益走向失范，对物质资源的追逐导致大学精神理想、教育价值、学术规范正在遗失。

三是高等学校成员权利保障机制的障碍。大学成员权利保障机制缺乏有效的救济渠道，即大学成员在高校发展中的权限空间很小，主体性地位没有真正得以发挥。主要是因为高等学校成员权利保障机制的障碍所致。

在我国高等教育改革中，高等学校是改革的重心，因此明晰高等学校与教师、学生的法律关系，确定高等学校教师、学生的法律地位，对于改革高等学校管理体制，规范高等学校的权力至关重要。

高等学校权力的行使者，既包括政府等外部利益主体，也有高校等内部利益主体。从权力的本质来看，权力的本性在于扩张，行政权力犹然，只要是权力就可能侵犯权利，政府是大学权利的威胁者，要建立以社会制约权力的社会制衡机制，人们才能得以免受国家强权的干预，保持相对的自主性。大学是教师和学生权利的威胁者，对于大学来说，只有“存在诉诸法律的可能性，才有在实际上受到尊重的极大可能性”。

但从我国高等学校法律实务来看，高校教师、学生的法律救济渠道没有真正开通，法律上缺乏明确的规定，从而导致高校法律救济渠道混乱不堪。

四是高校法人治理机制的障碍。高校法人治理缺乏合法性，陷入了法治与德治、人治博弈的泥潭，而结果往往都是人治占据了上风，“政策流行”“规则至上”成为了治理的逻辑。这主要是因为高校法人治理机制的障碍所致。

高校法人治理的提出，主要导源于“政企分开”的“法人治理结构”的治理理念与全球性的高等学校法人化运动，即建立现代企业制度与走向法人治理，试图为高等教育改革带来经验上的福音，使“政事分开”的改革能够更好地开展。

同时，在世界范围内，大多数国家与地区也在积极地进行高等教育改革，其改革的方向是“公立高等学校法人化”，即赋予高校法人地位，其实质是一种公法人化的改革，比如日本、新加坡以及我国台湾地区等。虽然，各国的法律体制不同，但至少说明了进行高等教育法人化改革的必要性。

“政企分开”的成功与国外高校法人化改革的趋势，使人们对高等学校改革取得成功寄予了厚望。在高度民主化、法治化的社会里，高等学校的治理应该通过法律手段来进行。走向法治化高等学校的前提是赋予高等学校确定的法律地位与法人地位，使高校实现法人治理，而法人治理的前提与基础是有完善的法人治理结构。

然而，事与愿违，忽略二者本质上的不同，必将使事业单位改革陷入泥潭。同时，简单地移植与照搬，最终也必将落下水土不服的状况。因此，我国高校如何走向法人治理还有待于进一步地研究与探讨。高校的法律地位、法人地位、法人治理结构等问题依然亟待澄清。

那么如何破解高等教育发展中所面临的体制性障碍，从而建立适合中国国情的、具有中国特色的现代大学制度呢?

自改革开放肇始以来，我国高等教育领域的改革一直就没有停止过，而且我们也有制度，但高校的发展依然举步维艰，高校的内外部权力配置与保障依然没有达到理想的效果。其主要原因在于我们缺乏时代发展需要的现代大学制度、缺失健全的法人治理结构，大学的法律地位不明，政府、社会与高校在学校发展中的责、权、利不清晰，高校办学自主权在实践中并没有得到贯彻落实。因此，我们需要继续深化高等学校内外部管理体制改革，完善现代大学的法人制度。

建立具有中国特色的现代大学制度的角度应该是多样的、多元的。我们认为，在法治日益昌明和走向权利的时代，任何组织、机构都必须体现法治的精神实质，高校作为事业单位，更应该符合法治主义的精神。

无疑，从法律的视角探讨现代大学制度问题，使现代大学走向法人治理，可以有效地缓解乃至于解决上述问题。因为，大学法治不仅可以确立学术自由与大学自治，明确教育行政职权，保障改革顺利进行；而且是实现大学理念的有效保障，大学法治的构建首先是以学术自由为基础的大学自治的构建，大学自治制度构成大学法治的核心；同时，法人制度是实现大学自治、保障大学相对独立于国家的最有效的组织形式。

现代大学制度的法人治理，关键在于理顺大学、政府、社会这三者之间的关系，解决之道在于，明确大学在我国法律制度上的独立法人主体地位，确立大学在法律上的权利与义务，从而实现高校法人外部治理中的权力制衡。核心在于完善大学成员的权利保障机制，解决之道在于，明确大学成员在我国法律制度上的权利主体地位，通过法律确定大学成员在法律上的权利与义务，从而实现高校法人内部治理中权利的有效保障。

本研究正是紧紧围绕现代大学制度法律重构的这一主题，基于理性指导、制度重构与法规制约等的多维标准，在当前中国现代大学制度的建构中，由于政府主导为主的行政管理模式造成了高校法律地位的不明，致使有关现代大学制度的研究更多地成为政策的注解与政府的风向标，较为缺乏的就是从“法律”的角度审视现代大学制度，较为欠缺的就是以“法人”的视角治理现代大学，较为忽视的就是通过制度分析来把握现代大学，较为低估的就是对现代大学制度的法人治理结构进行探讨。从法理学和制度分析的视角对现代大学制度法律重构中的权力制衡与权利保障问题进行了研究。权力制衡是前提，权利保障是核心，通过权力制衡来保障高校自主权。现代大学制度法律重构的目的与归宿是通过高校自治实现学术自由。

显然，如何从法律的角度探讨现代大学制度已是一件刻不容缓的、亟待解决的、时代性与现实性很强的又具有理论性的基本课题。我们需要重新认识高校内、外部的权力配置与保障问题，现代大学需要健全的法人机制，通过继续深化高校内外部管理体制改革，建立健全完善的现代大学法人制度。

二　探寻现代大学制度法律重构的意义

现代大学制度既是一个理论问题，也是一个实践问题；既是一个全球化问题，也是一个本土化问题；既是一个历史的问题，也是一个现实的问题。对现代大学制度的研究，不仅可以拓宽高等教育的研究领域，深化高等教育思想的讨论，而且可以为我国当前大学的改革与发展提供理论支撑，指导大学教育实践。

在教育部 2004 年 2 月 10 日颁布的《2003——2007 年教育振兴行动计划》中，明确地提出要“深化学校内部管理体制改革，探索建立现代学校制度。”而且进一步指出：“高等学校要坚持和完善党委领导下的校长负责制，推进依法办学、民主治校、科学决策，健全学校的领导管理体制和民主监督机制。”“遵循‘从严治教，规范管理’的原则，加强学校制度建设，逐步形成‘自主管理、自主发展、自我约束、社会监督’的机制。”

2007年5月18日，国务院批转了教育部制定的《国家教育事业发展“十一五”规划纲要》。该《纲要》在“保障措施”部分明确地提出要“深化体制机制改革，增强教育发展的生机与活力”，不仅要推进教育管理体制改革，“完善中央和省级人民政府两级管理、以省级人民政府为主的高等教育管理体制。”“进一步明确和落实各级各类学校的法律地位，完善学校法人制度，建立和完善现代大学制度。”也要建立健全学校内部管理制度，“建立健全办学规范、管理有序、监督有效、保障安全的学校内部管理制度。加强学校管理，推进科学民主办学和依法办学。……努力建设平安、健康、文明的和谐校园。”

因此，建立和完善现代大学制度，不仅关系着我国高等教育管理体制改革的进程，而且关系着高校法律地位与法人地位的完善与落实，更与高校内部管理制度的健全、高校依法办学、创建和谐的法治校园密切相关。

无论是从现代学制的类型结构来看，还是从层次结构来看，高等教育都居于非常重要的地位。高等教育的改革与发展，理应顺应国家政策法规的需要，适时地建构现代大学制度。然而，什么是现代大学制度？如何建构适合我国特色的现代大学制度？理论建构的现代大学制度如何付诸社会实践？在建构中如何协调、分配与平衡大学内外部的权力？如何保持大学自身的相对独立性即学术自由与大学自治？如何保持大学自主与社会干预之间的张力？等等，亟待我们进行深入的、细致的研究。关于以上问题虽都有不同程度的研究，但依然不深入，不是角度褊狭就是宏观纵论，其实践性较差。

在实践层面，本研究立足于适应我国政治、经济、文化体制改革的需要，以法律视角下现代大学制度在运行过程中的权力机制为切入点，通过对中西方现代大学在发展与演变中制度变迁的透视，并结合国内外的研究成果进行比较分析，从政策、制度与法律规范的角度对现代大学的内部治理机制、现代大学的外部调适与平衡机制即如何保持社会干预与大学自主的张力等问题提供有力的现实思路，着重就现代大学制度在建设中的举办制度、管理制度以及办学制度等进行了全面的分析，对现代大学在进行内部管理过程中容易发生的“诉讼”现象进行了分析，诸如高校的学籍管理与纪律处分、高校在招生过程中的法律问题、高校对学生的学位授予、高校内部规则以及高校校规的合法性、高校教师职务评聘与教师资格认定中的法律问题，等等，在此基础上，探讨了现代大学制度运行的法律原则，从而推动现代大学制度在实践中的良性运转和持续、健康、快速发展。

在理论层面，本研究立足于现代大学组织本质的属性，从法学的视角审视现代大学制度的运行机制，对大学的法律地位进行了全方位的研究与界定。在此基础上审视大学与政府的法律关系，审视大学的内部权力配置，研究了现代大学制度的法人价值取向与法人治理目标，着重就大学自治、学术自由与政府干预、社会干预以及大学的公共性等问题进行了理论上的解析，分析了大学权力运行中的权力配置与权利保障机制，建构了现代大学的法人制度，这些研究在一定层面拓展了教育法学与高等教育学的研究领域，使人们对现代大学制度在理念与思想方面有一定的启迪与启发。

具体来讲，研究现代大学制度法律重构的意义可以概括为：

一是该研究以当前我国社会转型为特殊背景，通过根植于中国高等学校教育改革实践的土壤，系统梳理了高校法人问题研究中存在的问题及其产生这些问题的根源，并对这些问题从理论层面加以分析，以此来弥补我国高等教育法学现有研究的不足。

二是该研究积极探索走向高校法人治理过程中的主要法律问

题，建构促进当前高校发展的法人治理模式，指导现代大学内外部权力的配置，通过权力制衡达到权利保障的目标，以此来强化高校“大学自治、学术自由”为本的治理理念。

三是该研究有助于加快我国现代大学制度的构建进程，通过研究现代大学制度的法人价值取向与法人治理目标，促进现代大学制度良性、健康、快速地运转，以此来加快现代大学从行政治理转向法人治理的速度。

四是该研究以制度障碍是当前高校改革与发展的瓶颈问题为前提，认为消除障碍的关键是理顺政府、高校、社会在学校发展过程中各自的责权利，积极审视大学与政府以及与大学成员的法律关系，为实践中如何更好地走向法人治理、促进学校发展提供理论支撑，探讨大学自治、学术自由与政府干预、社会干预以及大学的公共性的关系，以此朝现代大学成为人人受益的公益性本质的方向努力。

五是该研究试图解决高校司法实践的困境，对我国的依法治教贡献绵薄之力，以此来为保障高校成员的权利救济铺平法治化的道路。

三　现代大学制度法律重构中的相关问题研究现状

（一）关于“大学”

大学是研究现代大学制度最为直接相关的一个概念，也是解析现代大学制度的逻辑起点，有必要对其本质规定性加以界定。然而，对于大学的探讨，至今未有统一的认识，历来是“言人人殊、仁智互见”。

综合国内外学者在不同时期对大学的表述，其基本的立足点认为，大学是一个“机构”或“场所”，也就是说，从概念释义的角度来看，人们对于大学的“最邻近属”的把握已没有什么分歧。而最大的区别莫过于对大学“种差”的属性理解迥异。从学者的研究来看，形成了学者社团或学者汇聚说、研究高深学问说、传播普遍学问说、社会服务说、思想独立或学术自由说、学历教育说、有机体说、多元化巨型大学说——等不同观点。

其实，从本质上来看，人们对大学的理解还是趋向于一致，认为大学是研究学问、追求知识、培养人才的组织机构。正如弗莱克斯纳所言:“除了大学，在哪里能够产生理论，在哪里能够分析社会问题和经济问题，在哪里能够理论联系事实，在哪里能够传授真理而不顾是否受到欢迎，在哪里能够培养探究和讲授真理的人，在哪里根据我们的意愿改造世界的任务可以尽可能地赋予有意识、有目的和不考虑自身后果的思想者呢？人类的智慧至今尚未设计出任何可与大学相比的机构。”① 这也许就是现代大学的真谛。

本研究认为，大学是与特定的社会环境相适应并按照自身内在逻辑结构运行的社会组织的有机体。这一定义包含这样几层含义:

首先，作为大学，必须与特定社会环境相适应，即大学与政府、社会的关系中，应体现其服务的功能，为社会发展培养合格的人才，特别是与一个国家的国民经济结构、产业结构相适应，否则就会出现“学非所用、用非所学”的浪费人才的现象。

其次，大学是社会的有机体，也就是说，大学的发展离不开社会的支持，社会的发展也离不开大学，特别是在现代社会中，大学的繁荣与昌盛已成为社会文明进步的标志。同时，作为一个有机体，要和谐发展，必须体现结构与功能的和谐，而结构是由

---

① ［美］亚伯拉罕·弗莱克斯纳，徐辉等译:《现代大学论——美英德大学研究》，浙江教育出版社 2001 年版，第 10 页。

诸多要素构成的，每一个要素都要发挥其功能，唯有如此，才能实现要素倍率的放大以及系统内部要素的合理流通与增加要素的组合作用。

再次，大学是一个组织机构，作为组织机构，大学的运行与发展必须遵循组织机构的法则，在一定意义上，犹如一个科层制的组织。

最后，大学有其自身的独特性，即大学是按照自身内在逻辑结构运行的组织，学术自由与大学自治是大学自身内在的逻辑结构，大学是一个以学术为价值旨趣的组织，学术的生命在于创造，创造性价值是大学本体存在的价值，而要实现大学本体存在，消解大学的“本体危机”，唯有依据大学内在的逻辑结构发展大学，学术自由是大学的生命与根基，大学自治是学术自由的制度保障。

在此需要说明的是，为了叙述的方便，如果没有特别说明的话，本研究把高等学校、高校与大学当成可以互换的词来使用，同时在没有特别标示的情况下，本研究中的大学特指公立高等学校。

（二）关于“制度”

1. 制度的内涵

有关制度的定义有许多种，站在不同的角度有不同的释义。正如汪丁丁所说：“事实上，对制度的定义需要整整一门‘制度分析基础’课程作为定义的展开。”[①] 在此，为了研究的需要，我们将从不同的视角对有关制度的界定作一梳理。

（1）制度的词源考辨

“制度”一词，在中国思想史上久已有之。《商君书》中就

① 汪丁丁：“知识经济的制度背景”，《战略与管理》2000年第2期。

曾有过这样的叙述:“凡将立国,制度不可不察也,治法不可不慎也,国务不可不谨也,事本不可不抟也。制度时,则国俗可化而民从制;治法明,则官无邪;国务壹,则民应用;事本抟,则民喜农而乐战。”①《礼记》中也有这样的记载,“故天子有田以处其子孙,诸侯有国以处其子孙,大夫有采以处其子孙,是谓制度。”② 在《韦伯斯特字典》以及《美国文化遗产大字典》里把制度解释为:“制度就是行为规范”,这有些类似“X 就是 Y”的解释。③ 按《辞海》解释,制度的第一含义便是指要求成员共同遵守的、按一定程序办事的规程。汉语中“制”有节制、限制的意思,“度”有尺度、标准的意思。这两个字结合起来,表明制度是节制人们行为的尺度。④

在英文中,“system”与“institution”两个词都可以理解为制度,但二者在词义上又存在一些差别,如“system”有系统、体系、体制、秩序、规律、方法等含义;而“institution”则有公共机构、协会、学院等含义。一般认为 system 侧重于宏观的、有关社会整体的或抽象意义的制度体系,而“institution”则指相对微观的、具体的制度。需要说明的是,西方经济学中的制度都使用“institution”,而不用“system”,制度经济学在西方世界也被称为“institutional economics”。

然而,由于文化背景的差异以及译者的喜好不同,在对“institution”的翻译过程中,存在着诸多差异,抑或是五花八

---

① 张宇燕:《经济发展与制度选择》,中国人民大学出版社 1992 年版,第 107—108 页。

② 巫宝山主编:《中国经济思想史资料选辑(先秦部分)》,中国社会科学出版社 1985 年版,第 548 页。

③ 转引自汪丁丁:《制度分析基础》,社会科学文献出版社 2002 年版,第 87 页。

④ 董建新:“当代新制度经济学讲义”,http://www.beiwang.com/a/Article.asp?ArtID=230。

门。正如曼海姆在其名著《意识形态和乌托邦》中指出："我们应当首先意识到这样一个事实：同一术语或同一概念，在大多数情况下，由不同境势中的人来使用时，所表示的往往是完全不同的东西。"[①] 这就需要人们全方位地、从不同维度去分析和研究制度，才会有"柳暗花明又一村"的体悟。

（2）经济学家的观点

进入20世纪中期以来，制度之所以引起人们的关注并一跃成为一门"显学"，其缘由在于经济学研究中的"制度热"。其中以新、旧制度经济学为典型代表。

第一，旧制度主义经济学者的观点。旧制度主义经济学者中对制度界定比较多的代表人物是凡勃伦和康芒斯。

凡勃伦在他1899年出版的《有闲阶级论》一书中比较早地给制度下了一个一般性的定义。他认为："制度实质上就是个人或社会对有关的某些关系或某些作用的一般思想习惯；而生活方式所构成的是在某一时期或社会发展的某一阶段通行的制度的综合，因此从心理学方面来说，可以概括地把它说成是一种流行的精神态度或一种流行的生活理论。"[②]

康芒斯在其《制度经济学》中，专列一节对"制度"进行论述，他认为："如果我们要找出一种普遍的原则，适用于一切所谓属于'制度'的行为，我们可以把制度解释为集体行动控制个体行动。"[③]"业务规则在一种制度的历史上是不断改变的，包括国家和一切私人组织在内，对不同的制度，业务规则不同。它们有时候叫做行为的规则。亚当·斯密把它们叫做课税的原则。最高法院把它们叫做合理的标准，或是合法的程序。可是不

① ［德］卡尔·曼海姆，艾颜译：《意识形态和乌托邦》，华夏出版社2001年版，第217页。

② 凡勃伦，蔡受白译：《有闲阶级论》，商务印书馆1964年版，第139页。

③ 康芒斯，于树生译：《制度经济学》上册，商务印书馆1962年版，第87页。

管它们有什么不同以及用什么不同的名义，却有这一点相同：它指出个人能或不能做，必须这样或必须不这样做，可以做或不可以做的事，由集体行动使其实现。"①

第二，新制度主义经济学者的观点。新制度主义经济学者中对制度的界定已经非常之多且影响也比较广泛，其中的代表人物有：舒尔茨、拉坦、诺斯等人。

新制度经济学家 T. W. 舒尔茨认为，制度"为一种行为规则，这些规则涉及社会、政治及经济行为"②。

V. W. 拉坦认为："一种制度通常被定义为一套行为规则，它们被用于支配特定的行为模式与相互关系"③。

D. C. 诺斯在《经济史中的结构与变迁》一书中认为："制度提供了人类相互影响的框架，它们建立了构成一个社会，或确切地说一种经济秩序的合作与竞争关系。""制度是一系列被制定出来的规则、守法秩序和行为道德、伦理规范，它旨在约束主体福利或效用最大化利益的个人行为。"④ 在《制度、制度变迁与经济绩效》一书中他说："制度是一个社会的游戏规则，更规范地说，它们是决定人们的相互关系的系列约束。制度是由非正式约束（道德的约束、禁忌、习惯、传统和行为准则）和正式的法规（宪法、法令、产权）组成的。"⑤ 诺斯在其《论制度》一文中认为："制度是为人类设计的、构造了政治、经济和社会相互关系的一系列约束"⑥。

---

① 康芒斯，于树生译：《制度经济学》上册，商务印书馆 1962 年版，第 89 页。

② R. 科斯、A. 阿尔钦、D. 诺斯等，刘守英译：《财产权利与制度变迁》，上海三联书店、上海人民出版社 1994 年版，第 253 页。

③ 同上书，第 329 页。

④ ［美］道格拉斯·C. 诺斯，陈郁等译：《经济史中的结构与变迁》，上海三联书店、上海人民出版社 1994 年版，第 225—226 页。

⑤ 同上书，第 3 页。

⑥ 诺斯："论制度"，《经济展望杂志》1991 年冬季号，中译本见《经济社会体制比较》1991 年第 6 期。

（3）社会学家的观点

从社会学的角度研究制度，主要侧重于从行为模式、规范体系等方面对其进行界定，比如：

美国社会学家 A. 英格尔斯提出社会学就是以社会制度为研究对象的。他认为："正像社会行为可以聚积为习俗一样，一组组这样的行为也可以被聚积为角色，围绕着某个中心活动或社会需要而组成更为复杂的角色结构也可以被聚积为制度。"角色是社会地位的动态表现，是模式化的社会行为。英格尔斯所说的角色结构的聚积，含有人们社会关系和行为规范的体系的意思[①]。

日本的横山宁夫认为广义的制度与制度性文化大致相同，"是个人的行为受到来自主体以外的约束，并对个人的理念像给予一定框框似的，是一种'规范性的文化'。""社会规范和制度对人们的行为指出一定的方向，形成一定的样式"。[②]

我国台湾学者龙冠海认为："社会制度可说是维系团体生活与人类关系的法则；它是人类在团体生活中为了满足或适应某种基本需要所建立的有系统的有组织的并为大众所公认的社会行为模式"[③]。白秀雄认为：制度是"社会关系的组织体系，包括某些共同价值和秩序，以满足某些基本的需要。所谓共同价值，是指共有的观念和目标；所谓共同秩序，是指团体标准化的行为模式；所谓关系体系，是指角色与地位的结合，透过这种结合，行为目标得以实现"[④]。

国内学者陈颐认为："制度是人们在社会生活中自然形成和

① ［美］亚力克斯·英克尔斯，陈观胜、李培荣等译：《社会学是什么》，中国社会科学出版社 1981 年版，第 99 页。

② ［日］横山宁夫，毛良鸿译：《社会学概论》，上海译文出版社 1983 年版，第 187 页。

③ 龙冠海：《社会学》，台湾三民书局 1985 年版，第 162 页。

④ 同上。

创造出来的决定人们行为的文化现象。”他认为制度除了包括法律规章形态的制度外，还包括诸如风俗、习惯、道德等在内的非法律规章形态的规范①。

从以上关于“制度是什么?”的长篇大论中，我们可以看出，人们对制度的理解大致有五个角度，即：制度是一种规则或规范（体系)；制度是一种社会基本结构；制度是一种与社会互动联系起来的集体行动；制度是一种行为模式；制度是一种特定的组织、机构。②

在上述概念的基础上，美国学者斯格特从制度的要素出发来研究制度体系，他认为，任何制度都是由认知的、规范的和管理的三个结构与行为组成的。基于制度的三个要素，斯格特提出了“制度的三个概念”。③

制度的三个概念

	管理的	规范的	认知的
服从的基础	权宜之计	社会义务	理所当然
运作机制	强制的	规范的	模仿的
逻辑	工具的	恰当的	正统性
指引	规则、法律、认可	证书、鉴定	盛行、同构性
合法性基础	法律上的许可	道德上的支配	文化支持、可认识性

从上面的分析可以看出，不同的学者站在自己的学科领域，

① 陈颐：“简论以制度为学科对象的社会学”，《社会科学研究》1988 年第 3 期。

② 邹吉忠：《自由与秩序》，北京师范大学出版社 2003 年版，第 57—63 页。

③ ［美］W. 理查德·斯格特，黄洋等译：《组织理论：理性、自然和开放系统》，华夏出版社 2002 年版，第 124 页。

出于自己对问题研究的需要，去理解和界定制度，“关于制度的定义不涉及谁对谁错的问题，它取决于分析研究目的。”①

2. 制度的变迁

制度的形成、产生与发展，实际上就是制度的变迁理论。

（1）制度变迁理论

有关制度变迁理论问题，美国经济学家安鲁德·肖特在其著作《社会制度的经济理论》一书中认为，经济学史上对制度产生机制的认识上有两种进路：一是亚当·斯密——门格尔的演化生成论传统，二是康芒斯的“制度是集体行动控制个体行动”的制度设计论传统。前一种传统在哈耶克“自生自发理论”（spontaneous order）以及诺齐克的“最小国家理论”中得以集大成；而后一种传统则在当代新古典主义经济学家们如赫维茨和激励经济学的机制设计理论布坎南的以“同意的计算”为核心的宪政理论中传承下来。②

哈耶克认为，“在各种人际关系中，一系列具有明确目的的制度的生成，是极其复杂但却条理井然的，然而这既不是设计的结果，也不是发明的结果，而是产生于诸多并未明确意识到其所作所为会有如此结果的人的各自行动。”③ 而所有的结社、制度等都是生成的，是一种自生自发的秩序，是社会本身的“整体秩序”。同时，诺齐克认为国家制度产生于一种自然状态，他认为：“一种自然状态理论，如果他是从对道德上可不允许和允许的行为、从对社会中的一些人违反这些道德约束的深刻理由的基本的普遍描述开始，并且要继续描述国家是如何从这一状态中产

① ［日］青木昌彦，周黎安译：《比较制度分析》，上海远东出版社2002年版，第4页。

② ［美］安鲁德·肖特，陆铭等译：《社会制度的经济理论》，上海财经大学出版社2003年版，第16页。

③ ［美］哈耶克，杨玉生等译：《自由宪章》，中国社会科学出版社1999年版，第49页。

生的，那么它将服务于我们的解释性目的，即使没有任何现实国家确曾以这种方式产生。”①

而持制度变迁是“设计的结果”的代表人物则是康芒斯、诺斯。康芒斯认为“个人是已经‘制度化的头脑’”，他们学习各种风俗习惯，……学习服从许多机构的业务规则。总之，他们不是自然状态中孤立的个人，而是各种交易的经常参加者；是一种机构的成员，在这个机构里他们来来去去；是一种制度里的公民，这种制度在他们以前已经存在，在他们以后还会存在。② 显然，从这个角度来看，康芒斯眼中的制度是人为设计的结果，是从整体上建构出的一种社会体制模式。与此同时，诺斯也指出，“制度界定和限定个人的选择集”，“制度包括人所发明设计的型塑人们交往的所有约束”。也就是说，制度是人所发明设计的对人们相互交往的约束。他认为这种约束包括正式约束或正式的规则和非正式约束，正式约束包括人们所发明的规则；非正式的约束则包括惯例、行为准则等。③

（2）制度变迁中的路径依赖

学界在探讨制度生成与变迁的基础上，对制度变迁的类型与制度变迁中的路径依赖理论也较为关注。对制度变迁中路径依赖理论贡献最大的首推斯诺。他认为任何制度变迁的过程、方向都会受到原有的制度系统（包括正式制度和支撑其运行的制度环境，即非正式制度）的影响。诺斯有一句名言就是“人们过去作出的决策决定了他们现在可能的选择”④。通俗地说，制度总是具有惯性的，一种制度的影响不可能在短期内消失，它必然会

---

① ［美］诺齐克，何怀宏等译：《无政府、国家和乌托邦》，中国社会科学出版社 1991 年版，第 15 页。

② 康芒斯，于树生译：《制度经济学》，商务印书馆 1997 年版，第 92—93 页。

③ North · D：《Institutions，institutional change and economic performance》，Cambridge university Press1990，P. 4.

④ 卢现祥：《西方新制度经济学》，中国发展出版社 2003 年版，第 89 页。

影响到后来其他制度的运作。一种制度的变迁不可能凭空产生，它也必然要建立在原有制度的基础上。路径依赖的深层次原因实际上是利益因素，一种制度形成以后，会形成某种在现存体制下，他们对这种制度（或路径）有着强烈的需求。他们力求巩固现有制度，阻碍进一步改革，哪怕新的体制较现存体制更有效率。①

（3）制度变迁的类型

第一，根据制度变迁的主体和机制的不同，可以将其区分为诱致性制度变迁和强制性制度变迁两种模式。前者是一群人在响应由制度不均衡引致的获利机会时所进行的自发性变迁，后者是指由政府命令和法律引入和实现的，由统治者主体设计并以国家强制力保证其贯彻实施的制度变迁。② 这两种制度变迁的主体不同，前者是"社会"，是"民间"，后者是国家。变迁的机制也不同，前者是自发的，是市场这只"无形的手"推动的；而后者则是人为的，是政府这只"有形的手"支配的。

第二，根据制度变迁推进的速度和策略，可以将制度变迁分为渐进式制度变迁和激进式制度变迁两种方式。渐进式制度变迁是指政府按照一定的先后顺序先在某些领域中放宽旧有制度的约束，让新的制度因素慢慢成长，在很长时间内，让两种制度同时存在，逐渐实现制度的交替。泽林尼将市场转型中的这种方式称为"市场渗透"，并提出了"市场渗透原理"。③ 而激进式制度变迁是指在很短时间内一下子实现制度的根本性变迁，实现所有领域的制度变迁，如俄罗斯的"休克疗法"。

---

① 王跃生：《没有规矩不成方圆》，三联书店 2002 年版，第 94 页。

② 科斯等：《财产权利与制度变迁——产权学派与新制度学派译文集》，上海三联书店、上海人民出版社 1991 年版。

③ 边燕杰主编：《市场转型与社会分层：美国社会学者分析中国》，三联书店 2002 年版。

3. 制度的类型

关于制度的类型，有学者认为应从两个侧面来把握：一是从逻辑的角度对制度进行划分，根据制度所涉及社会生活领域的不同，把制度分为三种基本类型，即政治制度、经济制度、文化制度；根据制度所规范内容的大小不同，把制度分为基本制度、具体制度和规章制度；根据制度的适用范围，把制度分为内部制度和外在制度。二是从历史的演进角度对制度进行划分，把制度分为三种历史类型：习俗、道德和法律。①

从制度的产生方式来讲，可以把制度分为内在制度和外在制度，内在制度是特定群体内（一般是小群体）随经验而演化的规则，而外在制度是人为设计出来、并由政治行动强加于社会的规则。② 也就是说，内在制度是自发形成的、原生的制度，是在社会内在运转中逐步演化出来的，其中习惯、道德规范是典型的内在制度，而外在制度则是外界设计出来的、靠政治权力机构自上而下地强加于社会的、由外在的权威强制推行的规则，其中法律、政策、经济规则和合约等则是典型的外在制度。

依据制度在形式上是否为正式机构支持和确认，把制度分为正式制度和非正式制度。非正式制度是人们在长期的交往中无意识形成的，其中价值观念、伦理规范、道德观念、风俗习惯和意识形态等就是非正式制度；正式制度则是指人们在非正式制度的基础上有意识地设计和供给的一系列规则，以及由这些规则构成的等级结构，其中有政治规则、经济规则、契约等，正式制度具有强制力。

---

① 邹吉忠：《自由与秩序》，北京师范大学出版社 2003 年版，第 93—102 页。

② ［德］柯武刚、史漫飞，韩朝华译：《制度经济学——社会秩序与公共政策》，商务印书馆 2000 年版，第 119 页。

4. 制度的功能

关于制度功能的研究，有学者认为，制度具有四种基本功能，即制度具有预期、激励、宽容、妥协四大功能。①

也有学者认为，制度最基本的功能是约束（约束包括两个方面：一是限制，二是保障）与激励，其他的功能都是从这一基本功能中衍化而来。②

还有学者集中论述了有关制度功能的几种代表性观点，即：第一，新制度经济学派所认为的制度具有五个功能：（1）降低交易成本；（2）制度所执行的功能具有经济价值；（3）制度为实现合作提供条件；（4）制度提供激励机制；（5）制度创新有利于外部利益内部化。第二，制度的激励功能。第三，制度的塑造功能。第四，制度的规范功能。第五，制度的认知功能。在评析、总结各派观点的基础上，该学者认为制度具有两大基本功能：制度的信息认知功能和制度的约束塑造功能，其中，制度的信息认知功能是制度的约束塑造功能的基础，制度的约束塑造功能是制度的信息认知功能的深化。③

在对有关制度问题全面把握的基础上，我们认为：所谓制度是规范主体行为和调整特定组织内外部关系行为的规则体系。

首先，从外延来看，制度是规范行为的规则体系。

其次，从内涵来看，制度不仅规范着主体行为，而且调整着特定组织内外部的关系，也就是说，制度是一种社会性的规则，对生活在该社会中的人们，都不同程度地具有强制性和权威性。

从形态上讲，它包括基本制度、具体制度和规章制度。

---

① 邹吉忠：《自由与秩序》，北京师范大学出版社 2003 年版，第 223 页。

② 施惠玲：《制度伦理研究论纲》，北京师范大学出版社 2003 年版，第 21 页。

③ 左金隆："略论制度的两大基本功能"，《青海师专学报（教育科学）》2006 年第 2 期。

从制度的形成方式或制度的相互作用上讲，它包括正式制度和非正式制度。

在制度的发生、发展过程中，由于主体的不同、外部力量的不同，制度的变迁有诱致性制度变迁与强制性制度变迁和激进式制度变迁与渐进式制度变迁两种方式四种类型，而且两种不同方式的结合，可产生不同的力量，可用象限模式表示如下：

制度变迁的主体和机制		渐进式变迁	激进式变迁
	诱致式变迁	诱致渐进式的制度变迁	诱致激进式的制度变迁
	强制式变迁	强制渐进式的制度变迁	强制激进式的制度变迁

制度变迁推进的速度和策略

无论是何种制度抑或是何种制度变迁，任何制度都具有激励与规范两大基本功能，只不过，其作用力有大小之别。

（三）关于“大学制度”

大学作为一种机构或场所，其正常运转与健康发展，离不开制度的支撑。正如夸美纽斯所说：制度是学校一切工作的“灵魂”，“哪里制度稳定，哪里便一切稳定；哪里制度动摇，哪里便一切动摇；哪里制度松垮，哪里便一切松垮和混乱”[①]。很显然，制度之于大学的重要性不言而喻，因为“一部大学发展史，就是一部大学制度演进史”[②]。那么，何为大学制度？它具体包

① 任钟印主编：《夸美纽斯教育论著选》，人民教育出版社 1990 年版，第 243 页。

② 高桂娟：“论建立现代大学制度的时机与紧迫性”，《教育与现代化》2003 年第 2 期。

括哪些内容？等等，都是值得研究和探讨的。但是，目前关于大学制度的相关研究并不是很集中也不是很彻底，概括起来，可以从以下几个方面作一归纳与梳理。

1. 大学制度的内涵

张俊宗博士认为，所谓大学制度是关于大学管理与运行的规则体系，是以大学的学术性本质为根据的、确定大学生存与发展的规则体系。并进一步分析认为：学术性本质是大学制度的内在根据，大学制度是以大学为主体的制度，大学制度是一种规则体系。①

邬大光教授认为："大学制度一般可以从宏观和微观两个层面进行界定。宏观的大学制度是指一个国家或地区的高等教育系统，包括大学的管理体制、投资体制和办学体制等。微观的大学制度是指一所大学内部的组织结构和运行机制，包括组织结构的分层、内部权力体系的构成等。"②

高桂娟博士指出，大学制度就是协调、规范大学组织的各种行为，使其成为一个有机整体，以有效地适应环境的一系列的制度安排及运行机制。③

2. 大学制度的具体内容

张俊宗博士认为，大学基本制度包括三个方面的内容：一是政府管理制度，包括高等学校举办制度、高等学校领导制度、高等学校经费投入制度与高等学校行为评价制度；二是社会参与制度，包括社会力量介入高等学校办学的制度、市场调节制度与高等学校间的关系制度；三是大学管理制度，包括机制设置制度、

---

① 张俊宗：《现代大学制度——高等教育改革与发展的时代回应》，中国社会科学出版社2004年版，第46—52页。

② 邬大光："现代大学制度的根基"，《现代大学教育》2001年第1期。

③ 高桂娟："论建立现代大学制度的时机与紧迫性"，《教育与现代化》2003年第2期。

管理制度与工作制度。[①]

高桂娟博士认为，大学制度“对内处理大学组织成员之间的相互关系，如教师、学生及学校管理人员之间的关系，由此形成了学校内部管理制度、教师聘用制度、学生培养制度等；对外处理大学与政府、社会之间的相互关系，由此形成了教育行政管理制度、投资办学制度等。”[②]

我们认为，所谓大学制度就是保障大学正常运行和发展的一系列制度安排和运行规则。从整体上来说，大学制度包含三个基本层面，即大学的投资（举办）制度、大学的管理制度、大学的办学制度。

（四）关于“现代大学制度”

建立现代大学制度，不仅是新时期、新世纪高等教育改革的方向，也是高等教育发展的必然要求。然而现代大学制度的建立是一项复杂的、艰巨的系统工程。自改革开放以来，我国高等教育的改革已实施了30多年，尽管有所突破，有所前进，但总体上，仍然滞后于高等教育自身的发展，滞后于国家经济、科技和文化的改革。改革的滞后必然制约教育生产力的进一步解放，不利于高等教育更好地承担起科教兴国的历史使命。因此，高等学校的管理体制、机制和模式都应当作出相应的变革和调整，这就将建立现代大学制度的历史任务提到议事日程上来。

通过运用相关文献检索工具的搜索，我们不难发现，自进入21世纪以来，有关“现代大学制度”方面的相关文献呈逐年递

---

① 张俊宗：《现代大学制度——高等教育改革与发展的时代回应》，中国社会科学出版社2004年版，第53—59页。

② 高桂娟：“论建立现代大学制度的时机与紧迫性”，《教育与现代化》2003年第2期。

增趋势，而且也进行了较为集中的专题研究，也就是说，从量的变化来看，国内学者对现代大学制度的关注度在不断地攀升，现代大学制度已成为高等教育研究中的一个热点问题。关于现代大学制度中的相关研究成果也呈现出多样化的发展态势。

在探讨现代大学制度之前，有必要对现代意义上的大学即何谓现代大学以及现代大学应具备哪些条件加以说明。关于现代意义上的大学，笔者比较认同谢泳的界定，他认为，现代意义上的大学应该具备以下几个条件：一是综合性大学，那些单纯的技术性院校的建立，不能算是严格意义上的大学，正如柏林大学的创办人纽曼所说的："实用的知识乃是不足称道的"；二是中国传统的以男性为中心的社会，男女同校的意义就显得特别重大，男女不同校的大学，很难说得上是现代意义上的大学；三是稳定的科系设置，特别是学院和系的建立成为一种基本体制；四是各类研究机构的制度化；五是选课制的设立；六是大学出版社和相关学术杂志的定期出版；七是教授和学生的自治程度较高；八是大学中普遍的体育运动。[①]

1. 现代大学制度的含义

关于现代大学制度的探讨中，对其概念的界定有多种不同的观点，而且不同的学者站在不同的角度进行了概括和总结。

张俊宗博士认为[②]，目前高等教育学界关于现代大学制度的代表性观点，主要有以下几种：

一是"德国柏林大学制度"说。"现代大学制度是由1810年在洪堡主导下建立的德国柏林大学奠定的。"在这一概念看来，现代大学制度即是与中世纪大学相对应的大学制度。

二是"多元化巨型大学"制度说。这一观点认为，进入知

① 杨东平主编：《大学之道》，文汇出版社2003年版，第167页。

② 张俊宗："现代大学制度：内涵、主题及内容"，《江苏高教》2004年第4期。

识经济时代，大学功能将发生根本变化，逐步走向多元化巨型大学，而服务于这种大学的制度即是现代大学制度。

三是“我国近代建立的大学制度”说。这一观点将与过去旧式学堂相对应的、从西方移植的大学称为现代大学，由此而建立的大学制度即是现代大学制度。

四是“我国高等教育改革相联系的大学制度”说。这一观点针对我国现行的高等教育体制改革中存在的根本问题，认为现代大学制度的主旨是“举办者与办学者分离，大学面向社会，独立依法办学”。其主要要解决好“大学与政府的关系”、“大学与大学间的关系”、“大学自身的管理问题”。

五是“走向社会中心的大学”制度说。这一观点以知识经济为背景，认为现代大学制度是适应知识经济时代大学由“社会边缘走向社会中心”这一深刻变化而建立起来的大学制度。

六是“当今世界一流大学的制度”说。这一观点是伴随我国建设世界一流大学的实践而提出的，认为建设世界一流大学所需的制度，即是现代大学制度。

同时，张俊宗博士在分析以上观点的基础上，也给出了自己关于现代大学制度的解释，认为现代大学制度是在社会发展逐步依赖知识生产的历史进程中，借以促进大学高度社会化并维护大学健康发展的结构功能规则体系。①

其实，从已有的研究来看，目前对现代大学制度的界定，呈现出一种多样化、多元化、开放式、国际化的特点。有学者认为，中国现代大学制度是指在社会主义初级阶段条件下，与市场经济体制和高等教育发展需要相适应的大学外部关系、内部组织

---

①　张俊宗：“现代大学制度：内涵、主题及内容”，《江苏高教》2004年第4期。

结构及大学成员行为规范的体系。[①]

有学者认为，现代大学制度作为一种特指，一般而言是指启蒙运动后，经过理性主义改造，特别是指以德国洪堡创办的柏林大学为代表的新型大学。[②]

有学者认为，由于欧美大学历史上的独立性、经费来源的多样性以及文化传统等多种因素，欧美大学制度被视为高等教育制度的精华，现代大学制度在很大程度上就是欧美发达国家的大学制度。[③]

有学者认为，从大学制度的基本内涵来看，现代大学制度是以有效地把握大学的学术自由、大学自治与社会各方面关系为核心，遵循和体现学术自治、学术自由和学术责任等基本原则，涵盖大学与政府、大学与社会、大学与大学之间关系规则，体现大学精神特质，大学自身活动的行为规则，以及大学作为独立法人实体，自我发展、自我约束的基本运行机制等内容，这些内容不同层次地具体体现在现代大学根本制度、一般制度和具体制度里。[④]

有学者认为，现代大学制度就是要“遵循‘从严治教，规范管理’的原则”，建立“自主管理、自主发展、自我约束、社会监督”的机制。[⑤]

有学者认为，我们今天所要建立的现代大学制度，既不是

① 罗加云：“理顺大学外部关系　优化高校办学环境”，《乐山师范学院学报》2005 年第 11 期；吴松：“我们离现代大学制度有多远?”，《中国大学教学》2005 第 1 期。

② 黄方、蒋莱：“现代大学制度研究综述”，《复旦教育》2002 年第 4 期。

③ 陈颖：“论传统大学精神与我国现代大学制度的构建”，《江苏高教》2006 年第 1 期。

④ 宋旭红：“我国现代大学制度建构的三个层次”，《辽宁教育研究》2004 年第 10 期。

⑤ 刘定云、刘仲全：“面向现代大学制度的高校内部管理创新论纲”，《西安欧亚职业学院学报》2005 年第 1 期。

19 世纪的德国大学制度，不是 20 世纪的美国大学制度，也不是 20 世纪二三十年代的我国大学制度，而是针对我国大学所承担的现实使命，在解决数十年来大学制度存在积弊的基础上，建立起来的新的大学制度。[①]

2. 现代大学制度的理论基础

有关现代大学制度的理论基础，目前主要有四种比较典型的观点。

一是现代大学制度的哲学理论基础。布鲁贝克在其《高等教育哲学》一书中，明确地指出大学的二元哲学理论：政治哲学论——强调大学对国家、社会的影响与认识哲学论——强调大学对高深学问的追求——两种趋向。而伯顿克拉克则强调大学的四元哲学理论：正义、能力、自由和忠诚。[②]

二是现代大学制度的文化理论基础。对于现代大学制度的文化理论基础，学界主要是从大学制度文化、大学精神、大学理念、学术自由等角度进行解释和说明的。

有学者认为，大学制度文化建设是大学文化构建的主要任务。[③]

有学者认为，大学精神与大学制度互为表里，大学精神产生于现代大学制度之中，大学制度蕴涵滋养着大学精神，超拔的大学精神附丽于坚实的大学制度才得以薪火相传。[④]

有学者认为，大学理念是现代大学制度的根基，“大学制度的形成受制于多种因素，但就其内在的动力来说，大学制度源于大学理念，折射着大学理念的烙印，大学制度是大学理念的载体

---

① 别敦荣：“我国现代大学制度探析”，《江苏高教》2004 年第 3 期。

② 王冀生：“现代大学制度的基本特征”，《高教探索》2002 年第 1 期。

③ 范跃进：“论制度文化与大学制度文化建设”，《山东理工大学学报（社会科学版）》2004 年第 2 期。

④ 杨东平：“现代大学制度的精神特质”，《中国高等教育》2003 年第 23 期。

和表现形式，大学理念是大学制度的根基。”①

有学者认为大学的学术自由不仅是一种理念、一种价值，也是一种制度环境。②

有学者认为学术自由是现代大学制度的基础，“学术自由作为一种普适性的学术价值观，不是人为设计的，而是自发形成的。作为大学长期演进中衍生出来的内在制度，它是现代大学制度得以建立的基础。”③

三是现代大学制度的经济理论基础。关于现代大学制度的经济理论基础，主要是随着我国经济体制改革的深入以及现代企业制度在理论与实践中的成功经验来进行现代大学制度的研究。

有学者认为，“尽管大学的理念与企业不同，但作为一个由人组成的组织，大学与企业在管理方面也有一些共性。”④ 强调企业理论和其他经济理论对现代大学制度的借鉴意义。

有学者认为，应“按照现代大学制度的要求处理大学内部诸多关系，引入企业管理理念是可行的办法。大学在生产、经营、产品销售等各个环节上与企业十分相似。”⑤ 而且在高等教育中“引进产业机制”，“股份制……是一条深化高等教育体制，探索建立现代大学制度的重要途径。”⑥ 更加强调经济理论、经济机制在现代大学制度建设中的直接运用，这大概与20世纪90年代中后期教育产业化与市场化、学校商品化的讨论

---

① 邬大光：“现代大学制度的根基”，《现代大学教育》2001年第1期。

② 杨东平：“现代大学制度的精神特质”，《中国高等教育》2003年第23期。

③ 周光礼：“大学的自主性与现代大学制度”，《人学教育科学》2003年第4期。

④ 张维迎：《大学的逻辑》，北京大学出版社2004年版，第52页。

⑤ 徐同文：“高校管理探讨：引入企业管理理念构建现代大学制度”，http：/news. 163. com/40705/0/0QH7F4SH0001124T. html，2007年10月25日。

⑥ 李晓波：“以股份制为契机建立现代大学制度”，《中国高教研究》2002年第6期。

不无关系。

大多数学者在探讨现代大学制度的经济理论基础时，更多地强调现代大学制度必须适应经济制度，促进经济的发展并提供丰富的人力资源，这是现代大学制度存在的重要的合法性依据之一。有学者认为，我国经济体制改革的目标是建立社会主义市场经济体制，建立与社会主义市场经济体制相适应的现代大学制度，则是我国高等学校内部管理体制改革的目标。这种“适应”包括两层意思：第一，社会主义市场经济是开放经济，要求高等学校也应树立开放观念；第二，为社会主义现代化服务，促进社会主义市场经济体制的建立和完善，是高等学校义不容辞的任务。① 也有学者持相同的观点，认为经济体制改革的目标是建立社会主义市场经济，高等教育体制改革的目标应该是建立适应市场经济体制要求的有中国特色的现代大学制度。② 同时，另一些学者则强调大学和企业的区别，反对对包括现代企业制度理论在内的经济理论的照抄照搬。有学者认为，大学的管理与企业根本不同。③ 企业以效率、利润为目标，大学区别于企业的本质在于以学术自由为核心的大学精神。有学者在批评 2003 年的北京大学人事制度改革时，指出了“大学逻辑”和“企业逻辑”的根本区别。④ 有学者认为现代大学制度与现代企业制度的不同之处在于现代大学制度是文化取向的。⑤

---

① 毕宪顺：“建立现代大学制度是高校管理体制改革的目标”，《山东师范大学学报（人文社会科学版）》2003 年第 4 期。

② 王冀生：“建立有中国特色的现代大学制度——攻坚阶段我国高教体制改革的重点”，《高教探索》2000 年第 1 期。

③ “著名学者杨东平纵论重建现代大学制度之路”，http://www.szu.edu.cn/skc/sktx/3/jylt.htm，2007—10—25。

④ 钱理群等编：《中国大学的问题与改革》，天津人民出版社 2003 年版，第 47—49 页。

⑤ 张应强、高桂娟：“论现代大学制度建设的文化取向”，《高等教育研究》2002 年第 6 期。

四是现代大学制度的价值理论基础。著名学者杨东平认为，19世纪洪堡创立柏林大学，奠定“学术自由”、“教学自由”、“学习自由”的原则，它便成为现代大学的基本价值和基本准则。是否确立了这一价值和这一制度，决定着一所高校是大学还是一个培训机构或教育工厂，是古代大学还是现代大学。[①]

而且，更多的学者对现代大学制度的价值基础的论说，是从现代大学制度作为高等教育和大学改革发展的“根基”、“基础”、“支撑”、“源泉”、“关键”等角度进行解释和说明。

3. 现代大学制度的建设

(1) 为何要建设现代大学制度

对于“为何要建设现代大学制度”，其实是关于建设现代大学制度的必要性问题即原因的分析。从目前研究来看，关于“为何要建设现代大学制度”，主要是从内因与外因两个方面进行论述。

关于建设现代大学制度的内因，一方面认为是为了适应高教系统内自身变革与发展的需要，如高等学校自身办学规模的扩大、高等学校内部行政的独立性、研究型大学的发展趋向、高等教育多方面多重心的内部改革发展[②]；一方面认为是为了改革高教系统内诸多弊端的需要，如大学主体性地位的缺失、大学依然是官本位体系、大学功能的泛化、大学没有自身独特的精神和文化传统、大学间缺乏公平竞争机制、大学办学依然按计划体制运行、学术权利与行政权力平衡机制的缺失，等等。[③]

---

① “著名学者杨东平纵论重建现代大学制度之路”，http：//www. szu. edu. cn/skc/sktx/3/jylt. htm 2007—10—25。

② 潘敏：“建立我国现代大学制度的内外动因析”，《上海交通大学学报（社科版）》2001年第4期。

③ 别敦荣：“我国现代大学制度探析”，《江苏高教》2004年第3期。张俊宗：“我国现行大学制度的缺陷及成因分析”，《西北师范大学学报（社会科学版）》2004年第2期。

关于建设现代大学制度的外因，具有代表性的观点是潘懋元先生，他认为“走进社会中心的大学需要建设现代制度”。现代大学已经走进了社会的中心，并担负着重要的历史使命：第一，大学应成为社会经济发展的人才库；第二，大学应成为社会经济发展的知识库；第三，大学应成为知识产业的孵化器；第四，大学应成为社会经济发展的思想库。而建立现代大学制度是大学完成其使命的需要。“开展现代大学制度研究，促进大学制度现代化，是我国大学完成其使命的需要。”①

（2）建设什么样的现代大学制度

有关现代大学制度的本质规定性问题，应是建设现代大学制度中的根本性问题。对现代大学制度的本质规定性的回答，有助于人们认识现代大学的治理之道，有助于人们廓清对现代大学组织特性的定位，有助于解答现代大学与企业、机关、团体等组织的不同，有助于人们重新发现现代大学的本真价值与理念，有助于人们了解现代大学制度与大学精神二者的附着关系。然而，有关现代大学制度的本质规定性的回答，依然是一个很难回答清楚的问题。

有学者从大学的内外部关系出发，认为我国大学外部关系的基本特征应该是政府宏观管理、市场适度调节、社会广泛参与、学校依法自主办学，内部组织结构的基本框架是：党委领导、校长负责、教授治学、民主管理。②

有学者认为，现代大学制度的本质是自组织，并认为其基本特征主要有三个方面：一是面向社会自主管理，二是民主管理，三是法治化管理。③

---

① 潘懋元：“走向社会中心的大学需要建设现代制度”，《现代大学教育》2001年第1期。

② 罗加云：“理顺大学外部关系　优化高校办学环境”，《乐山师范学院学报》2005年第11期。

③ 黄永军：“现代大学制度的本质是自组织”，《国家教育行政学院学报》2005年第5期。

有学者认为，市场化条件下现代大学制度的总体框架应该是：校长治校，教授治学，以人为本，全面发展。[①]

有学者认为，我国现代大学制度应当体现的实质特征为：独立的法人制度、服务性的行政组织制度、人性化的教育制度、自由的精神。[②]

有学者认为，现代大学制度的特征，简而言之，就是“学术自由、教授治校、通才教育、学生自治”[③]。

有学者认为，现代大学制度的特征是“学术自治、政校分开、权责分明、管理科学”[④]。

（3）如何建设现代大学制度

在对现代大学制度的本质规定性回答的基础上，通过什么途径、方式、策略与措施建设现代大学制度，是摆在理论工作者与实践工作者面前的一个难点与热点问题。从现有的研究来看，一方面是围绕现代大学的外部关系而言的，主要是回答大学与政府、社会的关系，通过转变政府的职能，强调市场的有限参与，落实学校的法人地位与自主、自治地位，从而厘清各自的责任与角色；另一方面是围绕现代大学的内部关系而言的，主要是回答大学与教师、学生、职员等的关系，在此基础上合理地定位大学内部不同利益主体的权利边界，形成科学的适合高校自身发展的内部运行机制和管理结构。如：

有学者认为，现代大学制度需要研究和解决的基本问题是：平衡大学与政府间的关系、完善大学与社会间的关系、规范大学

---

① 巨有谦：“教育的市场化与现代大学制度”，《兰州交通大学学报（社会科学版）》2004 年第 5 期。

② 别敦荣：“我国现代大学制度探析”，《江苏高教》2004 年第 3 期。

③ 杨东平：“现代大学制度精神实质”，《中国高等教育》2003 年第 23 期。

④ 毕宪顺：“建立现代大学制度是高校管理体制改革的目标”，《山东师范大学学报（人文社会科学版）》2003 年第 4 期。

与大学间的关系。①

有学者认为，建立现代大学制度，应当优化我国高等学校的外部环境问题，具体应为：一是完善高等教育法规，二是落实大学举办者的责任和义务并完善高等教育投入和条件保障机制，三是尽快建立我国高等教育的中介评估与认证制度。②

有学者认为，重视和弘扬大学精神的传统要素，称为构建现代大学制度的内在支撑。具体表现为：坚持大学自治精神，建立充分协调大学、政府和社会关系的现代大学管理体制；弘扬学术自由精神，建立合理协调学术权力和行政权力关系的现代大学管理机制；重构大学的批判精神，为现代大学制度的生长创造良好的生态环境。③

有学者认为，对于我们来说，建设现代大学制度是任重而道远的，我们需要创新制度，弥合差距，追赶现代大学制度，具体来讲，可以从三个方面入手：理顺政府、大学与社会之间的关系，转变大学内部运行机制，遵循“四 A”原则。④

有学者认为，建立现代大学制度关键的问题是要抓好高校自身的内部管理，高校应当以建立现代学校制度为目标来进行内部管理创新，具体来讲，主要表现为：思想方法，以企业精神引领高等学校内部管理创新；制度架构，以质量为中心，整合高校的管理制度；机构重构，以过程为基础，建设服务型的高校管理机构；境界升华，建设学习型学校，提高持续改进的能力。⑤

---

① 张俊宗：“现代大学制度：内涵、主题及内容”，《江苏高教》2004 年第 4 期。

② 罗加云：“理顺大学外部关系　优化高校办学环境”，《乐山师范学院学报》2005 年第 11 期。

③ 陈颖：“论传统大学精神与我国现代大学制度的构建”，《江苏高教》2006 年第 1 期。

④ 吴松：“我们离现代大学制度有多远?”，《中国大学教学》2005 年第 1 期。

⑤ 刘定云、刘仲全：“面向现代大学制度的高校内部管理创新论纲”，《西安欧亚职业学院学报》2005 年第 1 期。

有学者认为，要建设现代大学制度，应当从以下几个方面考虑：现代大学是大市场中的法人主体、现代大学与政府应建立新型的合作关系、现代大学有自己完备的章程、现代大学有一套严密的组织体系、现代大学有一套科学的内部管理模式和运行机制、现代大学的学生有多项成才选择性。[①]

有学者认为，建设现代大学制度应做到：第一，进一步转变政府职能，落实大学办学自主权；第二，制定大学章程、依法照章管理；第三，完善党委领导下的校长负责制，明确决策权限和程序；第四，建立科学、民主的校长选聘机制，建设职业化管理队伍；第五，建立国家级研究院，将大学纳入国家知识创新体系主体；第六，完善学分制，建设创造性人才培养体系；第七，培育中介机构，建立以评估为前提的拨款机制；第八，修订《高等教育法》，健全高等教育法制体系。[②]

有学者提出了建立现代大学制度的设想：第一，解决好大学的定位问题；第二，要创建有利于现代大学制度发育的制度环境；第三，调整大学内部的组织结构和权利结构。[③]

有学者从七个方面论述了研究型大学制度创新的策略：第一，落实法人地位，追求卓越学术；第二，面向世界构筑人才网络，规范师资聘任制度；第三，改革教育模式，加强研究性学习；第四，重构研究型大学科研体制；第五，构建研究型大学多元化的筹资体系；第六，加快研究型大学国际化进程；第七，扶

① 巨有谦：“教育的市场化与现代大学制度”，《兰州交通大学学报（社会科学版）》2004 年第 5 期。

② 陶爱珠等：“加快建设中国现代大学制度”，http：//jd. sjtu. edu. cn，2005—6—7。

③ 张应强：“高等教育创新与现代大学制度的建设”，《深圳职业技术学院学报》2002 年第 3 期。

持高等教育中介机构，规范社会评估。[①]

有学者认为，转换政府职能与转换大学运行机制这“两个转换”是现代大学制度确立的关键。[②]

有学者认为，政府转变职能和大学体制改革是现代大学制度建设的两个重要的方面。[③]

有学者认为，从第一部门转向第三部门是我国公办高校转型的制度选择。[④]

有学者认为，建立现代大学制度应考虑三个层面的问题：教育规律层面、社会现实和未来发展趋势、原有大学制度（本国和他国）。[⑤]

显然，在如何建设现代大学制度的问题上，主要思路有：平衡不同主体间的关系，优化外部环境；弘扬大学精神的传统要素，进行制度创新；抓好高校自身内部管理，转变政府职能；转换大学运行机制，进行制度选择；改革大学运行机制，扶持中介机构等。

基于以上分析，对于现代大学制度的认识，必须立足于本国的国情，在回顾过去、把握现在、展望未来以及借鉴已有企事业单位改革的成功经验和学习西方现代大学制度等的基础上进行全方位、多层面的把握。据此，我们认为，所谓现代大学制度就是指在特定的时代背景（知识经济初见端倪、全面建设小康社会、

① 赵文华：“建立现代大学制度，加快我国研究型大学建设”，《上海交通大学学报（社科版）》2002 年第 2 期。

② 康乃美：“‘两个转换’是现代大学制度确立的关键”，《现代大学教育》2001 年第 1 期。

③ 袁贵仁：“建立现代大学制度，推进高教改革和发展”，《光明日报》2000 年 2 月 23 日。

④ 高新发：“从第一部门到第三部门——论我国公办高等学校转型的制度选择”，《教育研究》2002 年第 10 期。

⑤ 叶信治：“刚柔相济的现代大学制度浅议”，《现代大学教育》2001 年第 1 期。

从人力资源大国到人力资源强国、建设社会主义新农村、构建国民教育体系、建设学习型社会）下，构建能够规范现代大学各个主体行为并调整现代大学内外部关系行为，以促进与维护现代大学能够得以按照自身内在逻辑结构良性运转并实现可持续发展的规则体系。

现代大学制度具有丰富的内涵：一是要适应特定的竞争日趋激烈的时代环境并服务于特定的社会背景；二是构建的现代大学制度应能起到规范与调节现代大学的内外部关系，比如，大学与政府、社会、市场的关系，大学与大学的关系，大学与教师、学生的关系，这些关系的和谐调整有利于大学的可持续发展；三是建立的现代大学制度是按照自身内部逻辑结构良性运转的规则体系，如要能够推动学校形成较为清晰的产权制度、要完善大学的法人治理结构即大学的法人制度、要形成大学内部权力结构的合理调配与运行的办学与管理制度、要形成保障各个权益主体利益的激励与追究、问责制度等，最终实现大学快速、健康、持续地发展。

同时，参照斯格特“制度的三个概念”，即制度是由认知的、规范的、管理的三种要素构成，我们对现代大学制度内涵的揭示，不仅有规范、管理层面的，更应该侧重于认知层面的，因为“制度就是关于博弈如何进行的共有信念的一个自我维系系统。制度的本质是对均衡博弈路径显著和固定特征的一种浓缩表征，该表征被相关领域几乎所有参与人所感知，认为是与他们的策略决策相关的。这样，制度就以一种自我实施的方式制约着参与人的策略互动，并反过来又被他们在连续变化的环境下的实际决策不断再生产出来。”①

① ［日］青木昌彦，周黎安译：《比较制度分析》，上海远东出版社 2002 年版，第 28 页。

（五）关于“法理学视野中的现代大学制度”

在现代社会，国家对教育的干预是不可避免的，其干预的手段之一就是通过政策、法规的方式来规范教育的发展，大学的发展也不例外。随着人们对现代大学制度研究的深入（更多的是从量的角度而言），研究成果似乎也很丰盛，但这些研究多属于教育学科的研究，就“大学谈大学”，从其他学科的视角研究现代大学制度的不多。本研究正是选取了“法理学”的视角来研究现代大学制度，以期突破学科界限，寻找现代大学制度新的生长点。

从目前的研究现状来看，直接从法律的角度来研究现代大学制度问题的并不多见。但一些相关研究已涉及现代大学（尤其是我国公立高校）制度在建设中的法律问题，在内容上主要表现在以下方面：

1. 对中国高校法律地位的研究

高等学校的法律地位在法理学上是指高等学校在法律上所享有的权利能力、行为能力及责任能力。考察高等学校的法律地位，就是要考察高等学校在不同的法律关系领域中的权利能力、行为能力和责任能力。目前关于高等学校的法律地位的研究，理论界、学术界还没有形成共识，概括起来，主要存在着以下几种看法。

（1）大多数学者、专家将高等学校定位成一种非企业法人的事业单位法人。理由是我国《民法通则》依据法人宗旨、任务的不同，把法人分为企业法人和非企业法人。划分企业法人与非企业法人的一个重要标志就是是否以营利为目的，凡是以营利为目的的组织均为企业法人，而不是以营利为目的的组织则为机关、事业、社团法人。

作为非企业法人中的事业单位法人的高等学校，其法律地位比较特殊。“一类是以权力服从为基本原则，以领导与被领导的行政管理为主要内容的教育行政关系；另一类是以平等有偿为基本原则，以财产所有和流转为主要内容的教育民事关系。”[①]

（2）高等学校是一种公务法人。公务法人是公法人的一种。所谓公法人，“是指以社会公共利益为目的，由国家或公共团体依公法所设立的，行使或分担国家权力或政府职能的法人。”[②]具体言之，公法人是按照涉及公共利益的法律建立的、能够作为公权力主体行使公权力课以义务的组织，它是为了公共利益而存在的主体。大陆法系国家将公法人分为“公法团体、公共机构和公法财团三大类。”[③] 公法团体是依据公法而成立的人的团体，其组成的目的是追求和保障公共利益及成员利益，如各级国家机关；公法财团是指依照公法设立的具有财团性质追求公益目的的法人，如公基金等。公共机构则是依照公法成立的，由某些物及人组成的，以持续方式达成特定行政目的的组织体，也称为公务法人，如公立学校、图书馆、博物馆、公立医院等。[④]

这种观点认为，我国的事业单位与大陆法系国家的公立公益机构（即公务法人）在功能方面有很多类似之处，如都是国家依法设立的提供专门服务的公益组织，具有特定的行政上的目的即行使一定的公共权力，具有独立的法律人格。故应当将学校等事业法人定性为公法人的组成部分之一即公务法人。大学不是普通的民事主体，也不是国家行政机关，而是承担公共职能追求公共事业的公务法人。[⑤] 而马骏驹教授也认为，“高等学校作为

① 劳凯声、郑新蓉：《规矩方圆——教育管理与法律》，中国铁道出版社 1997 年版，第 240 页。

② 魏振瀛主编：《民法学》，北京大学出版社 2000 年版，第 76 页。

③ 马怀德：“公务法人问题研究”，《中国法学》2000 年第 4 期。

④ 同上。

⑤ 马怀德：《行政制度建构与判例研究》，中国政法大学出版社 2000 年版，第 314—315 页。

《民法通则》中划分的兼有行政管理职能的事业单位法人，可以在将来我国实现公法人与私法人划分后，将被作为公法人归入政治生活领域。"① 因此，"学校是负担特定目的提供专门服务的行政机构"，② "作为事业单位，学校的法律地位比较特殊。一方面，学校像其他民事主体一样，享有普通的民事权利，也承担一般的民事责任。另一方面，学校与政府、学生、教职员工之间的关系既有民事法律关系，又存在民事法律关系以外的其他关系。因此，学校作为事业单位，既享有一般民事主体的法律地位，又有区别于民事主体而近似行政主体的法律地位。"③

基于公务法人的认识，高等学校的法律地位就属于文教性营造物。而作为公务法人，它也有一系列自身的特点，即"公务法人是国家行政主体为了特定目的而设立的服务性机构，它担负特定的行政职能，服务于特定的行政目的；公务法人享有一定的公共权力，具有独立的管理机构及法律人格，能够独立承担法律责任；公务法人与其利用者之间既存在着私法关系（普通的民事法律关系），也存在着公法关系（行政法律关系），等等。"④

（3）高等学校是公法人的"特别法人"。这种观点是在公务法人理论的基础上，认为，"就我国公立高等学校与政府之间的关系而言，我们认为，《教育法》、《高等教育法》分别明确的高等学校法人地位，绝不仅仅是一种民事主体地位，而且还包括它在行政法上的特殊主体地位。这种地位不仅在民事活动方面将高

---

① 马骏驹："法人制度的基本理论和立法问题之探讨（上）"，《法学评论》2004 年第 4 期。

② 劳凯声：《中国教育法制评论（第 1 辑）》，教育科学出版社 2002 年版，第 34 页。

③ 马怀德："公务法人问题研究"，《中国法学》2000 年第 4 期。

④ 劳凯声：《中国教育法制评论（第 1 辑）》，教育科学出版社 2002 年版，第 34 页。

等学校与政府的关系区分开来，即高等学校是一个具有独立民事主体资格的法人，享有独立的民事权利与义务，而且在民事活动之外的教学、科研、教师及学生管理等领域也明确了高等学校与政府的关系，即高等学校在这些领域也具有独立的主体地位，是行政法上的特别法人”。

作为公法人中的特别法人，“公立高等学校不再是政府的附属部门，与政府之间则是两个法人之间的关系。既是两个法人，则高等学校与政府应分别具有自己的意志，享有法人权利并独自承担责任。”①

（4）高等学校是法律、法规授权的组织，具有行政主体地位。这种观点认为，依据我国《行政法》与《行政诉讼法》，行政主体是指依法享有并行使国家行政权力，履行行政职责，并能独立承担由此产生的相应法律责任的行政机关或法律、法规授权的组织。由上述概念可以看出，具有行政主体资格的，一是国家机关，二是法律、法规授权的组织。很显然，高校不是国家机关。所以，判断高校是否具有行政主体资格的关键，就是看它是否是法律、法规授权的组织。我国《教育法》在规定学校所拥有的权利中，诸如招生权、处分权、颁发学业证书权等，都具有明显的单方面意志性和强制性，符合行政权力的主要特征，因而性质上应属于行政权力或公共管理权力。由此可以推断，高等学校是经由国家法律的授权，行使国家行政权力或公共权力的事业单位，具有行政主体资格。② 在“田永案”中，法院也明确指出，高等学校具有行政主体地位——“在我国目前情况下，某些事业单位、社会团体虽然不具有行政机关的资格，但是法律赋予它行使一定的行政管理职权。这些单位、团体与管理相对人之

① 劳凯声：《变革社会中的教育权与受教育权：教育法学基本问题研究》，教育科学出版社2003年版，第257—258页。

② 陈鹏：“论高校自主权的司法审查”，《陕西师范大学学报》2004年第1期。

间不存在平等民事关系，而是特殊的行政法律关系。”[1]

（5）高等学校是第三部门。[2] 第三部门理论是试图应用社会学理论对高等学校定位的新视角。从社会结构方面来看，现代社会结构由三大要素构成，即私人领域、国家领域和公共领域。私人领域是指私人自主从事商品生产和交换的经济活动领域，其核心是企业组织。国家领域是指国家运用强制力量整合全社会资源、处理公共事务、维护社会秩序的领域，其核心是政府组织。公共领域，是指介于私人领域和国家领域之间的领域，是一种非官方的公共领域。学术界习惯把政府相关组织的集合体称为第一部门，把企业相关组织的集合体称为第二部门，而介于两者之间非公非私、非政府非企业、非营利组织构成的集合体称为“第三部门”。

第三部门这一概念最早由美国学者列维特（Levitt）提出。这种非公非私的第三类组织，所从事的是政府与企业“不愿做、做不好或不常做”的事情。王绍光的研究表明，根据美国税法的有关规定，第三部门在法律上的定义为：一个合法的第三部门组织必须具备下列条件：（1）专心致力于社会公益而非私人所得的目标；（2）机构的使命需要符合税法明文规定的一些免税的慈善目的；（3）必须接受不参与政治活动的限制。[3] 根据美国约翰·霍普金斯大学公共政策研究所所长莱斯特·萨拉蒙教授的研究，凡是符合以下 7 个特征的组织可被视为第三部门的一部分：（1）组织性：意味着有内部的规章制度，有负责人，有经常性活动。（2）民间性：意味着在体制上独立于政府，既不是

① 最高人民法院：“田永诉北京科技大学拒绝颁发毕业证学位证行政诉讼案”，《最高人民法院公报》1999 年第 4 期。

② 参见高淑贞：《论受教育权》，吉林大学博士论文 2007 年 6 月 3 日，第 132—134 页。

③ 王绍光：《多元与统一：第三部门国际比较研究》，浙江人民出版社 1999 年版，第 8 页。

政府的一部分，又不受政府干预。当然，这并不意味着它完全不拿政府的资助，或完全没有政府官员参加活动。(3) 非营利性：意味着组织的利润不能分配给所有者和管理者。第三部门可能赚取利润，但利润必须服务于组织的基本使命，而不能分配给个人。(4) 自治性：意味着各个组织自己管理自己，不受制于政府、企业及其他社会组织。(5) 自愿性：意味着参与这些组织的活动是以自愿为基础，但这并不是说组织收入的全部或大部分来自自愿捐款，也不等于说工作人员的全部或大部分是志愿者，只要参与者是志愿即视为满足条件。(6) 非政治性：指不是政党组织，不参加竞选等政治活动。(7) 非宗教性：指不是宗教组织，不开展传教、礼拜等宗教活动。[①] 在某种程度上，第三部门是一个既不完全受国家干预，又不完全受市场干预的社会领域，是以非政府形式提供公共物品的一种机制，是一种公益事业。

关于第三部门与高等教育的关系，劳凯声教授认为，就教育属性而言，教育属于政治与经济之间的第三领域，应定位于社会的第三部门。[②] 邬大光教授以为，当代高等教育改革已有意无意地受到了第三部门理论的影响，在实践取向上已越来越具有第三部门的特性。[③] 第三部门视野中的高等教育的关键词应是“非营利组织”与“社团法人”。所谓社团法人是指“以人的集合为基础的有民事权利能力的社会组织”[④]。将非营利组织与社团法人加以合并，即第三部门视野中的高等教育机构应是一个非营利性社团法人。而应松年教授的研究表明，第三部门的外延不应包括

① 王建华：“走向第三部门的高等教育”，《比较教育研究》2004 年第 6 期。

② 劳凯声：“社会转型与教育的重新定位”，《教育研究》2002 年第 2 期。

③ 邬大光、王建华：“第三部门视野中的高等教育”，《高等教育研究》2002 年第 2 期。

④ 苏力等：《规制与发展——第三部门的法律环境》，浙江人民出版社 1999 年版，第 153 页。

教育。[①] 熊跃根认为，“值得注意的是，同发展中国家明显不同的是，西方‘第三部门’的形成和发展过程中具备一定的制度条件，其中包括：公私界限较清晰的划分使社会力量得到了良好的发育，智识群体在社会福利事业中的广泛介入与参与，自下而上的民间自助组织和社会运动的发展以及国家在社会生活领域中有意识的‘功能让渡’。而我国，很难将公私二分法以及清晰的国家市场关系构成，作为分析今日市民社会成长的一种框架。”[②] 从第三部门理论出发，基于中国高等教育的自治与非营利要求，第三部门或许是高等教育的发展方向。但是，它依赖于“国家—经济部门—公共领域”结构的建立。在中国，要形成第三部门所需要的制度条件，还有一段漫长的路程要走。再者，作为社会轴心机构的高等学校，其培养人才及推动科学发展的职能直接影响着国家经济、社会的发展，任何大学的自治都必然是有条件的、与政府合作的、有利于学校和国家发展的自治。就此而言，高等学校很难发展成为第三部门要求的“民间性”团体。

从以上分析中可以看出，每一种理论都有其优点与缺点，而且学界在探讨高校法律地位过程中，将高校的法律地位与高校法人地位有时作为同一个概念去谈，这是不合理的[③]。我们认为，结合我国高等教育运行的实践，由于高等学校法律关系的复杂性，高校作为社会组织，法律地位应是多种多样的，将其局限在某一个方面都会为高等学校在实践运作与理论拓展等方面造成很

---

① 应松年：“非政府组织的若干法律问题”，《北京联合大学学报（人文社会科学版）》2003 年第 1 期。

② 熊跃根：“转型经济国家中‘第三部门’的发展：对中国现实的解释”，《社会学研究》2001 年第 1 期。

③ 大学的法律地位与法人地位有着十分密切的关系，但二者是两个不同的概念。就区别而言，任何大学只要是依法设立，就必然具有相应的法律地位，但未必具有法人地位。同理，具有法人地位的大学未必就拥有适切的法律地位。就联系而言，大学的法人地位是大学法律地位的一种反映与标志，是体现其法律地位的一个重要方面。

大的困难，以至于陷入泥潭与沼泽。

2. 关于高校法人制度的研究

在高校法人制度的研究中，对于高等学校具有法人资格，理论界的看法基本是相同的，即高校是法人，这是毋庸置疑的。目前关于高校法人制度研究的核心问题是解决高校是什么性质的法人。学术界依据国内外关于法人分类的情况，对我国高校法人所归属的种类问题进行了分析。

第一种分类是以法人设立的目的为标准，可将法人分为公法人与私法人。“公法人是指以公共利益为目的，即以提高政府效能、满足公众需要和改善公共福利为目的而设立的法人。如国家、行政区域单位、国家机关以及一些国家的国有企业等。私法人是指以法人利益为目的，即以其成员的财产利益或其他利益为目的而设立的法人”。[①] 基于此，我国高校既具有公法人性质，又具有私法人特征，体现出复合性。目前公立高校法人主要属于公法人性质，但是随着高等教育改革的深入，正逐渐表现出越来越强的私法人特征。民办高校法人主要属于私法人性质，但其在某些重要方面也同时受到公法调整。

第二种分类是以法人成立或者活动的目的为标准，法人可以分为公益法人和营利法人。公益法人是指以社会公共利益为目的而活动的法人，营利法人则是以谋取经济利益并分配给其成员为目的而活动的法人。[②] 基于此种分类，高校法人为公益法人，将高校法人定位为公益法人，有利于从基本性质上使高校法人与政府、企业等其他形式的法人更为明确地予以区别，从而从根本上避免高校的泛政治化或者过度市场化和产业化。

第三种分类是我国《民法通则》以法人所从事的业务活动

---

① 江平主编：《法人制度论》，中国政法大学出版社 1994 年版，第 41、43 页。

② 同上书，第 53 页。

为标准，将法人分为企业法人、机关法人、事业单位法人、社会团体法人。在此种分类法中，公立高校属于事业单位法人。

也有学者认为，为了确保大学的公务自治与学术自由，应将我国高校的法人地位定性为公务法人。“具有法人地位之公立大学，由于其独立于行政机关之外，与国家人格分离，成为有权利能力之法律主体，可以使其拥有较高之自主性，并且单独负担义务享受权利，此中独立自主之地位，不但将可使公立大学超乎国家政治权力的变动更替，形成自治的学术社区与教育场所，并且可以使大学财政享有较大之独立性，拥有自身之财产，同时除国家或地方所提供之预算外，大学自身可筹措财源或接受捐助，使大学之财务独立。此外，据有公法人地位之公立大学亦可主张学术自由之基本权利。”①

我们在承认上述分类与观点合理性的基础上，依循我国相关法律法规的规定，由于我国无公私法之分，没有公法人、私法人之说，同时公益法人与营利法人的分类也没有存在的合法性，所以，我国高校在目前看来只能属于事业单位法人。但是，我国《民法通则》只是规定了法人的类型和构成法人的要件，并未涉及行政部门与事业单位之间的相互关系，只要行政部门与事业单位之间的隶属关系不改变，事业单位就不会具有真正独立的法人地位。基于此，有学者认为，“在《民法》的基础上，再通过政府法令的方式对各个事业单位的具体设置给以明确规定，才能将事业单位从对政府的依附中剥离出来，并为其充分享有法人的权利而提供坚实的依据。日本的特殊法人、独立行政法人，英国的法定机构（即执行机构）等，都是这样做的。”②

那么如何对高校法人进行定位呢？学术界基于我国《民法

---

① 周志宏:《学术自由与大学法》，蔚理法律出版社 1989 年版，第 298 页。

② 郑国安、赵路等:《非营利组织与中国事业单位体制改革》，机械工业出版社 2002 年版，第 66 页。

通则》中关于法人分类的缺陷，进行了一系列有创见的研究，在这些研究中，对高校法人地位也进行了定位。马俊驹教授认为，我国未来的民法典首先应将法人划分为公法人和私法人，在严格限制公法人进入私法领域范围的基础上，将私法人划分为社团法人和财团法人，并将社团法人再划分为营利法人、公益法人和中间法人的立法模式。不过目前民法学说对于是否存在中间法人存在很大分歧。大多数学者不承认中间法人的存在，而只认为法人依其设立目的可以分为营利法人和公益法人。不承认中间法人存在的学者中一种观点是承认社会上存在这样的组织，但是不承认其法人资格。另有观点认为，没有必要单独承认中间法人，只要将“公益”作广义解释即可。也有学者认为，营利和公益并非截然对立的概念，人类的组织体不以此类为目的的组织体也不少见，因此选择“非营利法人”来包含公益法人和中间法人，显得更为周密和严谨。[①] 在此分类中，公立高校是公法人，是非营利法人。

总而言之，目前关于高校法人地位的归属问题依然是一个悬而未决的问题。

3. 对我国高校与政府、教师、学生法律关系的研究

研究高等学校的法律地位，目的在于为研究高校与政府、教师、学生的法律关系提供理论前提与基础，有利于明确高校在与政府、教师、学生法律关系中的法律地位、法律责任、法律性质等问题。

（1）我国高校与政府的法律关系研究

我国高校与政府的法律关系既有行政法律关系，也有民事法律关系。但是，在现阶段，高校与政府的法律关系是以行政

---

① 金锦萍：《非营利法人治理结构研究》，北京大学出版社2005年版，第22—23页。

法律关系为主的。只不过，现在的问题是，政府与高校之间的行政法律关系是内部行政关系还是外部行政关系，存在着两种不同的学说。一种是内部行政关系说。这种学说认为，公立高校作为授权行政主体，在行使教育行政权时，与政府这一职权行政主体之间构成一种内部行政关系。一种是外部行政关系说。这种学说认为，高校是独立法人，这种独立法人不仅是民法意义上的，更是行政法意义上的，与政府机关一样，高校也是公法人，是公法人中的特别法人，因此，政府与高校的关系实际上是两个公法人之间的关系，这种关系属于外部行政法律关系。①

有学者认为，判断政府与高校的关系是内部行政关系还是外部行政关系，首先必须弄清高校这一组织的特性。其一是公共性。高校是政府出资兴办的公益组织，高校的公共性要求加强政府控制，对应于国家教育权，属于国家委托事务，此时高校是国家设施。其二是自主性。高校是基于高深学问而组织起来的，这一特性要求学术自由、大学自治，对应于高校办学自主权，属于高校固有的权利，此时高校是公法团体。基于高校法律地位的双重性，当高校在完成固有事务时，行使的是办学自主权，此时它是公法社团，政府对其实行法律监督，他们之间的关系属于外部行政法律关系，受行政法调整；当高校在完成国家委办事务时，行使的是国家教育权，此时它是国家设施，政府对其实行专业监督，他们之间的关系属于内部行政法律关系。②

有学者认为，在高校与政府的行政法律关系中，行政主体的权力与行政相对人权利之间存在着严重的不平衡，表现为：重视

---

① 周光礼：《教育与法律——中国教育关系的变革》，社会科学文献出版社2005年版，第26页。

② 同上。

实体法权利而忽视程序法权利、彰显行政权而忽视行政相对人权利。[①]

政府与高校的民事法律关系，相对来说比较简单，主要是基于知识产权、债权而产生的民事法律关系。[②]

然而，在高校与政府形成的法律关系中，各自的权利与义务是什么？政府的权限边界到哪里为止？大学如何获得自治？大学作为行政相对人的权利又是什么呢？如何对政府的权限进行定界，防止其对大学的过度干预与控制？政府如何转换角色，实现有限、有为、能为政府？大学如何获得政府、公众的信誉，从而增强其的公信力？如何克服高校外在机制中的权力病理与冲突现象？这些问题依然没有得到明确而信服的回答，仍需要我们深入地研究。

（2）我国高校与教师的法律关系研究

我国高校与教师的法律关系主要体现为高校在对教师进行管理的过程中，所形成的教师法律制度。依据我国《教师法》、《教育法》、《高等教育法》等相关法律法规的规定，教师法律制度主要包括教师资格制度、教师职务制度、教师聘任制度。

从已有的研究来看，在教师资格制度中，高校与教师形成的是教育行政法律关系，高校是委托行政主体，教师是行政相对人。在教师职务制度中，高校与教师形成的亦是教育行政法律关系，只不过高校是授权行政主体，教师是行政相对人。在教师聘任制度中，高校与教师形成的教育民事法律关系，双方的地位是平等的，高校与教师是在遵循公开招聘、平等竞争、择优录用的原则下，双方签订聘任合同。[③]

---

① 陈鹏、祁占勇：《教育法学的理论与实践》，中国社会科学出版社 2005 年版，第 255—288 页。

② 同上书，第 259—261 页。

③ 陈鹏：《公立高等学校法律关系研究》，高等教育出版社 2006 年版，第 62—86 页。

但在不同的法律制度中，教师的权利是什么？当教师的权利受到侵犯以后，通过什么样的途径获得法律救济？在教师职务与资格制度中，所形成的是外部行政法律关系还是内部行政关系？教师的聘任合同属于什么性质的合同，行政合同、劳动合同抑或其他？这些问题，目前并没有从法理以及法律实务中得到明确的解答。而对上述问题的明确回答，可以有效地克服现实中高校与教师法律关系中的法理盲点。

（3）我国高校与学生的法律关系研究

有关我国高校与学生的法律关系，主要体现在两个层面[①]：

一是高等学校与学生形成的有关法律关系的理论，主要包括特别权力关系理论、部分社会说、公法契约说、契约关系说。

二是高等学校与学生法律关系的分析。在实施招生录取工作的过程中，高等学校是法律法规的授权组织，高等学校与考生之间是外部行政法律关系；高等学校在实施学生处分权的过程中，与学生之间既有内部行政法律关系，又有外部行政法律关系，判断的基本标准是学生学籍的获得和学生身份的确定，据此认为，开除学籍处分直接涉及学生学籍的丧失和身份的改变，属于外部行政法律关系，而警告、严重警告、记过、留校察看四种处分不涉及学籍、身份的改变，属于内部行政行为；高等学校在颁发学业证书与授予学位过程中，高等学校是法律法规的授权组织，具有行政主体资格，与学生形成的是行政法律关系。高等学校与学生的民事法律关系，主要涉及高等学校对学生人身伤害的侵权。

但在高校与学生的法律关系中，重要的是应首先明确大学生的法律身份与定位，在此基础上，探讨高校与学生所形成的法律

① 陈鹏:《公立高等学校法律关系研究》，高等教育出版社 2006 年版，第 100—134 页。

关系才具有理论基础，否则存在着前提不明的现状；当大学生的权利受到侵犯以后，如何获得法律救济中，一个很关键的问题是要确立司法审查的标准以及司法审查的强度、时效等；在高校与学生的行政法律关系中，构成的到底是内部行政法律关系还是外部行政法律关系，到目前为止，在法律实务中还没有明确的标准，从而造成不同时间、不同地区、不同法院，面对同样的事件，作出截然相反的两种判断，这些问题，是我们在探讨高校与大学生的法律关系中亟待研究与澄清的问题，从而为现实的法律实务提供法理上的支撑。

（4）我国高校教师与学生的法律关系研究

有关高校教师与学生的法律关系问题，从法理学角度很少有学者进行涉猎，更多的是从教育学、管理学、心理学、社会学等的角度进行言说。有学者认为，我国高校教师与学生的法律关系主要表现为教育管理关系。教育管理关系是权力性，受法律调整。教育管理关系实质上是学校与学生之间的行政性管理关系。那么这种行政性关系是内部行政关系还是外部行政关系？在传统上，教师与学生之间的关系被视为“特别权力关系”。现在，“特别权力关系”理论已被重要性理论所修正，即分为基本关系与管理关系。不管怎样，教师与学生之间的管理关系是公法性质的，受公法调整。[①] 这种“一刀切”的论述是否合理，还有进一步研究的必要。

4. 对我国高校法人治理结构的研究

研究高校法人治理问题，必然涉及法人治理结构。健全而又完善的法人治理结构是实施法人治理的必要前提。高校法人治理结构的研究，缘起于现代企业制度中的法人治理结构。然而，由

① 周光礼：《教育与法律——中国教育关系的变革》，社会科学文献出版社2005年版，第224—227页。

于高校法人的特殊性，高校是否可以像企业一样，进行高校内外部权力机制的配置与构造呢?

有学者从建立我国高校法人治理结构的法理分析即高等教育法律关系研究入手，探讨了高校独立法人地位以及高校法人治理结构的基本内涵，分析了我国高校建立法人治理结构的背景与建立我国高校法人治理结构的指导思想和基本原则，最后对建立我国高校法人治理结构进行了制度思考，即要建立适合高校法人治理的财产权制度、决策制度、管理制度以及制衡、约束与激励机制和利益相关者共同治理机制。[①]

也有学者对公立高校法人治理结构的研究，以公立高等学校的法律地位为切入点，探讨了公立高等学校法人的两种角色，进而分析了从法律地位研究到法人治理结构研究转变的必要性以及公立高等学校法人治理结构的基本模型即内外部治理结构，同时以法人治理的视角分析了我国公立高等学校法人权利机制的现状，最后对我国公立高等学校法人治理结构的模式选择——市场导向型与控制导向型两种公立高等学校法人治理机制——进行了可行性、权利构造、权利机制模型的分析。[②]

由于法人治理结构之于现代大学是一个新名词，只是近几年内随着学科的交融、企事业单位的比照、中西交流的深入，当现代大学的变革陷入深深的泥潭池沼之中，人们似乎将企业改革中的法人治理结构作为救命稻草，迁移到现代大学的改革之中。我们认为，任何组织体都有相通的一面，但如何将法人治理结构运用于现代大学制度的建构之中，应建立在对法人治理结构的深入了解之中，只有这样的研究，才

---

① 彭宇文:《中国高校法人治理结构研究》，中国社会科学出版社 2006 年版。

② 覃壮才:“我国公立高等学校法人治理结构研究”，北京师范大学研究生院 2004 年 5 月。

具有说服力、生命力与可操作性、实践性。因此，对于什么是非营利法人治理结构？非营利法人治理结构的本质特性是什么？非营利法人治理结构的使命是什么？如何实现非营利法人治理？如何从内外部角度对非营利法人治理结构进行安排，才能最大限度地体现其运行机制的特殊性？对于这些问题，需要深入而翔实地研究，才不至于使引入现代大学变革之中的法人治理结构不伦不类。

5. 对西方高校及其他国家和地区高校的相关法治问题的研究

教育学界、法学界对西方高校法治问题的研究，最为集中的一点是有关西方高校法律地位的研究，而且研究结论相对来说也较为一致，即认为，多数国家都趋向于大学的公务法人化改革，比较有代表性的学者是陈鹏博士、覃壮才博士、申素平博士。

从法律的角度研究国外高等学校的法律地位，一般是通过区分大陆法系（又名罗马法系、民法法系、罗马—德意志法系、法典系等）和普通法法系（又名英美法系）来进行研究和分析。

大陆法系以德国和法国为代表国家。这一法系的特点是重视成文法的制定和法律体系的完备；都设有行政法院，专门负责有关行政主体或行政主体之间的公法争议，将这种争议排除在普通司法审查之外；在审判方式上都实行纠问制，由法官主导审判过程。[①] 在德国，高等学校具有公法团体和公营造物两种法律地位。在法国，公立高等学校属于科学文化与职业公务法人。虽然，德、法两国对公立高等学校法律地位的定位所使用的概念不同，但其共同点是明确的，即公立高等学校具有公务法人的地位。

普通法法系以英国和美国为代表国家。这一法系的特点是以判例法为主，法官的判例具有正式的法律效力；英美法系无公法、

① ［德］茨威格特·克茨，大木雅夫译：《比较法概论》，东京大学出版社1974年版，第174页。

私法之分，没有独立的行政法体系存在，公务人员不因执行公务而适用和普通公民不同的法律；其司法制度实行单一的司法体制，只有普通法院而无行政法院。在英国，高等学校的类型、层次比较复杂，并不是任何高等教育机构都有公法人的地位，判断其是否具有公法人的地位的依据，就是该学校是否是依法或者是通过国王特许状建立的自治团体，如果是，它就是英国行政法中的公法人，就可以将它作为法定公共机构对待。如果高等学校是依据章程或私自设立的，它就不具有行政主体资格，没有相应的行政权力。但20世纪80年代以后，英国政府对此进行改造，将管理权从地方手中转移到中央政府，并赋予其公法人资格。在美国，高等教育的情况也比较复杂，一般由联邦政府、州或地方政府所设立或支持的高等教育机构，称为公立高等学校。公立高等学校的法律地位具有政府机构、公共信托、宪法上的自治大学三种类型，但无论是哪种类型的高等学校，他们都具有公共法人的特点，其基本的法律性质定位仍然是公共机构或公法人。

在许多国家，高校本身不具有法人资格。从20世纪90年代起，逐渐进行法人化改造，如日本公立高校的“独立行政法人化”，马来西亚1996年开始的大学法人化，泰国1998年通过的新教育法确定“2002年使所有公立大学成为自治法人”的目标。在我国台湾地区，2001年教改会议后决定于2003年推定国立大学法人化，等等。①

在此基础上，理论界对西方大学与政府、教师、学生的法律关系，法律救济与法律责任等问题也进行了广泛的研究。

通过对现阶段我国以及西方及其他国家和地区现代大学（尤

① 陈鹏:《公立高等学校法律关系研究》，高等教育出版社2006年版，第21—33页。覃壮才:“我国公立高等学校法人治理结构研究”，北京师范大学研究生院2004年5月，第30—42页。申素平:“中国公立高等学校法律地位研究”，北京师范大学研究生院2000年5月，第46—56页。

其是我国公立高校）制度在建设中的相关法律问题的总结，理论界对现代大学制度在建设中的法律问题已有相关的研究。但教育法学、高等教育法治作为一门学科以及研究领域在我国发展的时间晚、起步慢，还没有形成系统的研究，高等教育法学有一个广阔的研究前景。从高等教育法治层面来讲，诸如，我国高等学校的法律地位、高等学校与政府、教师、学生的法律关系、高校的法人治理结构、高等学校公共性的法律保障机制、学术自由与社会干预的制度分析、政府干预与大学公共性的实现等问题亦有研究的必要，仍需进一步的澄清。而诸如，高等学校的法律制度建设，如何在现有法制条件下实施与贯彻高校的法人治理结构，高校法人与企业法人、机关法人的本质不同，大学的法人治理目标，大学的法人治理价值，大学运行机制合法化的原则等问题，更是当前亟待解决的难点问题，从而推进高校尽早实现以法治校。

法律视野中的现代大学制度，应当立足于法理学与制度学的视角，对现代大学制度的理论问题如现代大学制度的法理规定性及其本质内涵、现代大学制度的法人治理目标、现代大学制度法人治理的价值取向等应有一个明确的回答，同时对现代大学制度的实践问题如中西现代大学制度变迁中的法理透视、现代大学制度的法人原则等应有一个确定的说明，在此基础上建构现代大学的法人制度。

（六）已有研究空间

对现代大学制度的研究成果比较多，一个基本立足点就是强调如何比照现代企业制度来关照现代大学制度，希冀建立的现代大学制度基本上是从“大学自治、学术自由”的最高理念为出发点，来落实“大学的法人地位”和扩大“大学的办学自主权”，具体体现为“学术自治、政校分开、权责分明、管理科学”或“学校自治、教授治学、校长治校、科学管理”等基本特征的现代大学制度。这种研究一个最大的症结就在于存在着嫁接、移植之嫌，因为大学与企业从本质上说是不同的，一个代表公益、一个代表私益。

从学科属性来看，虽然现代大学制度问题属于教育学的研究领域，这一点从研究者的群体不难窥见。但是，如果将某个问题只拘泥于某个学科而不能自拔，那么对这个问题的研究无论是从广度还是从深度方面来看，势必会走向故步自封的“坟墓”。目前，对于现代大学制度的研究恰恰有陷入如此境地的尴尬。因此，对于现代大学制度的研究应当倡导多学科化，如制度经济学中对制度的研究、社会学中现代与现代性的研究、法理学中对权力与治理等的研究，因为现代大学制度不仅是一个教育问题，更是一个社会问题。

在现代大学制度的研究中，对欧美各国、日本等国家的大学制度译介的多，而对其深层次原因的反思少。因为任何“教育改革是在拥有不同历史、不同政体和管理制度以及不同政治倾向的背景中实施的，放权的性质与程度、政策相关联的方式等在国内以及国家之间都有差别”[①]，各国大学制度改革出现的问题以及表现形式迥异。显然，我们不得不考虑不同国家制度的社会背景中的产物，切忌简单照搬别国经验，应当探讨符合中国政治、经济、文化体制的现代大学制度的法律机制。

法律视角下的现代大学制度的一个基本问题就是大学作为一个具有法律地位的机构或实体，如何实现法人权力的内外部分配与制衡以及体现法人的价值目标，以期实现现代大学的权力多中心化趋势。然而，从国内资料检索来看，尚无人对此问题进行系统的研究。

现代大学制度是一个实践性很强的问题，具有强烈的现实意

① ［英］杰夫·慧迪、萨莉·鲍尔、大卫·哈尔平，马忠虎译：《教育中的放权与择校：学校、政府和市场》，教育科学出版社2003年版，第43页。

义。这就表明研究现代大学制度的旨趣应当是对当下实践的关切，从而为现代大学的良性运转出谋划策、献计献策。若脱离此目标，关于现代大学制度的研究难免会陷入宏大的论说抑或是空洞的说教。但是，目前的研究似乎有这种趋向，如前所述，现代大学制度从研究的量上来讲，绝对是21世纪初叶的热点问题，但从质上来讲，似乎使人高兴不起来，因为其缺乏实践性。

四 研究现代大学制度法律重构的思路与方法

（一）研究思路

第一，依据历史与逻辑相统一的原则，对中西现代大学制度中的法律问题进行了历史分析，发现现代大学制度在发展、演变与生成中的可资借鉴的经验教训，为当下现代大学法人制度的治理提供“活水”的“源头”。

第二，在分析历史的基础上，深入到对现代大学制度法理本质的解析。通过对当下现代大学制度建构中诸多法律障碍的研究，我们认为，法理学的视角为我们提供了新的分析工具。法律视野下的现代大学制度追求法人价值取向与法人治理目标。现代大学制度的法人价值取向为：大学自治、学术自由，现代大学制度的法人治理目标为：权力配置与权利保障。这种分析是从价值理性的角度出发，有助于人们更加清楚地认识现代大学的内、外在价值即学术自由、大学自治以及大学办学自主权等的关系，最终形成了以维权为核心的现代大学制度的法人治理目标。

第三，任何事物的价值追求、目标的达成，都要依靠实践中的制度安排得以实现。我们认为，现代大学制度法人价值与目标的实现，需要建构一套现代大学制度法人治理结构。其核心是现代大学的管理制度、现代大学的投资制度、现代大学的办学制度等。本研究运用法学中的“平衡”视角和新制度经济学中的

“博弈”视角，具体分析和研究了平衡大学内外权力、政府角色转换等问题。为了更清晰地展现研究思路，可以用图表示研究思路框架，见图1。

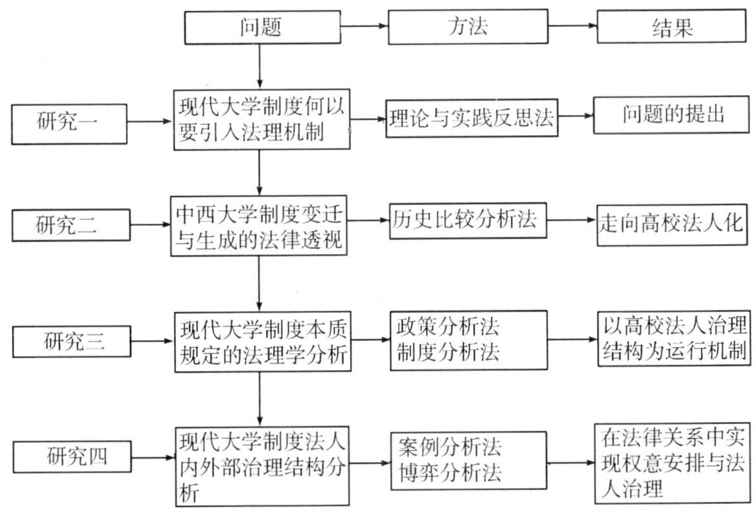

图1　研究思路框架

（二）研究方法

1. 分析视角

对问题的分析视角[①]不同，即不同的作者站在不同的角度，

---

① 所谓分析视角，就是指“由某一门学科本身所固有的某些特定的基本范畴和规范构成的一些整理和建构研究资料的基本范式和图式”。参见谢维和：《教育活动的社会学分析：一种教育社会学的研究》，教育科学出版社2000年版，第60页。其实，人们在谈到某门学科特有的基本范畴和规范时，最近用得比较多的概念就是“范式”，何谓“范式”呢？在库恩看来，科学是一项社会活动和事业，它包括两个最基本的因素，范式和共同体。后者专指其专家所组成的集团，而前者则指从事某一科学的专家群体所共同遵从的世界观和行为方式，它包括三个方面的内容：（1）共同的基本理论、观点和方法；（2）共有的信念；（3）某种自然观（包括形而上学的假定）。参见陈向明：《质的研究方法与社会科学研究》，教育科学出版社2002年版，第378页。

选取不同的方法、持有不同的信念和价值观，从而在一定层面上影响着人们对某个问题认识的深度与广度以及合理与否，最终得出的结论往往也是不一样的。显然，针对某个问题的研究，不可能做到面面俱到，遵循着“特殊高于普遍”的原则和理念，灵活运用某种“一以贯之”的分析视角，才可能做到对某个问题研究与探讨的尽善尽美。

根据法律视野下的现代大学制度相关问题的特点，本研究主要采用法理学与新制度经济学的分析视角，这是因为法理学与新制度经济学中的一些基本范畴、规范、概念对分析和研究现代大学制度具有很强的解释力。

从本研究的选题来看，既然是立足于法理学的视角，因此在分析问题的过程中，首要的分析视角就是法理学的视角。法理学中的权衡与均衡的范畴，为法律视野下现代大学制度的权力（利）的配置与合理分工的研究提供了基本的分析范式和图式。依据权衡的分析视角，法律视角下的现代大学制度在权力配置与博弈中应是相互制约的，在利益的达成上是一致的。而依据均衡的分析视角，法律视角下的现代大学制度在目标指向与价值取向上的未来方向应能够达到均衡，但在目前情况下却处于失衡的状态。法理学视野中的现代大学制度在权力配置中要权衡各方利益主体，才能有助于均衡化状态的实现，但均衡是相对的，失衡是绝对的，其最终的归旨是在权衡的基础上，使失衡状态尽量降到最低，达到相对的均衡。

从现代大学制度本身来看，其核心语词无非是“大学”与“制度”。作为机构或组织的大学，要实现可持续发展，没有制度的支撑，是不可想象的。而“制度”所以一跃成为一个热点问题，新制度主义经济学则是直接的推动者。新制度主义经济学中的“制度”以及制度变迁中的路径依赖和“正式制度与非正式制度的双重模式”为分析现代大学制度中诸多矛盾提供了可能。

之所以要说明本研究的分析视角，旨在引出本研究所采用的具体研究方法。因为“理论不仅能够作为研究方法直接指导我们的研究实践，而且理论还能够作为方法论，指导我们选择和应用各种不同的研究方法进行研究。”①

2. 具体的研究方法

基于分析视角的特殊性，本研究主要采取了制度分析、政策文本分析、历史比较分析、案例分析、博弈分析的研究方法。

（1）制度分析法

制度分析从其存在形态来划分，可以分为广义的制度分析、狭义的制度分析和实际的制度分析。广义的制度分析是对社会组织及其力量和意义可能提出的解释所进行的各种性质不同的理论性或质疑性的评述，如对社会的性质、社会功能等所作出的分析，均属于广义的制度分析；狭义的制度分析主要是对特定的制度所作出的分析，如教会、学校和军队等；实际的制度分析是在团体或集团中透过临床干预的做法来进行的制度分析。②

显然，本研究中的制度分析主要指狭义的制度分析，即对现代大学的制度分析。在制度分析中，无论是旧制度分析学派所强调的政治因素的作用，还是新制度分析学派所更加重视和强调的市场因素的作用，其中一个共同的旨趣就是强调制度变迁的特殊性以及制度变迁中的路径依赖。本研究借用制度分析的方法主要是为了说明：由于各国政治、经济、文化制度的差异性以及政治、经济、文化生活中所存在的路径依赖现象，必然导致不同国家的现代大学制度在具体制度设计、制度安排、制度创新等方面

① 谢维和：《教育活动的社会学分析：一种教育社会学的研究》，教育科学出版社2000年版，第71页。

② Gaston Mialaret、Jean Vial，张人杰译：《现代教育史（1945年至今）》，五南图书出版公司1993年版，第120—121页。

的多样性与多元性。所以，置身于国际大背景中的中国现代大学要注意到制度的差异性和路径依赖为建构现代大学制度所设定的限度，不能完全照搬和复制别国现代大学的具体制度安排。

（2）政策分析法

任何政策过程都是利益选择、利益综合、利益分配和落实的动态过程，其不仅体现出特定的权力属性，而且政策强调对行为的规范性要求。具体而言，政策分析的基本范畴主要包括四个方面，即事实分析、价值分析、规范分析和可行性分析。本研究采用政策分析的基本范畴以对法律视野中的现代大学制度进行分析，主要表现为：

利用事实分析提供关于现代大学制度的事实信息，力求对法律视野下的现代大学制度在发展与演进中的问题进行比较完整的事实性描述，以再现真实的情景，因为事实分析是政策分析的起点。

利用价值分析提供关于现代大学制度的价值信息，是对制定现代大学政策是为了什么，为了达到什么样的目的，应该优先考虑什么等问题的解释，因为价值分析决定着人们的选择方式和行为策略，而且“价值分析作为公共政策活动中的价值问题进行确认和研究的一种政策研究方法和方法论，其研究的中心内容是公共政策活动中的‘价值选择’及其‘合法性’、‘有效性’等问题。”①

利用规范分析提供关于现代大学制度的策略信息，是对现代大学制度应该是什么和应该怎么做的描述，因为规范分析是寻求现代大学制度的政策目标以及达到目标所采取的行动和手段。政策从外在形态上表现为政策文本，因此，在进行规范分析时，主要采用的是政策文本话语分析方法，从文本、话语实践、社会实

① 刘复兴：《教育政策的价值分析》，教育科学出版社2003年版，第5页。

践三个维度来试图说明现代大学制度在建构中的法人价值目标、功能以及所遵循的原则。

利用可行性分析提供关于现代大学制度的背景信息，是对现代大学制度如此做是否行得通和人们是否同意这样做的关照，因为可行性分析是对规范分析中所提出的方案进行考证，论证在客观现实的基础上是否具备了实现方案目标的条件和能力。因此，探求置于不同背景下的现代大学制度的得与失，来说明我国法律视野下的现代大学制度在实践中的困难程度以及如何建构起理想的现代大学制度，才能在实施过程中不至于夭折或半途而废，对实践的关注是理论工作者的一个基本的良知。

（3）历史比较分析法

所谓历史比较法就是借助比较的方法对不同或相同历史时期的事物进行分析与归纳，从中找出事物间的异同点，为现行的研究提供承上启下、纵横交错、宏微渗透的国内基础与借鉴别国经验的国外基础。

通过对中西大学在发展演化过程中历时性与共时性的历史比较分析，从中发现大学发展中的基本特点、规律等，是研究现代大学制度的重要方法。“历史从哪里开始，思想进程也应该从哪里开始，而思想进程的进一步发展也不过是历史在抽象的一般理论上前后一贯的形式上的反映”①。大学发展的基本演变规律蕴涵在大学发展的历史过程中，而且在进行历史描述和探寻规律的基础上，应当借助于比较的方法，寻找各国大学制度演化过程中的得与失，找出各类制度的优势与不足，为建立适合中国国情的现代大学制度提供扎实的资料。

（4）案例分析法

所谓案例分析法就是通过对典型案例的分析来获取有价值的

① 《马克思恩格斯全集（第13卷）》，人民出版社1980年版，第122页。

资料的方法。案例分析法的关键所在就是所选案例必须具有典型性、代表性、鲜明性的特征。

中西大学在发展的过程中，由于传统法律文化的不同，一般来说，可以分为两大法系即英美法系和普通法系。英美法系以判例法为主，大陆法系或普通法系以成文法为主，中国的法系基本上是以成文法为主。无论是何种法系，无论判例在各种法律体系中具有何种地位。但是，各国大学在发展中，由于不断增多的诉讼案，为我们的分析和研究提供了方便，以便对其中的案例进行反思，从中可以发现“判例”在大学“依法治校”的路途中所起到的独到作用。这些“判例”有时对大学已是一种无形的力量并产生了自觉的影响和无意识的遵守。

（5）博弈分析法

博弈分析是制度经济学中一个较为常用的方法，具体来讲，博弈是指一些个人、队组或其他组织，面对一定的环境条件，在一定的规则下，同时或先后、一次或多次、从各自允许选择的行为或策略中进行选择并加以实施，各自取得相应结果的过程。

从本质上来讲，现代大学制度在发展过程中一个基点就是权力的分配。权力分配的均不均、公不公，涉及相互的利益和份额的多少，从而产生纵横交错的权力链条，既可以起到相互的制约与监督作用，但同时也可能产生相互的冲突与争斗，在彼此博弈的过程中取得各自相应的结果。

第二章　以制度建设为中心：制度之于现代大学的适切性

现代大学的发展应以法治为导向，走法治化、民主化的道路，实现依法治校、依法治教的治校方略，通过法律来生成权力制衡与实现权利保障的和谐校园文化。现代大学制度的法制化，是当前我国高等学校改革的迫切任务与关键所在。研究现代大学制度的法律重构，我们首先需要分析制度之于现代大学适切性的内在逻辑起点，为现代大学制度的法律重构奠定制度基石。

在以“制度挂帅”的21世纪初叶，现代大学必将渗透与遵循制度的圭臬，使得现代大学的发展能够顺应本国政治、经济、文化体制的需求，为现代大学功能的实现提供制度性的保障，为民族文化精神素质的提升提供基本的精神支撑。因此，我们首先有必要从制度分析的视角探讨清楚现代大学为什么需要制度，即制度之于现代大学的必要性、重要性、可能性与可行性。

一　制度之于现代大学的必要性

虽然说：“中国整个近代以来的历史，都是剧烈的‘制度变迁史’。”① 但学界生机勃勃的制度研究在中国的兴起始于改革开

① 高德步：“诺斯的制度变迁理论与中国社会变革评说”，《学习与探索》1996年第4期。

放之初的体制改革和中国社会的现代转型。社会的现代转型即社会的现代化促使人们认真思考和全面研究有关制度的各种问题。从表层逻辑来看，社会转型的核心是制度转型，其标志是制度的法制化，因而对社会转型问题的研究必然会涉及制度的问题。从深层逻辑来看，社会的现代转型引致自由与秩序、公平与效率之间的紧张，由此引起各种社会矛盾和问题凸显出来。这在客观上需要产生新的制度，需要用新的平衡机制来调节、限制和消除自由与秩序、公平与效率之间的紧张关系。同时，自由与秩序、公平与效率的张力，又会反过来成为社会结构更新、社会制度变迁的推动力量。这表明，“社会转型实质上就是制度整体性或局部性的转变”①。

在“以制度建设为中心”的时代，制度对于任何机构与组织都是全新的课题与时代的要求，我们应当从制度的整体变迁和彻底制度创新角度去认识改革事业，其不仅仅是简单的体制转轨，更是结构的转型。处于现代社会转型期的中国，其改革与变革的核心是一个渐进而长期的制度变迁和制度创新过程，尤其在当下，“改革已经越过了单纯突破旧体制和普遍的双轨制运行阶段，放权让利和通过改革释放原有体制能量的过程也已经基本结束，改革进入了制度创新阶段”②。

在我国，改革开放以来主要围绕“政企分开”与“政事分开”两个方面进行了制度性的变革。如今，“政企分开”方面的改革已初见成效，成功地建立了适合中国国情的、具有中国特色的现代企业制度。但是，“政事分开”方面的改革则步履维艰，并没有达到改革之初预想的结果，当然，这也包括现代大学的改革。

① 周翼虎、杨晓明：《中国单位制度》，中国经济出版社 1999 年版，第 8 页。

② “中国社会发展研究”课题组研究报告：“中国改革中期的制度创新与面临的挑战”，《社会学研究》1997 年第 1 期。

从改革开放之初到现今，我国高等教育界的改革一直没有停止过，从《关于教育体制改革的决定》、《中国教育改革发展纲要》到《高等教育法》的颁布，进入到21世纪以后，高等教育方面的政策、法规依然很多，无论是政府还是高校自身以及学界，都对高等教育倾注了大量的心血，比如本科生与研究生的扩招、大学生的就业、本科教育评估、师范生免费教育、高等教育强国建设等等诸如此类的改革。然而，以高等教育改革的实效性来衡量高等教育改革成败的话，结果似乎并不令人十分满意。为什么如此呢？

我们认为，大学在发展与改革过程中存在着制度转型、理顺体制等诸多问题；而大学改革之所以比较缓慢，其中体制性、制度性障碍是最重要的原因。

首先，从高校的领导体制和管理体制来看，按照《高等教育法》第39条规定："国家举办的高等学校实行中国共产党高等学校基层委员会领导下的校长负责制"，即我国高等教育现行的领导体制应是"党委治党，校长行政"。但在现实的运作过程中，情况则比较复杂，不仅有身兼二职的，也有二者关系不和者，还有相互拆台的，更有貌合神离者。

其次，从政府所扮演的角色来看，我国高校对政府长期存在着"等靠要"的思想，政府也当仁不让地很乐意地扮演着"全能政府""无限政府"的角色，政府居举办者、办学者、管理者三重角色为一体。大学犹如政府的隶属机构，依然按照科层制的组织来运转，不是从准公共产品、第三部门的角度来考虑大学的现实发展逻辑。一定意义上来讲，政府是现代大学制度建构中的重要组成部分，起着重要的引导、维护和保障作用。建立完善的高等教育体制，首先需要建立规范的政府管理体制。改革开放30年来，我国政府管理体制改革取得了巨大的成绩，但与市场经济的发展要求相比，政府管理体制的改革步伐仍显缓慢，特别是计划经济时期形成的高度集权、不计成本、盲目干预等体制弊端仍然存在。大量应该由市场或社会承担的职能由政府独揽，或者应该由政府来承担的职能，却由市场或社会来完成，如在社会救济、义务教育、公共基础设施等方面存在的问题。由此导致种种政府行为失当问题，即人们常说的“越位”、“错位”和“缺位”现象，导致该管的没管，不该管的乱管。一些重要的市场制度，如风险防范机制、危机处理机制等依然很薄弱。

再次，从高校内部本身的运行来看，“泛行政化”、“去学术化”色彩依然根深蒂固。大学是人类文明延续和传播的主要渠道，理应强调“学术争鸣”与“教师、学生为本”。但现实的情况则是，“官本位”思想在大学继续蔓延，如教育部直属大学的校长相当于“副部级”、“正厅级”，大学中的院长、处长、副处长等都分别配以一定的级别，致使大学中的管理者以“领导者”的角色自居，没有真正体现“管理就是服务”的意识，不是服务于教师、学生，而是管理教师、学生。虽然，《高等教育法》第 42 条明确规定：“高等学校设立学术委员会，审议学科、专业的设置，教学、科研研究计划方案，评定教学、科学研究成果等有关学术事项。”第 43 条规定：“高等学校通过以教师为主体的教职工代表大会等组织形式，依法保障教职工参与民主管理和监督，维护教职工合法权益。”本质上，学术委员会、教职工代表大会是学术权力、民主参与的最直接体现，但这些机构无论在设置上还是在具体的运作中，都是名不副实的，带有很强烈的形式化色彩，未能实现或走向权力的多中心化。

复次，从宏观层面高校的权力分配格局来看，依然没有理顺“条条领导”、“块块领导”与“条块领导”的关系。中央与地方的职责划分不明确，存在着大量的“灰色地带”。一方面是中央政府在统一方面表现为权威不够，现实中的政府不是包揽过多，就是受民间力量的不良影响，直接导致了政府无法集中精力解决自己应当负责的问题，而民间则不能积极参与大学改革事业并使其获得正常发展，同时亦可能出现营利性机构对大学改革决策产生非正常影响并导致不良局面的现象，其直接后果就是多头管理和体制不畅；另一方面则是地方政府在职权责方面职责虚构、权力受限、责任不明，既无法自主地推进大学的改革，又在诸多方面存在着与中央政府或上级政府的指示不相一致，中央政府与地方政府权责的模糊化，好管的大家争着管，不好管的大家都推，在管理部门里，既存在“多龙治水”、多部门干预的职责不清、互相扯皮现象，又存在管理真空、无人负责现象，直接影响了大学改革事业的整体推进与健康发展。显然，问题的实质是要解决高校权力机构与运行体制如何在市场经济的基础上重新建构。

最后，高等教育内部缺乏灵活的激励与约束机制，法人治理结构还没有完全建立起来，高等教育法律制度建设滞后，教育立法与执法体系很不健全，有法不依、执法不严等现象时有发生，高等学校法律地位界定模糊不清，等等。

虽然，我国大学的改革为社会主义现代化建设所起的“减压阀”和“稳定剂”的作用是有目共睹的。但是，现代大学在改革过程中存在的体制性障碍，依然是横亘在中国21世纪建立现代大学制度之路上的一座座关隘和一个个瓶颈，严重地制约着现代大学的发展。从本质上讲，任何新生事物的产生都是在原有体制框架内孕育发展起来的，都是一个制度变迁的过程。新制度经济学根据推动制度变迁的动力机制方面的差异，一般将制度变迁区分为两种基本的模式：一是所谓“政府强制型”制度变迁，即主要由政府来提供制度变迁的诱因和动力，新的制度关系作为一个由政府单方导入的独立变量强制替代原有的制度关系；二是所谓“需求诱致型”制度变迁，即以原有制度结构下各行为主体的自我逐利冲动作为制度变迁的诱因和动力，逐渐推进新制度关系的形成和发育，并最终达到替代原有制度关系的制度变迁目标。

长期以来，我国高等教育的发展始终都是由政府主导并推动的强制型制度变迁，政府实际上决定着大学改革的性质、功能、规模和变迁方向及速度。这种制度变迁模式在市场化初始阶段为新制度关系的生成提供了必不可少的合法性保证和基本的公共运作资源，但是当市场框架已经基本确立，新的市场关系已经初步形成的时候，它却转化为制约市场关系进一步深化的体制性障碍。因为在政府强制型制度变迁模式下，政府一身兼有比赛组织者、教练员、裁判员和运动员等数项职能，而除它之外的其他改革主体都只是既定政策的被动接受者和被动执行者，从而造成了我国高等教育体制改革“一放就乱，一乱就收，一收就死”的怪圈。

同时，作为人类文明传递者的大学，大学精神与大学制度互为表里、相互映衬，因为“大学精神产生于现代大学制度之中，大学制度蕴涵、滋养着大学精神，超拔的大学精神附丽于坚实的大学制度才得以薪火相传。”① 大学精神是大学最基本的特质，是大学发展的内在逻辑，因为大学“具有相对于政治组织而言的自由性，相对于组织化社会自我确认特性而言的批判性，相对于重视功利的社会习性而言的创造性与传授知识的超脱性，相对于社会分工专门定势而言的包容性。”事实上从文化的角度来看，制度体现的是制度性文化，亨廷顿认为，制度“是一种规范性文化”，“社会规范和制度对人们行为指出一定的方法，形成一定的样式”。② 因此，从广义上来讲，制度就是一种制度性文化，它的核心是规则与规范，“大学制度就是大学的‘制度性

---

① 杨东平：“现代大学制度的精神特质”，《中国高等教育》2003 年第 23 期。

② 刘李胜：《制度文明论》，中共中央党校出版社 1993 年版，第 18 页。

文化’，即大学存在与大学所必须遵循的规范体系及其文化心理调适制度”[①]。然而，大学精神的重塑、精进与发扬，有赖于大学的制度变革，现代大学的变革与发展，需要制度性文化的支撑。因为，就制度而言，“它首先是一种理念化的内容。同单一的学术观点表达和纯粹的理论研究不同，制度的理念化并不意味制度仅仅是一种理念，恰恰相反，制度的理念化乃是为未来实践活动提供一个坐标，根据这个坐标，相应的实践活动都会在其中获得相应的位置。”[②]

基于以上分析，可以清楚地认识到，制度之于现代大学的必要性不仅是为了克服大学发展与改革中存在的体制性障碍，也为大学的改革与发展提供了制度性的文化支撑，从而在制度的源头上为现代大学的发展提供良好的制度性保障。

二　制度之于现代大学的重要性

制度的功能是对不同利益者的利益平衡和保护。现代大学的发展要权衡不同利益主体间的利益，使之相得益彰，为大学的和谐发展创造良好的氛围。“没有规矩，不成方圆”，大学中不同利益主体间关系与利益的权衡，不是自发或自愿就能够实现的，必须依靠一定的制度作为保障。制度之于现代大学的重要性，从本质上来讲，就是制度功能的形成、实现与释放。

现代大学功能的实现，离不开制度的支撑。具体来讲，制度在现代大学运行发展过程中，发挥着其基本的功能，即形成预期、提供激励、获得宽容、达成妥协。也就是说，制度是大学主

① 胡国铭：“制度性文化建设：中国建立现代大学制度的基本途径”，《鄂州大学学报》2004 年第 1 期。

② 康永久：《教育制度的生成与变革——新制度教育学论纲》，教育科学出版社 2003 年版，第 108 页。

体之间取得合作所需的相互信任的预期机制，是现代大学激发各主体个体发挥自由能动性、以推进大学发展的激励机制，是大学主体获得相互宽容的运行机制，是矛盾和冲突着的主体之间达成制度化妥协的权利与利益的分享机制。作为四种整合力量，他们分别从稳定、发展、博爱、共享四个方面形成和谐的大学秩序。依靠这四种程序性机制，人们较为有效地克服了现代大学生活特有的不确定性，使多元互动的主体能够在稳定的预期之下获得相互的信任和“本体性的安全感”；能较为有效地克服现代大学发展中那种时断时续的发展模式的毛病，使发展获得充分而稳定的动力；有效地抑制了现代竞争所具有的惨烈性和后遗症，使相互竞争的人们能够相互宽容和容忍；克服了一切独断和专制的问题，为人们共享合作成果提供了制度性的支持。

首先，制度的激励功能。在现代大学日常的教育教学管理和对外交往与交流中，由于主体的需要、动机和目的不同，因而利益也就不同，在教育教学管理与交往的过程中利益的不一致，必然导致冲突的发生。这种利益冲突，不仅存在于个体主体利益之间的冲突，而且存在于个体与社会之间的利益冲突。制度作为调整主体间利益关系的规则体系，目的在于解决主体交往过程中所发生的利益冲突，这主要是通过制度的激励功能来实现的。“制度构造了人们在政治、社会和经济方面发生交往的激励结构。”[①]关于制度的激励功能，是新制度经济学家的一个重要贡献。他们认为主体之间的经济交往活动产生了不可避免的两个问题：一是交往活动的费用即交易成本问题；一是外部性问题。前者是个体主体之间的交易活动所带来的；后者是个体与社会发生关系时所产生的。[②]一方面，降低主体间交往活动所带来的交易费用，可

① 诺斯，刘守英译：《制度、制度变迁与经济绩效（中译本）》，三联书店1994年版，第3页。

② 施惠玲：《制度理论研究论纲》，北京师范大学出版社2003年版，第23页。

以通过制度对权利的界定以及权利和义务的平衡，使主体间产生一种有效的合作关系，从而使主体间的利益冲突减至最低，推进现代大学的发展。另一方面，所谓外部性或外部效应，就是相关主体间行为或互动的结果构成了对无关者（即第三者）或社会整体的各种有害或有益的影响。有益的影响称之为正外部性，虽然对社会或他人有利，但它使更多没有付出的人同样获益，造成的效果是人们不愿再为此努力和冒风险，由此出现懒惰和懈怠。有害的外部性称之为负外部性，它则直接损害了他人的社会正当利益。显然，无论是正的外部性还是负的外部性都对社会的发展会产生不利的影响。那么，如何来解决外部性问题呢？我们认为，克服外部性问题也是通过制度来协调个体与社会之间冲突的，就是要形成稳定而有效的激励，建立合理而有效的激励机制，使利益相关者通过相互竞争的方式，来消除或限制外部效应，以使每一个人和整个社会都焕发出生机与活力。正如诺斯所说：“有效率的组织需要建立制度化的设施，并确立财产所有权，把个人的经济努力不断引向一种社会性的活动，使个人的收益率不断接近社会收益率。”①

其次，制度的约束功能。制度的约束功能包括两个方面：一是限制，二是保障。限制就是明确规定主体行为的活动界限，或者说确定主体的选择范围，即主体所拥有的权利规定。主体一旦逾越权利规定的边界，将会受到惩处、制裁和损失，以保证主体在拥有权利的同时履行其义务。保障是指防止主体的权利受到侵犯和损害，以保证主体在履行其义务的同时享有其应有的权利。限制与保障是统一在约束功能之中的，限制本身意味着保障，保障实际上也就是限制。只有如此理解制度的约束功能，才能够使

① 诺斯、罗伯特·托马斯，张炳九译：《西方世界的兴起》，学苑出版社 1988 年版，第 1 页。

制度具有确定性和明晰性，才能够使生活在制度中的主体产生预期和安全，从而达到社会的稳定和发展。制度的利益基础内在地决定了制度的约束功能。戈森认为，之所以需要约束是因为“一方面，个人的力量不足以保护自己不受侵袭或损害；另一方面，在很多情况下看来难以确定每个人可以到达而又不损害他人的界限。这两方面的情况必然使社会创造出一种权力，支持受到损害威胁的个人的力量，并在可疑的情况下确定个人权利的界限”①。

再次，制度的宽容功能。现代制度作为自由的制度，本身就是宽容的产物，是宽容精神的体现。在现代社会，“制度只能存在于价值态度的多样性和对不同价值的容忍基础上。”② 同时，从现代制度的形式特征来看，现代制度也充分体现出制度的宽容意蕴。现代制度的宽容功能，从社会的角度说，它使相互独立和自由的主体们在宽容的制度下获得了最起码的公共性；而从个人的角度说，它使每个人都获得了清晰明确的自由空间，获得了不受他人强制的私人领域。从这种意义上讲，现代制度是现代宽容的生成机制，它使宽容对象化为人们可以竞取的资源（即宽容权利），从而推动了宽容的制度化，为社会自由秩序的形成提供了制度上的保障。然而，制度的宽容应有一定的限度，否则就会变成无原则的纵容，从而影响和危害社会的秩序。一般认为，现代制度最大的结构特点是它的正义，在正义原则之下，现代制度的宽容品质一方面使自由主体能够相互宽谅和容忍，从而使不宽容最小化；另一方面又通过必要的不宽容来成就其宽容的品性，因而现代制度又包含着不宽容的一面。具体来说，现代制度的不

① 戈森，陈秀山译：《人类交换规律与人类行为准则的发展》，商务印书馆1997年版，第142页。

② 张文显：《二十世纪西方法哲学思潮研究》，法律出版社1996年版，第309页。

宽容不仅表现在对违反和破坏制度现象和行为的不宽容，也表现为对公共价值的宽容与不宽容。当代著名自由主义思想家罗尔斯指出:“只有当宽容者真诚地、合理地相信他们自身和自由制度的安全处于危险之中时，他们才应该限制不宽容团体的自由。”而且，这种不宽容“不是以最大限度地扩大自由的名义进行的”，而是为了自由制度不受伤害所必需的。[①]

复次，制度的妥协功能。一般认为，现代社会之所以需要妥协，主要是由现代社会的分化性质决定的。社会越是分化，也就越需要整合;社会中越是相互独立的“分体”，也就越是需要被整合为相互冲突、又相互依赖的整体。相互独立和自主的“分体”之所以能够得到有效整合，就是因为它们之间能够通过交换的中介作用，在共享与分享稀缺价值的过程中达到相互依存。这就需要一种相互妥协的机制，去实现自由主体之间的交换，以实现共享与分享。其实，多元主体之间的让步与妥协，是推动社会进步的重要机制。因为，“真正的妥协就是综合对立的势力，并把双方（或几种）观点中精彩部分以不完整形式保留下来。”因此，我们不能把妥协看成是“披上伪装的有条件的投降”。相反，在妥协中，由于“只有各方准备把自己要求中的各个部分区别开来，在某些部分上让步，以换取另一部分上的满足，才有可能达成彼此满意的协议”。[②] 显然，通过制度化的妥协，现代社会获得了自由主体得以和平共处的基础，从而使公共价值和基本共识得以达成。

虽然，制度的功能不至于只有以上四种功能，诸如，制度还具有奖惩、评价、指导等功能。但是，从制度功能的发挥与释放来看，前四种功能具有决定性的作用，而且这四种功能之间相辅

① ［美］罗尔斯，何怀宏等译:《正义论》，中国社会科学出版社 1988 年版，第 210 页。

② ［美］科恩，聂崇信等译:《论民主》，商务印书馆 1994 年版，第 186 页。

相成、相得益彰，形成了制度的“功能体”，为现代大学“共同体”的发展提供了良好的屏障。

三　制度之于现代大学的有效性

既然，制度对于现代大学是必要的和重要的，那紧接着我们需要回答的是制度之于现代大学的可能性，即制度的“有效性”问题。

那么，什么样的制度安排才是有效的？诺斯认为，“制度就是一种激励结构，一种激励制度。好的制度应该可以激励人们发挥他们的创造力，提高他们的生产效率，有效地运用高技术。”① 有效制度的本质特征为：“制度应具有一般性、有效规则必须在两种意义上具有确定性即它必须是可认识（显明的）和它必须就未来的环境提供可靠的指南、制度应当具有开放性。”② “一个有效率的制度的最根本特征在于它能够提供一组有关权利、责任和义务的规则，能为一切创造性和生产性活动提供最广大的空间。”③

从现代大学发展历程来看，我们认为，现代大学在发展中也必然地存在着对有效性的追求。因为，人们判断现代大学的制度是否有效，除了看现代大学的正式规则与非正式规则是否完善外，更主要是看现代大学制度的实施是否健全。离开了实施机制，那么任何制度都形同虚设。一般认为，有效率的制度至少应当有两个基本特征：第一，有效率的制度能够使每个社会成员从事生产性活动的成果得到有效的保护，从而使他们获得一种努力

① 诺斯的“制度富国论”，《21世纪经济报道》2002年4月8日。

② ［德］柯武刚、史漫飞，韩朝华译：《制度经济学》，商务印书馆2001年版，第148页。

③ 樊纲：《渐进改革的政治经济学》，上海远东出版社1996年版，第41页。

从事生产活动的激励。第二，有效率的制度能够给每个社会成员以发挥自己才能的最充分的自由，从而使整个社会的生产潜力得到最充分的发挥。显然，有效性对现代大学制度而言就显得至关重要。制度分析学家认为，制度的生成问题是解决制度有效性的根本。如果制度的生成是内在的、自然演进的，那么制度的实施效率与制度的绩效是一致的，这样的制度便能够保证其有效性；如果制度的生成是外在的理性建构，那么制度的实施效率与制度绩效就可能分离，从而会影响到制度的有效性。

中国的大学治理不是一个伴随现代社会的发展应运而生的自发演变过程，而是以人为设计和干预为主导的制度创新和突变的过程。因此，在现代大学制度的建构中，对制度的设计应当体现有效性的精神，其所设计出的制度能够被大学主体所认同与遵循。唯有如此，这样的制度才是有效的，否则，就是无效制度。那么，有效性的制度应当是怎样的呢？从制度的有效性结构上看，制度是权力、利益、价值、逻辑这四个要素的有机统一①。首先，准确反映特定社会的权力结构，这是制度获得有效性的首要条件。如果某项制度安排会使社会上占主导地位的保守集团的处境受到威胁，或者不能将社会上新生主要团体的权力要求体现到制度中来，这样的制度必将产生合法性危机，从而无法获得起码的有效性。这种情况尤其突出地存在于社会转型或社会过渡的时期。② 从这个意义上来说，理想的制度在什么程度上能够产生出来、并得到有效的实施，是由特定社会客观现实的权力结构所决定的客观事实。其次，真实反映各种现实利益关系及其变化趋势，是制度获得有效性的另一个基本条件。利益关系在结构上不

① 邹吉忠：《自由与秩序——制度价值研究》，北京师范大学出版社 2003 年版，第 90—92 页。

② ［美］李普塞特，张绍宗译：《政治人——政治的社会基础》，上海人民出版社 1997 年版，第 55—56、58 页。

会是均等的，而且具有很强的变动性，新的利益集团总会不断地生成和出现，它们总是力图打破现有利益关系的结构均衡，以使自己的利益能够获得结构上的支持。但是由于现存利益关系具有结构性特征，它将动用结构性资源去遏制新型利益集团权力要求，使它们的利益难以很快体现到制度中来，至少得有一个渐进的过程，这势必造成制度有效性遭遇削弱的危险。再次，充分反映人们共同的价值观，这是制度获得服从者信仰和自愿遵从的必要条件。人们对制度的遵守必须有起码的自觉性和自愿性，其条件是符合服从者的基本价值观，即从价值观上取得合法性。正如丹尼尔·贝尔指出，"任何社会都是一种道德制度，它必须证明它的分配原则是合理的；它必须证明自由和强制的兼而并用对于推行和实施它的分配原则来说是必要的，是天经地义的。"① 唯有如此，人们才会"价值合理地"遵从制度。最后，制度还需要符合基本的逻辑规则，这是制度得到人们普遍遵守所必需的。这一点在我们生活于其中的现代社会中，表现得尤其明显。现代社会的基本制度形式是法律，而"建立法律的是真理而不是权威"。就是说，作为具有普遍性和抽象性的法律，其中应当蕴藏"集正确性与公正性于一体的合理性"，只有这样，它才能取得有理智人们的信仰和有效遵从，才能减少各种外力强制的运用机会。②

当然，影响和决定制度有效性的这四种要素并不是随意并置的，它们之间存在着多重复杂的张力关系，强制性与合法性之间、权力与权利（以利益为中心）之间、价值观、权利及其权力与逻辑规则之间的张力分布，确定着制度有效性的基本结构，

---

① ［美］丹尼尔·贝尔，赵一凡等译：《资本主义文化矛盾》，生活·读书·新知三联书店1989年版，第309页。

② ［德］哈贝马斯，曹卫东等译：《公共领域的结构转型》，学林出版社1999年版，第57页。

而且决定着制度的主要类型及其基本特征。

基于制度有效性的基本特征与结构，从制度经济学以及制度运行的可能性与有效性层面来看，现代大学制度应体现出“四E”原则，即提高效率、关注效益、追求卓越、实现公平。

四　制度之于现代大学的可行性

一般来讲，制度是社会中个人遵守的一套行为规则，而这一套行为规则即为制度安排；同时，制度安排可以是正式的，也可以是非正式的。这些正式的和非正式的制度安排的总和则为制度结构，而制度结构与制度安排又直接决定着制度绩效，即制度范式可以表示为：

在历史发展观下的制度范式中，制度结构指的是政治制度和经济制度（构成制度环境）。其中政治制度的核心是国家理论——以诺斯的制度变迁理论为代表，而经济制度的核心则是产权理论，迄今为止，人类社会经历了公有/共有产权、国有产权和私有产权，这种演进在中国表现为历时性和共时性的存在，不同的产权制度，影响着制度的绩效。制度安排则是日常人们所说的“制度”与“规则”，是支配经济单位之间可能出现的合作与竞争方式的一种安排，其目标是“提供一种结构使其成员的合作获得一些在结构外不可能获得的追加收入，或提供一种能影响法律或产权变迁的机制，以改变个人（或团体）可以合法竞争的方式。”① 而制度绩效则指的是经济增长的效率与政治的合法

① ［美］科斯、阿尔钦、诺斯，胡庄君等译：《财产权利与制度变迁》，上海三联书店 1994 年版，第 271 页。

性问题。在经济绩效中，制度绩效取决于交易费用，而交易费用的基础则是产权制度；而政治绩效的直接表现则是国家将自己的意志转化为现实的能力，其基础是国家汲取财政的能力、国家控制其机构的有效性和国家对于社会的渗透程度，政治体制的合法性则是政治绩效的终极决定因素，合法性的来源有：集体福利因素和政府拥有的道德权威与法理权威。①

根据新制度经济学者的研究，制度安排主要是指组织结构、经济组织之间的交易方式、政府与经济组织的关系和作为非正规制度的意识形态。也就是说，任何组织的健全与运行依赖于机构的建立和规范的确立，无论是营利性机构抑或是非营利性机构都是如此。在现代化的进程中，组织是否健全、组织的职能是否专门化和专业化，是衡量一个国家能否稳定、健康地发展的标志。

依循制度经济学中的制度范式，现代大学中的制度安排其实质就是制度设计。那么如何通过有效的制度安排与设计来协调各利益主体的利益矛盾，使不同的权利主张在碰撞中达到动态平衡呢？

在有效的制度安排中，法律作为正式性制度安排以明确的权利义务内容和强制力的保障措施对人的行为提供指引、评价、预测、激励和约束，保障大学中各利益相关者主体之间的权力制衡、利益平衡和大学重大战略决策科学性，成为协调利益冲突、维护交易安全、实现社会正义的制度基础。而法律以外道德、文化、契约、市场等自治因素，也在一定程度上规范着大学组织和行为，控制着经营者的权力，保护着大学中各利益主体的利益，这就是大学自治的表现。可见现代大学在制度安排中是大学自治和法律规制的统一，这种统一包含着大学内外的治理机制：内部

① 杨光武：《制度的形式与国家的兴衰——比较政治发展的理论与经验研究》，北京大学出版社2005年版，第17—28页。

治理包括大学组织治理和大学文化治理。外部治理则由利益相关者、市场机制、法律约束构成。而大学组织治理、大学文化治理、利益相关者、市场机制这些治理成分与法律因素密切相关。显然，现代大学的制度安排应从大学内部运行系统、外部市场竞争系统和法律规制协调系统入手，进行现代大学制度的正式性制度、非正式性制度和制度实施机制的建设。

基于“以制度建设为中心”的时代背景，制度对于现代大学来讲，有很强烈的适切性。制度之于现代大学，不仅有利于克服现代大学所遇到的体制性障碍，从而获得制度性文化支撑，而且有利于发挥制度的激励、约束、宽容、妥协与奖惩的功能，更有利于体现制度的有效性并实现法治社会中的制度范式与设计。

第三章　历史的视角：现代大学制度生成与变迁的法律透视

“历史是至关重要的。它的重要性不仅仅在于我们可以向过去取经，而且还因为现在和未来是通过一个社会制度的连续性与过去连接起来的。”① 对现代大学制度的研究与分析也不例外。

由于西方世界在人类教育历史上的特殊贡献，我们需要学习和借鉴西方先进的教育制度。在大学层面，西方的现代大学制度是我国构建现代大学制度的“原型启发”。而且，“一个人如果不理解过去不同时代和地点存在过的大学概念，他就不能真正理解现代大学。”②

从世界范围来看，古希腊时期有柏拉图的“阿卡德米学园”（希腊学园）、亚里士多德的“吕克昂学园”，中国古代有“太学”、“国子监”、“书院”。但这些所谓的高等教育都不能称为现代大学的源头，现代大学与上述的教育机构都没有直接的传承关系。

西方现代大学的源头是中古时期的中世纪大学。而且，中世纪大学一经产生，就通过与世俗政权与教皇的斗争取得了令现今

---

① ［美］道格拉斯·诺斯，刘守英译：《制度、制度变迁与经济绩效》，上海三联书店1994年版，第1页。

② 伯顿·克拉克，王承绪等译：《高等教育新论：多学科的研究》，浙江教育出版社1988年版，第45页。

人们都赞叹不已的“大学自治权”与“学术自由权”。这是因为，“大学的自身逻辑根植于高深学问的持续活动之中。大学自治制度是大学这种高深学问的组织自身逻辑与外部环境相互作用的产物，它依赖于法律、传统和理念等多方面的保障。”① “现代大学的基本形式或基本结构来源于中世纪大学，从现代大学的基本结构中仍然可以看到中世纪大学的特点。”② 中世纪大学的自治与自由传统在人类大学史上是一个新的划时代的开始，现代大学最为核心的两个精神特质就此形成，成为后世大学孜孜不倦的追求。

然而，中西方各国的历史毕竟有其特殊性，我们对中西方现代大学制度生成与变迁的考察，应立足于不同民族国家的不同历史环境中，对该国现代大学制度生成与变迁的历史进行法律透视。

一　现代大学制度的源头——中世纪大学的治理逻辑

中世纪大学的产生有着特定的经济、政治、文化基础，主要得益于手工业与商业的发展（产生了自治行会）、新兴资产阶级的出现（产生了自治城市）、东西方贸易的交流与往来（产生了学习文化与教育的中心）以及世俗政权与教皇之间的斗争（二元政治下产生了自治权）。在多种因素的影响之下，中世纪大学应运而生。

西欧最早的中世纪大学是意大利的萨莱诺大学和波隆尼亚大学以及随后法国的巴黎大学、英国的牛津大学与剑桥大学等，到

---

①　和震：“大学自治研究的基本问题”，《清华大学教育研究》2005年第6期。

②　托斯顿·胡森等主编：《国际教育百科全书·教育管理》，教育科学出版社1992年版，第289页。

“13 世纪末，欧洲的大学已增加到 20 多所”①。到“15 世纪结束时，欧洲已拥有至少 79 所大学。至 1600 年时，大学的总数已到 105 所”②。

作为西方现代大学的源头，中世纪大学在“最为黑暗的时期”（马克思语）能够取得如此大的成就，与中世纪大学的治理逻辑是密不可分的。

（一）中世纪大学是“自治行会”的大学

1. 中世纪大学的大学自治权

在中世纪，自治城市和自治行会的出现，为学者自治行会或学生自治行会提供了一种符合探究和传播知识的理智活动的组织形式。无论是学者自治行会还是学生自治行会，要成为一个合法的组织，必须有教皇或者皇帝或者国王所颁布的特许状，否则就是一个非法的组织，同时拥有特许状也是大学自治的标志。因为，“大学一旦获得皇帝的诏令、教皇的诏令或王室特许状，就可以不受当地教会和封建主的管辖，享有相当的自治权。”③

作为教师行会的典型代表巴黎大学，1208 年，教皇英诺森三世（Innocent Ⅲ）认可了大学的合法资格，巴黎大学正式诞生。1231 年，教皇格列高利九世（Gregory Ⅸ）颁发大宪章，规定“如果大学师生犯罪，教会学校主事不得将其关押。禁止因学者负债而逮捕他，原因是教会法不允许。禁止主教及其官员以及教堂主事因学者迁校、罢课等对其罚款”④。大学从此赢得了必要的自

① 刘新科：《国外教育发展史纲》，中国社会科学出版社 2002 年版，第 68 页。

② 刘宝存：《大学理念的传统与变革》，教育科学出版社 2004 年版，第 17 页。

③ 伯顿·克拉克，王承绪等译：《高等教育新论》，浙江教育出版社 2001 年版，第 38 页。

④ Thorndike Lynn：*University Record & Life in the Middle Ages*，Columbia University Press1944. p. 28.

治权。比如，巴黎大学经过各种各样的斗争，最终取得了七项自治权：自由迁徙权；教师罢教权；一切生活必需品均享有免税权；充分的民事权；独立司法权；教师选拔权；授予学位权。①

作为学生行会典型代表的波隆尼亚大学，是由各地来学习法律的几个同乡会组成的。他们自己聘任教师，自筹办学经费。1158年，神圣罗马帝国皇帝弗里德里克一世巴巴罗撒下手谕，正式承认其为大学，同时颁布了《居住法》。该法确认：为了追求知识而远离故土的人们值得尊敬，应受保护，禁止任何人伤害和侮辱学生。该法还将神职人员所享有的特权扩大到普通学生身上。

为了保护大学组织的智力活动，中世纪大学提出了“发展一个保护性的和有凝聚力的组织以维持它的智力活动”的观点，“如果要使智力活动的契机不被消散，那么在取得学术成就之后，必须迅速做出制度上的反应。缺乏固定的组织，在开始时也许为自由探索提供了机会，但是经久不息和有组织的发展只有通过制度上的架构才能得到。”② 这种特定的“制度上的架构”的本质特征就是自治，正因为如此，“自治是高深学问的最悠久的传统之一”③。

2. 中世纪大学的学术自由权

英国当代研究中世纪大学的学者科班说：“学术自由思想的提出以及通过永久的警戒保护它的需要，可能是中世纪大学史上最宝贵的特征之一。”④ 1158年，神圣罗马帝国皇帝腓特烈一世

---

① Paolo Nardi："Relation with Authority", Hilder De Riddler - Symoens（ed）, The Universities in the Middle Ages, London：Cambridge University Press 1992. p. 78.

② Alan B. Cobban：*The medieval universities：their development and organization*, Methuen & CoLtd 1975. p. 47、38.

③ 约翰·布鲁贝克，郑继伟译：《高等教育哲学》，浙江教育出版社1988年版，第30页。

④ Alan B. Cobban：*The medieval universities：their development and organization*, Methuen & CoLtd 1975. p. 235.

颁布一项保证学者安全活动的法令，规定学者在国内受到保护，如遭到任何不合法的伤害将予以补偿。该法令被看作是向学者保证其学术活动不会招致惩罚的最早的步骤。1219 年，教皇颁布敕令，规定未经其许可，巴黎主教不得开除任何教师的教籍或学生的学籍。1361 年，法国国王释放了一名因被指控为异教徒而遭监禁的学者。中世纪大学为“大学内外的学者提供一定的空间，让他们从事非功利性的智力探索，这些智力探索超越了当时社会上最为关注的问题。在大学内部，或许提供了学者群最好的榜样，他们所需要的东西得到了终生的保障和支持，这样他们就能致力于具有永恒价值的学术研究之中，而无须向教育的功利性妥协。”①

在中世纪时期，大学获得的学术自由常常是短暂的，教会和世俗统治者担心作为一个独立的社会阶层的大学在其主管教区或管辖区域内的挑战，常常对大学进行多方面的干预，以求控制大学。而且在中世纪后期，一些大学在很大程度上被迫放弃它们的自治权力。例如，法王 1437 年下令取消巴黎大学免税的特权，1445 年又免去巴黎大学的司法特权，1449 年再取消巴黎大学师生的罢课权。但是，作为大学存在的精神特质，从中世纪至今，学术自由和大学自治始终是大学不渝的目标和理想。在社会中作为独立力量的大学模式已经成为大学理想中永久性的标志，因为“大学一旦失去自治和成为教会或国家的卫道士的时候，也就失去了它的高水平的学术地位和可贵的社会批评职能。”②

中世纪大学除了享有高度的大学自治与学术自由权以外，还

---

① Alan B. Cobban：*Universities in the Middle Ages*，Liverpool University Press1990. p. 30—31.

② 赵荣昌，单中惠：《外国教育史教学参考资料》，华东师范大学出版社 1991 年版，第 167 页。

享有多种特权，这些特权包括居住自由、生活和教学秩序不受干扰、司法自治、罢课和迁徙、免税免役、自主颁发教学许可证，等等。这些特权，一方面是大学及其师生为了维护自身权利同教会、国王和城市进行斗争获得的；另一方面，也是大学巧妙地利用国王和教会的矛盾而获得的。除了“斗争”和“利用”之外，大学独特的社会地位，如大学师生的僧侣身份、大学为包括教皇在内的高级僧侣提供教育机会、大学教育成为城市和商业需求依赖的对象、优待大学是尊重知识的传统的一部分，等等，所有这些因素，自然而然地都对大学获得特权起了重要作用。这些特权不但保护了大学的学术自由，促进了大学的普遍兴起，也扩大了知识的传播，为近代欧洲大学的大学自治和学术自由奠定了基础。[①]

（二）中世纪大学从自治行会大学向法人大学的演变

随着中世纪“学者（学生）自治行会大学”的发展，其大学自治与学术自由的形式在英国出现了新的变化，即形成了以行会为基础的现代法人自治制度。

1243 年，教会法专家、教皇英诺森四世提出了法人[②]社团的虚构理论，即每一个修士团、教会、宗教团体、大学等都是自由法人。中世纪大学既是一个集体，也是一个精神实体，暗含着某种程度的独立性和凝聚力。大学能够以法人名义参与民事

---

① 张斌贤，孙益：“西欧中世纪大学的特权”，《北京师范大学学报（社会科学版）》2004 年第 4 期。

② “法人”概念最早始于古罗马。公元 1 至 5 世纪罗马就有了法人（Corpora）制度。法人有五个要件：（1）至少有 3 个成员；（2）法人的活动由占多数成员投票决定；（3）法人的对外活动由一名代理人负责；（4）法人的债权和债务归于整个团体；（5）如同公民一样，法人的财产是作为一个整体来保持的，以区别于个人财产。（参见：Duryea Edwin D：*The Academic Corporation：A History of College & University Governing Board*，Falmer Press2000 年版，第 12 页）

行为，其成员可以自由流动和组合，共同享有决定法人事务的权利，为公益事业服务。法人有组织章程，有诉讼的权利，有永久的管理者，使用共同的印章。[①] 1245 年巴黎大学颁布第一部《永久法规大全》，成为真正意义上的法人。1214 年林肯郡的主教获得了任命牛津大学校长的权力，1225 年伊利主教也开始拥有剑桥大学校长的任命权。最早被称为牛津大学“校长”（chancellor）的是 1216 年的 Geoffrey de Lucy，在他任职期间，牛津被称为“大学”（universitas），成为一个法人团体。[②] 1231 年 1 月 12 日，英国国王首次认可牛津大学并授予其特权。1231 年 5 月 3 日，英国高等法院认可了牛津大学及其校长的法人权利。1254 年 10 月 6 日，罗马教皇承认：牛津大学拥有捐税豁免权，教学自由权，自定法令权。这标志着作为学术团体的牛津大学，不仅获得了英国王权的承认，也获得了罗马教皇的承认。[③] 13 世纪末 14 世纪初，牛津大学、剑桥大学的师生通过与教皇的持久斗争，获得了选举校长的权利。自此，大学开始真正成为自我管理的社团，现代意义上的大学法人组织诞生了。作为法人团体，牛津大学享有如下事项的决定权：选举校长和其他行政人员，管理共同财产，制定学校章程，根据 Grosseteste 主教的提议，学校还设立了财务部门。[④] 美国现代大学的治理模式在一定程度上是对英国大学治理经验的移植，只不过移植中有创新。

中世纪大学由自治行会大学向法人大学的演变，为中世纪大学的发展提供了良好的制度平台与法治支撑，使其传统的治理之

---

① Brody Alexander：“The American State & Higher - Education”.

② T H Aston：*The University as a Corporate Body*，*The History of Oxford*（*I*），Charendon Press 1986. p. 47.

③ Ibid.，p. 49—50.

④ Ibid.，p. 51.

道更好地得以保存，为后继大学的发展提供了治道基础。

通过对中世纪大学治理逻辑的阐述，我们之所以说中世纪大学是现代大学的源头，不仅是因为中世纪大学的很多制度后来成为了西方大学的内部治理的基本形式，比如学位制度、学院制度、学籍管理制度以及法人制度等，而且中世纪大学也逐渐形成了以行会为基础的现代法人自治制度，为处理大学内外部之间的关系提供了必要的渠道与途径，有利于保持大学内外部关系之间的合理张力与适度平衡，实现大学自治与提倡学术自由。建立大学法人制度是西方大学最基本的诉求。

二　以学术为主导：西方国家现代大学制度生成与变迁的法律透视

中世纪大学的繁荣与成功，并没有得以持续与继承，从 16 世纪至 18 世纪初期西方大学普遍走向衰落，即历史上欧洲大学的“冰河期”。这一时期随着文艺复兴思潮的传播、宗教改革运动的兴起以及新兴资产阶级向封建领主夺权的资产阶级革命的发展，使得无论是宗教势力还是世俗政权都对大学的干预日益减少，大学的自由在一定层面得到了极度扩张，然而这种自由带来的不是学术的繁荣而是学术的沉积，导致“大学变得死气沉沉和享乐主义泛滥”[①]。大学“对新的科学与文化的发展毫不理会，甚至打击迫害学生中的创新者；对新知识反应迟钝，学术上满足于烦琐的经院哲学，严重脱离社会现实。大学的自我放逐使大学日渐边缘化，在整个社会中的地位与作用微乎其微。”[②]

① ［美］伯顿·克拉克等，王承绪等译：《高等教育新论——多学科研究》，浙江教育出版社 2001 年版，第 24 页。

② 周光礼：《学术自由与社会干预——大学学术自由的制度分析》，华中科技大学出版社 2003 年版，第 105 页。

随着民族国家的建立以及大工业生产的发展，从18世纪末到20世纪初西方大学的发展产生了新的气息，大学开始关注对社会需要的满足、加强大学与社会的联系，以德国柏林大学的建立为开端，标志着欧洲大学走出了“冰河期”。这一时期，不仅国家开始干预教育，而且社会力量也以不同方式介入高等教育，大学在办学过程中强调与国家和社会需要的直接结合，使得大学制度的建设呈现复杂化的趋势。大学在极力地寻求学术自由与社会干预的平衡，如何在学术自由的前提下，保持国家对教育的干预，能否巧妙地将二者结合，是这一时期大学发展的关键。从德国的柏林大学再到美国大学的兴起，无不关注着这一问题。但是，结果表明：德国大学的改革并没有彻底地解决好在国家干预日益增强的情况下如何保证学术自由的问题。20世纪初叶到现在，美国大学的改革与发展已跃然成为当今世界高等教育的楷模。正如美国著名大学校长克拉克·克尔在其《大学的功用》一书中明确指出的，现代美国大学之所以成为世界上最成功的大学，其主要原因是：美国大学实现了发展学术与服务社会的完美结合——既推崇“纯粹科学”，又鼓励应用科学研究，“德国大学的唯理智论与美国平民党的主张在新型大学中结合了起来，纯粹的智力与新的实用主义结成了未必牢靠但却是成功的联盟。”①美国大学的发展得益于保持学术自由与社会干预的平衡，时至今日，美国大学乃至全球范围内的大学都面临着新的威胁与机遇，正如伯顿·克拉克所言，美国“高等学校显然走向一种由国家控制的法人官僚机构”②。这在一定层面也正好印证了“大学像其他人类社会组织一样，处于特定时代总的社会结构之中而不是

① ［美］克拉克·克尔，陈学飞译：《大学的功用》，江西教育出版社1993年版，第34页。

② ［美］伯顿·克拉克等，王承绪等译：《高等教育新论——多学科研究》，浙江教育出版社2001年版，第43页。

之外……它是时代的表现。”① 大学的发展也是时代的产物，无论是外在的需求还是内在的要求都在不断的变化之中，作为大学没有理由不发生改变。

西方大学不断开拓与创新，产生了丰富的思想资源，为社会的发展提供了强有力的智力支撑，为国家的富强与繁荣作出了卓越贡献。进入到现当代，西方国家更加重视对教育的干预，其强有力的措施就是运用法律的手段来调控教育。从法律视角来看，西方大学制度的生成与变迁是一个持续的过程，不同的国家在不同的时代所采取的措施、手段有很大的不同，但也有相互借鉴之处。在此，我们依据法律传统的不同，对大陆法系、英美法系国家中德国、法国、日本、英国、美国等国家现代大学制度的生成与变迁进行法律透视，以便对西方现代大学制度有一个全面的了解。

（一）大陆法系国家现代大学制度生成与变迁的法律透视

依循大陆法系国家法律的传统，我们将对德、法、日等国的现代大学制度在生成与变迁中的法律制度进行简要的透视。

1. 德国现代大学制度生成与变迁的法律透视

德国是最早进行教育立法的国家之一，是典型的大陆法系国家代表，十分重视成文法的建设。在教育层面，高等教育立法是德国管理高等教育事业的基本手段和途径。具体而言，德国高等教育法制的建设，可以分为两个阶段：

第一阶段（20 世纪 60 年代以前）为高等教育法制停滞时期。

德国大学是从中世纪大学发展起来的，但由于德国大学传统

① ［美］亚伯拉罕·弗莱克斯纳，王承绪等译：《现代大学论》，浙江教育出版社 2001 年版，第 2 页。

上与国家利益在根本上是一致的，大学“实现了其最终目标，也就是实现了国家的目标”[①]。19世纪柏林大学的建立就是在这种理念之上，而且其成功的形象更是加强了这种观念。“直到20世纪60年代末，德国大学组织与19世纪的大学组织相比相差无几。”[②]

这一时期的德国高等教育领域除了各高等学校的章程和条例以外，没有其他有关的法律。大学由国家开办，大学与社会基本隔离，从而使“德国大学在有本国特色上的绝大多数时期不受政府以外的社会经济需要的影响”[③]，作为整体的大学享有很少的自主权，但学者个人享有高度自治和自由。

第二阶段（20世纪60年代以后）为高等教育法制的发展时期。

20世纪60年代以来，传统的德国大学的缺陷愈加明显，即无法适应新的时代要求，缺乏自我调适能力。随着知识经济的发展，如何提高大学自身的组织意识和责任意识、增强大学自主面向社会的适应能力，使高等学校不容争辩地享有决定其内部组织制度的权力，成为高等学校面临的一个中心问题。在这样的背景下，1976年联邦政府颁布的《高等学校总纲法》成为德国历史上第一部统一的、适应各州的高等学校总法，从而加速了德国现代大学制度现代化的进程。而且，该法在颁布后的头几年中，经历了3次大的修订，使其更加完善。

联邦德国《高等学校总纲法》规定，高等学校的宗旨是使学生能够从事某些职业活动，并向学生传授必备知识、能力和方

---

①　陈学飞：《美国、德国、法国、日本当代高等教育思想研究》，上海教育出版社1998年版，第167页。

②　［加］约翰·范德拉格夫，王承绪等译：《学术权力》，浙江教育出版社2001年版，第22页。

③　同上书，第24页。

法，使学生具有科学工作能力和责任感。该法还规定，联邦德国的高等学校有权实行自我管理，但同时各州主管部门对其具有监督权。高等学校自我管理的原则是：高等学校的所有成员均有权利和义务，按照各自的资格和职位等级参与学校的管理。在高等学校的管理方面，强化系主任在学习组织机构中、在教学上安排教师以及附加经费分配上的职责权限；提高对专业系的教学安排和教学科研成果的内外评估来增加专业成绩的透明度，促进高等学校之间的相互比较和竞争。同时，赋予高等专科学校与大学同等的法律地位。

总之，依据德国《高等学校总纲法》的规定，德国现代大学的法制建设表现出了如下特点：加强了高校的自由权，扩大了大学的自主权；加强了联邦政府的宏观调控能力，限制州政府对大学的直接干预；促进大学与社会的联系，加强高等学校系统的整合，促进大学的多样化、个性化和大学间的竞争。目前，德国的高等学校运行模式为："院校和系的管理加强，而个人的权力削弱；同时中间团体将代替市场的外部控制，成为高等教育和学术团体的外部观众。政府的权力将受到代表高等教育中特殊社会利益的机构和中间团体的限制。高校教师个人的权力将为业已增长的系和院校的决策权力所调节。在对高校成绩进行外部的详细审查方面，市场将被中间团体所取代。"①

2. 法国现代大学制度生成与变迁的法律透视

法国是典型的中央集权制国家，实施高等教育的机构包括普通（或综合）大学、高等专科学校（或大学校）以及短期高等教育机构，如高等技术学院和高等职业学院，此外，还有传统的高等教育机构，如法兰西学院、国家天文台等。其高等教育法制

① ［荷］弗兰斯·F. 范富格特，王承绪等译：《国际高等教育政策比较研究》，浙江教育出版社2001年版，第204页。

建设的历程分为以下几个阶段：

第一阶段（1806—二战）为逐步建立时期。1806 年法国在拿破仑时代就颁布了《帝国大学令》，在 1808 年又颁布了《大学组织令》，虽然在波旁王朝、第二帝国期间高等教育立法没有大的进展，但上述法令依然发挥着作用，其核心思想是国家对教育的绝对控制权。

第二阶段（1947—1968 年）为大发展时期。这一时期的高等教育立法以《郎之万——瓦隆计划》为标志，促进了法国高等教育的大发展，曾一度弱化中央权限。但随后又加强了国家对公办大学的管理，而且在 1959 年通过的《国家和私立学校关系法案》中，规定国家以“简单契约”、“联合契约”的形式给予私立学校财政补助，进一步加强了国家对私立学校的控制。

第三阶段（1968—1984 年）为高等教育法制日趋成熟时期。这一时期法国高等教育立法以富尔主持提出并获得议会通过的《高等教育指导法》为标志，该法明确指出：法国高等教育的根本任务是“建立与传播知识、发展科学研究和培养人”，必须“有助于社会晋升培训，并由此促进社会朝着使每个人对自己的命运具有更大责任感的方向发展”。而且，该法所确立的“自治”、“参与”和“多学科”的办学原则，使法国现代大学基于这三项原则而改组成教学与科研并重、行政管理自主、教学安排自定的公立科学文化性机构，成为法国高等教育的主体。该法的颁布，对于“打破长期以来僵化的办学模式，建立新的办学机制，增加大学的活力，加强大学与社会之间的联系等具有十分重要的意义，是战后法国高等教育发展进程中的一个里程碑。”预示着法国高等教育弱化中央集权、倡导大学自治成为时代的主流呼声。

第四阶段（1984—至今）为进一步发展时期。由于 1968 年的《高等教育指导法》只是推动了大学内部管理体制微观层面的变化，而中央集权的高等教育管理体制并没有多大消减。1984年法国社会党颁布的《高等教育法》（又称《萨瓦里法案》），则进一步鼓励大学自治，赋予大学在财务方面的自主权，鼓励大学之间、学生之间的竞争。该法明确指出：要创立“高等教育公共事业”，提出“全部中等教育以后的、包括大学校与继续教育，都应属于高等教育的范畴”，从而开始了1968年以来又一次重大的高等教育改革。这次改革的侧重点是提高高等教育的质量，调整高等学校的办学方向，在重申“自主自治、民主参与、多科性结构”三原则之外，进一步提出高等教育必须贯彻现代化、职业化和民主化的原则。

接着，1986年法国国民议会又批准了教育部副部长德瓦凯起草的《高等教育改革法案》（又称《德瓦凯法案》），再次对高等教育进行改革。这次改革的主要内容包括：（1）在办学指导思想上，以“竞争、创造性和责任感”代替“现代化、职业化和民主化”原则。鼓励学校之间、学生之间进行竞争，支持学校与个人敢于冒尖。为保证新生质量，规定高等学校可对新生进行筛选。（2）在高等学校自身管理方面，强调高等学校必须拥有自主权和竞争力，实现经费自主，在一定限度内自主确定学生的注册费；可颁发本校的文凭；确保教授、研究人员在高等学校中的领导地位。（3）恢复1984年以前的两级博士制度。这个法案直接触及了学生及其家长的利益，引起了他们的强烈抗议与抨击，以致法国政府不得不撤销该法案，使这次改革夭折。

总之，法国现代大学的法制建设表现出了如下特点：下放政府的管理主体地位，鼓励大学自治，赋予大学在财务等方面的自主权；确立大学学术自由的原则；引入竞争机制，面向市场，培育市场模式在大学运营里发挥积极的作用，提高高等教育质量；

加强高等教育国际化，尤其是欧洲一体化，促使高等教育的民主化、现代化。

3. 日本现代大学制度生成与变迁的法律透视

传统意义上，日本的高等教育处于高度集权主义的控制之下，凡是国立大学都被称为“帝国大学”。二战结束后，日本的高等教育管理体制开始发生根本性变化，开始提倡学术自由、大学自治等，而且提供了法律保证。日本高等教育的法律，除了《宪法》、《教育基本法》、《学校教育法》等覆盖各级教育外，直接以高等教育为对象的法律主要包括《大学设置基准》、《研究生院设置基准》、《短期大学设置基准》、《高等专门学校设置基准》、《专修学校设置基准》、《大学设置审议命令》、《大学内维持正常秩序的规定》、《研究生院标准》、《大学函授教育设置标准》等，另外还有诸如《财政法》、《文部省设置法》、《教育公务员特例法》等也涉及了高等教育某些方面。具体来讲，日本高等教育法制的历程可以分为两个阶段：

第一阶段（1872—二战结束）为高等教育法制初具雏形时期。这一时期主要是以天皇名义颁发的诏书——《教育敕语》为最高法律根据，并在1918年制定并颁布了《大学令》，但这些法令的核心思想是维护皇权精神下的高等教育，大学是国家直接管理下的阶级统治的工具，因此这种法治模式制约了日本高等教育的发展。日本学者也提出了日本大学制度的八个弊端：第一，文部大臣权力过大，几乎总揽了大学的要务；第二，把校长、学部长、教授作为国家的官吏，要经过敕任或奏任；第三，由文部大臣指定评议官；第四，学校的教务要遵循官署的规定而不是自治；第五，课程单调划一，学生无选课的自由；第六，大学没有授予学位的特权；第七，大学令过分拘泥于“适应国家的需要，研究学术技艺的理论和应用”，没有把大学作为学术发展的场所；第八，大学强调为政府培养人才，被人们嘲讽为培养官吏的场所。①

第二阶段（二战以来）为高等教育法制大发展时期。二战后，日本的大学制度是在美国高等教育模式改造的基础上形成与发展起来的。其突出的特点是大学自治的法制化和大学管理制度的民主化，以法律的形式确立了大学自治原则，进而改变战前中央集权的高等教育管理制度。围绕这一目标，日本在战后进行了多次改革，通过限制文部省权力，政府对大学管理趋向民主化。大学内部管理的民主化是在大学自治理念的指导下，通过以法律强化教授会、评议会、协议会等学校内部管理机构的作用实现的。②

具体来讲，这一时期的日本高等教育法制建设，主要表现为以下几个方面：

20 世纪 60 年代末、70 年代初，日本为了使教育适应技术革新、经济高速增长以及相应的社会变化，同时解决教育本身在量的方面急剧扩充所带来的问题，开始了“第三次教育改革”。1971 年日本官方教育审议机构——中央教育审议会提交的报告认为，日本高等教育改革的中心课题是：（1）高等教育大众化与学术研究高水平化；（2）高等教育内容的专业化和综合化；（3）教育、研究活动的特性及有效管理；（4）确保高等教育机构自主性和排除封闭性；（5）尊重高等教育机构的自发性和国家有计划的援助与调整。在这些课题的基础上，该报告提出了高等教育改革的 13 个方面的基本设想，其重点是高等教育的多样化。

进入 80 年代后，以设立直属于首相的“临时教育审议会”（1984 年）为标志，日本加大了教育改革的力度。根据临时教育

① 转引自［日］大久保利谦：《日本的大学》，杭州大学高等教育研究室编 1984 年，第 110—111 页。

② 贺国庆：《外国高等教育史》，人民教育出版社 2003 年版，第 607 页。

审议会的建议，文部省于1987年9月设立了大学审议会，以便从根本上对日本的高等教育模式进行研究审议，并向大学提供必要的指导和帮助。大学审议会根据文部大臣提出的咨询事项以及大学改革的实际课题进行了多项研究和审议，在之后的日本高等教育改革中起到了非常重要的作用。

到了90年代以后，随着日本大学入学率的进一步增加（1996年日本高中生升入大学、短大的入学率是46.2%）以及日本经济和社会的进一步国际化，日本大学的问题引起了更广泛的关注和批判，加之受到升学率的提高及学生的多样化、学术研究的高水平化、跨学科化和国际化、培养适应新型产业需要的人才、希望终生学习的人增加等的影响。根据大学审议会关于高等教育个性化、教育研究高水平化、经营管理活性化的建议，1991年日本进行了大学设置基准等的改正，之后的大学改革主要朝着三个方向在进行：（1）强化大学的教育机能，发挥各个大学的特色和个性，重新组织教育内容，开展富有魅力的教学，以培养能适应时代变化的具有丰富创造性的人才。（2）充实强化研究生院，以促进国际水准的高教研究，并培养出优秀的研究者和具有高水平专业能力的技术人员。（3）进一步灵活开放以大学为中心的高等教育机构，提供丰富的终生学习机会。

为了使日本的高等教育适应21世纪和日本社会的发展变化，日本政府和各个大学都在努力探索21世纪日本高等教育应如何改革。1998年10月，日本大学审议会提交了题为《21世纪的大学和今后的改革方策——在竞争环境中充满个性的大学》的咨询报告，全面展望了21世纪初日本高等教育的发展状况及改革方针。紧接着，一年之后的1999年11月，日本文部大臣又就“全球化时代高等教育的应有状态”向大学审议会提出咨询，要求站在“全球化时代”的高度探讨日本高等教育的改革，尤其是如何建设面向世界开放的大学、如何适应信息技术的发展等项目。从这两次咨询的相关文献我们可以一窥日本高等教育改革的动向。

特别值得注意的是，2003 年 7 月 9 日，日本国会参议院通过了《国立大学法人法案》、《国立大学法人法》，从 2004 年 4 月起，建立国立大学法人制度，这不仅使日本大学获得了更大的自主权，而且把大学的运营与政府、社会紧密相连，使日本的大学走向内涵式的经营之道。

总之，日本现代大学的法制建设表现出了如下特点：建立大学法人制度，改革大学的自身管理，确保大学的办学自主权；促进大学与社会间的联系，强化产学研结合，为大学与社会的联系提供制度保障；加强高等教育国际化，促使高等教育的全球化。

（二）英美法系国家现代大学制度生成与变迁的法律透视

依循英美法系国家法律的传统，我们将对英美等国的现代大学制度在生成与变迁中的法律制度进行简要的透视。

1. 英国现代大学制度生成与变迁的法律透视

英国的现代大学制度是伴随着高等教育改革逐步完善起来的，典型的特征是传统与革新并存，在继承传统的基础上，用革新来逐渐影响传统，突出表现在英国高等教育史上的“一元化”结构改革。

从高等教育法制建设来看，英国也注重对高等教育进行立法，主要有《教育法》（1944 年）、《教育改革法》（1988 年）和《继续教育与高等教育法》（1992 年）。其实，英国高等教育史上的“一元化”结构改革，就是以《教育改革法》和《继续教育与高等教育法》为政策基础的。

具体来讲，英国高等教育法制建设的历程，可以分为以下几个阶段：

第一阶段（二战前）为高等教育法制逐步创建时期。由于英国高等教育具有自治的传统，若被皇家特许即享有“自治大学”的法律地位，可以自行制定、冠以本大学名称的大学法。其制定不必经过议会审议通过，由国务大臣批准实施，只在本校范围内有法律效力。与其他教育法律没有层次上的关系，只是其内容不得与教育基本法律相抵触，高校享有充分的办学自主权。这种自治权广泛地表现在学术决策、言论著述、教育管理、招生聘任、自由出版、经费自主等各个方面。显然，这一时期的高等教育法制主要是“自治大学”自己的法制，但任何一所大学都是以法治校的。

第二阶段（二战后）为高等教育法制趋向完善时期。二战后，英国高等教育法制建设经历了两次大的改革，一次是在20世纪60年代，以《罗宾斯高等教育报告》、《关于多科技术学院和其他学院的发展计划》为标志，另一次始于20世纪80年代末，以《教育改革法》和《高等教育新框架》白皮书为标志，两次改革使英国的高等教育由双重制最终走向单一制。如果说第一次改革反映了战后英国高等教育的发展过程，那么第二次改革不仅反映了未来英国高等教育的发展趋势，同时也蕴涵着世界高等教育的发展趋势。这一时期的高等教育法制主要有1964年的《大学和学院资产法》、1965年的《教师报酬法》、1967年的《师范教育法》、1980年的《教育法》、1988年的《教育改革法》、1992年的《继续教育与高等教育法》等。这一时期的高等教育法制，不仅重视成文法的制定，同时重视高等教育法的修订，也重视判例法在高等教育法制中的作用。

总之，英国现代大学的法制建设表现出了如下特点：政府通过竞争机制与市场调节的手段，加大对大学的宏观调控；为了保证高等教育的质量，广泛建立中介机构；进一步通过法律的手段维护大学的自治与学术自由，并通过建立经营管理的方式增强大学主动适应社会的能力。

2. 美国现代大学制度生成与变迁的法律透视

据美国全国教育统计中心统计，从建国到1978年，国会通过有关教育的立法共87部。涉及高等教育方面的立法，也是数量繁多，主要的有1862年的《莫里尔法案》、1887年的《哈奇法案》、1890年的《莫里尔—麦科马斯法案》（又称《第二次莫里尔法案》）、1958年的《国防教育法案》、1963年的《高等教育设施法》、《职业教育法》、《卫生专业教育援助法》以及1968年与1972年的《高等教育法》修正案。

一般认为，美国高等教育法制经历了三个阶段：[①]

第一阶段（1492—1861年）为移植模仿时期。这一时期，美国的高等教育发展从开始就在法治化的过程中展开。高等教育法治为高等教育发展提供了办学所需财物条件，也为依法管校提供了强有力的法律手段。但在法治化中的重要措施，诸如以立法方式赠地来支持高等教育的发展、重视判例法、遵从政府与学院达成的“契约状”等无不相承了英国教育法治化的“遗传基因”。

第二阶段（1862—1957年）为特色创建时期。在此期间，美国制定了《莫里尔法案》（1862年），与《莫里尔法案》配套和相关的还有《海奇法》（1887年）、《亚当斯法案》（1906年）、《斯密斯—利弗尔法案》（1914年）、《波尔乃尔法》（1925年）、《班克黑德—琼斯法案》（1935年）、《额夕推广工作法案》（1939年）、《班克黑德—弗拉纳法案》（1945年）、《研究与市场法案》（1946年）、《霍普—艾肯法案》（1953年）等；与高等职业教育方面相关的有《史密斯—莱维尔法》（1914年）、《史密斯—休斯职业教育法》（1917年）、《斐兹拉法》（1937年）等；有涉及教育行政管理的《教育部法》（1867年）；在有

① 参见姚云：“美国高等教育法治化演进及其特点”，《华东师范大学学报（教育科学版）》2004年第1期。

关军人教育的法案中，除《残疾退伍军人法》（1918年）、《国防职业教育法》（1940年）、《兰翰姆法》（1941年）和《职业恢复法》（1943年）外，最有影响力的是《军人权力法案》（1944年）。这一时期，高等教育法治化逐步摆脱了英国的“影子”，它以《莫里尔法案》为里程碑，立足本国社会发展与要求进行了大胆探索。高等教育立法大多不是考虑高等教育法律系统的完善性，而是更多考虑了社会所需而立的应对性法律。高等教育法治化在凸显高等教育在社会发展中的地位的同时，也发展了高等教育自身。

第三阶段（1958—现在）为逐步完善时期。这一时期的法律主要有1958年的《国防教育法》、1991年的《美国2000年教育战略》、1993年的《学生贷款改革法》和《全国服务信托法》、1994年的《2000年目标：美国教育法》、《学校——工作机会法》和《学生贷款拖欠免除扩大法》等。这一时期，美国高等教育法治化逐步完善，主要表现在：第一，逐渐形成了高等教育成文法的法治系统。以划时代的1958年的《国防教育法》为标志，大规模、宪法性地资助和影响各州教育事业，成为高教法治化中最重要的法律之一。1965年的《高等教育法》代表了美国高等教育有了自己的单行法规。随着高教成文法及其相关法律的逐步增多，使高等教育法律有了一个相对独立的系统。第二，高等教育成文法与判例法在高教发展中发挥协调作用。高教成文法的立法涉及数量多、范围广，仅就联邦一级的高教及其相关的立法就包含了高等教育的目标、课程、教学、设施、资助、学生贷款、就业、教育科学研究、高等教育国际合作等多个领域；与此同时，判例法也发挥着自己的作用。它不仅涉及大学管理、教师待遇、合同签订、学生管理等，而且微观到教师上课对内容的处理等。这使人不能不感受到美国的高等教育是无处、无时不受到法律的保护和制约。第三，根据社会发展需要，注重对高等教育及其相关法规的不断修正，以便它们能更好地为美国社会政治、经济建设服务。如 1965 年《高等教育法》颁布时废止了 1963 年《高等教育实施法》，修正了 1958 年《国防教育法》、1965 年《美国职业教育学生贷款保险法》等涉及与新法律有冲突的条款。从 1965 年《高等教育法》颁布至今经历了 1968 年、1972 年、1980 年、1986 年、1992 年和 1998 年的 6 次修正，特别是 1998 年的修正几乎包括了第 8 章的所有条和目。

（三）西方国家现代大学制度生成与变迁的基本特点

通过上述分析，虽然西方国家现代大学制度的法制建设各有侧重，但有共通的地方，主要表现在以下几个方面：

1. 各国都有完善的高等教育法律制度，既重视成文法的建设和判例法的收集，又根据形势的变化对高等教育法进行了适时的修改。

完善的高等教育法规在发达国家高等教育发展中的作用已成共识，而且这些法规具有很高的权威性、严密性、配套性和稳定性。如在美国，对高等教育实行严格的法制化管理，高等教育法规对联邦政府、州政府、高等学校的责、权、利均做出明确的规定，形成了合理的“分权—制衡”机制。高等教育法制建设不仅仅是现代大学制度建设的外部保障，而且是其内在诉求。

同时，当高等教育发展的外部环境发生变化时，各个国家都非常重视根据实际需要对现有的高等教育法律及时进行“立、改、废”，以保持较高的适应性和一定的灵活性（见下表）。不同国家对高等教育相关法律的修改情况有所不同，有的间隔时间长些，有的短些，但值得注意的是，美国和法国的两部重要的高等教育法在颁布三年后便进行了修改。特别是法国的《高等教育方向法》在 20 世纪 70 年代进行了 4 次修订。英国 1944 年颁布的《教育法》的修正法达 27 个，每隔 1—2 年便有一个修正法产生。高等教育的快速发展时期往往是高等教育立法和法律修订最为频繁的时期。[①]

部分国家高等教育法颁布和修订情况

国家	法律名称	颁布时间	修订情况
美国	高等教育法	1965 年	1968 年，1976 年，1980 年，1986 年，1992 年，1998 年进行修订
法国	高等教育方向法	1968 年	1971 年，1975 年，1978 年，1979 年进行修订
英国	教育法	1944 年	平均 1—2 年修订一次

2. 在现代大学制度治理的价值理念上，依循学术自由、大学自治的治道逻辑。

无论是有自治、自由传统国家的大学，还是通过改革逐步确立起自治、自由国家的大学，各国在价值根基秉持方面都重视学术自由、大学自治的治理逻辑。

大学自治是指大学有权决定它自己的事务，尤其应该有权坚持它在教学、科学研究和教育发展的各项目标，不受任何外界组织和权力的干涉。学术自由是指教师（包括其他知识分子）、学生等有权自由持有观点和自由表达思想。在本质上，大学自治、学术自由能够促进科学、技术、文艺的创新和发展。关于学术自由、言论自由与创造性、个性、进步的联系，密尔在其《论自由》中给予了有力的论证。他指出，真理只能在各种意见的自由冲突中浮现，专制统治与思想控制必然导致科学、艺术、文学、思想的枯萎，并最终扼杀人类的进步[②]。所以发达国家都在

① 参见陶爱珠等："加快建设中国现代大学制度"，《同济教育研究》2001 年第 3 期。

② 李强：《自由主义》，中国社会科学出版社 1998 年版，第 191—192 页。

其法律中明文规定大学自治原则。如法国，1968 年《高等教育指导法》确立了大学的三项原则：自治、参与和多学科。1984 年《高等教育法》（又称《萨瓦里法案》）则进一步重申了大学自治。并将自治扩大到大学以外的高等教育机构。《高等教育法》第 20 条规定："公立科学、文化和职业机构是国立高等教育和科学研究机构，它具有法人资格，在教学、科研、行政、财政方面享有自主权。……这些机构是自治的，在执行本法所规定任务的过程中，可以在国家规定的范围内，本着信守合同的原则，确定自己的教学、科研和资料工作的政策。"1985 年 3 月，法兰西学院应法国总统的要求，递交了一份题为"自治、竞争以提高效率，促进公正"的教育改革意见书。报告竭力主张高等院校应享有真正的自治权，其内容主要包括[①]：①各种教学机构可自行制定其教学目标；②在众多保证自治的必要条件中，最重要的是经费。经费来源应多样化，如国家拨款、地区及城市承担、各基金会资助、与公私企业合同收入以及校友、甚至学生提供之资金和学费；③高等教育机构可以公立、半公立、私立并存；④在建立教学组织、学位授予、招收学生、聘请师资方面均享有自主权。

在美国，其宪法第一修正案，就规定了言论自由、出版自由，实际上赋予了高等学校自治的权利，不但强调高度的地方分权制下的大学自治，而且重视加强建设由校外人士组成的董事会居于大学自治管理机构，使校外需求与校内学术发展相一致，以便大学更好地在竞争中求发展。

至于德国，《高等学校总法》在第四章中，规定了"大学的自治和国家管理"。不仅强调大学自治与学术自由相结合，也强

① 全国比较教育研究会编：《国际教育纵横——中国比较教育文选》，人民教育出版社 1994 年版，第 495 页。

调大学自治与国家主义相结合。

而日本，作为“教育宪法”的《教育基本法》确立了日本教育的政治中立性、宗教中立性和行政中立性，实质上就是大学自治。实行法律主义下的大学自治，不仅保证了大学有一定的自治权，同对要求大学内部行政管理专职化、高效率化。

在英国，一直以来强调传统大学与现代大学自治体制并存。传统大学像牛津和剑桥，“教授治校”仍盛行，评议会或理事会由校内人士组成，负责处理学校大局的所有事务，各学院也是一个自治体。而现代大学的自治机构由理事会、校务会和评议会构成，校外人士在理事会和校务会中占一定比例，评议会由校内人士构成，负责学术事务。同时也非常重视建设别具特色的缓冲机构——大学拨款委员会，它充当政府与高校之间的缓冲器，维护大学自治。

同时，各国大学的自治从本质上来看，主要表现为程序性自治（Proceduralautonomy），而非实质性自治（Substantiveautonomy）[①]。所谓实质性自治，是指具有法人地位的大学或学院拥有制定自身发展目标和计划的权力；而程序性自治，是指具有法人地位的大学或学院只拥有为实现自身发展目标和计划而决定有关措施的权力。对大学的控制，一般集中在大学的实质性领域，而对程序性自治领域的事务极少直接施加影响。对学术自由问题，政府的控制或干预往往是非常谨慎的，政府对大学的有限控制或干预，主要是通过相关的立法，明确政府的高等教育政策与导向；通过拨款，资助或调节高等教育事业的实际发展；通过评估，对高等教育质量进行监控。这样，政府就可以较好地避免因直接干预大学的办学而引发政府与大学之间的纠纷，以维护大学的自治

① 别敦荣：“我国高等学校的自主办学与西方的大学自治”，《高等教育研究》1997 年第 5 期。

地位，保障大学的办学符合其自身发展的“内在逻辑”。这在美国方面体现得最为明显。美国先后通过了《国防教育法》、《双边教育和文化交流法》、《高等教育设施法》、1963 年《全国职业教育法》、1965 年《高等教育法》、1966 年《职业教育法》、1966 年《成人教育法》、1966 年《国际教育法》、1966 年《国防教育法》、1967 年《国际教育法》、1966 年《教育职业发展法》和《教育总则法》等法律，虽然这些立法都不是直接规定教育活动的内容，但这些立法通过规定联邦对教育活动所提供的经费支持，即通过行使联邦有关国家防务和公共福利的立法权，实际上加强了高等教育直至教育各个领域的全国性调控。

3. 在现代大学制度中外部利益主体的协调层面，试图建立一种由政府、市场、学校三者共同协调发展的外控与自治相结合的张力模式，努力实现法人外部治理结构中各权力主体间的相互制衡，体现多方参与的原则。

在现代大学制度中外部利益主体的协调层面，如何平衡政府、市场、高校二者的关系，是各国高等教育法制面临的共同问题，其普遍的做法是强化市场意识、加强大学与社会的联系。

在强化市场意识上，1984 年，日本首相智囊团会议提出的面向 21 世纪的日本教育改革的基本原则之一，就是改革中央集权式统一管理体制，实行竞争机制于教育之中。

在英国，不仅强化市场意识，也重视加强与社会的联系。20 世纪 80 年代以前相当长的时期里，英国高等教育作为社会公共事业，属于非营利性机构，政府是高等教育的提供者和购买者，这样使高等教育缺乏市场经济体系所普遍具有的竞争精神和经济效益。进入 80 年代后，以私有化和市场化为特征的撒切尔主义开始被引入高等教育等一些公共事业领域，实行私有化，政府降低财政支出，削减教育经费，使高等教育陷入困境。为了增强高等教育活力，政府提倡在高等教育领域引进市场机制，突出表现在经费的分配上，取消了对高校的一揽子经费包干，代之以具体的协商和订立合同，政府把自己看作是投资者，通过中间人——基金委员会，与接受投资者——高等院校，根据学生人数、课程设置、教学和科研水平的质量等，就各院校应取得投资数量的多少，进行协商。作为“可能的投资对象”，为了获得更多经费，各院校之间不得不展开激烈的竞争。进入90年代，政府更是着意强化各高等院校的市场意识，例如1991年的政府白皮书《高等教育：一个新的框架》提出，关于科研经费，科研委员会就具体科研项目按质量拨发，提倡竞争；另外，在苏格兰、英格兰和威尔士成立三个独立的基金委员会的主要目的之一也是为了“使高等院校在平等的基础上，在资金和生源方面展开竞争”。同时，英国大学加强与社会的联系，由双重制走向单一制，给多科技术学院和其他规模较大的学院以独立于地方当局的法人地位，目的之一就是为了使这些高校主动加强与地方的联系。因为英国政府认识到在“帮助国家迎接本世纪最后10年和下个世纪的经济和社会挑战方面，高等教育具有至关重要的作用。”1987年的政府白皮书《高等教育——应付新的挑战》进一步强调“把更有效地为经济服务”和“同工商界建立更密切的联系”作为20世纪最后10年高教改革三大目标之一。为了使高等教育加强与社会经济的联系，他们采取了如下措施：加强与工商界的联系，促进企业发展，为此，“政府及其中央拨款机构将竭尽全力对高等教育机构与工商界联系的各种做法予以赞助和奖赏”；同时规定基金委员会成员中必须有工商界代表；加强与地方社区的联系，英国在1985年的绿皮书《20世纪90年代英国高等教育的发展》中指出，高等学校的艺术文化和娱乐设施，也应向地方社区开放。另外还创办科技公园，如拥有68家成员公司的剑桥大学科学公园等。除此以外，还允许学生家长参与学校管理，如1988年《教育改革法》规定，学校董事会成员必须包括家长。

法国是市场意识最弱的国家，但近年来的改革也注重强化市场意识，引入竞争机制，如允许大学与国家签订合同，鼓励大学通过社会市场开辟经费渠道等。早在1957年10月，法国就召开了有关“加强大学与企业合作”的会议，旨在促进大学与企业的合作。比如，1998年全国教育开支中，国家占61%，比1997年减少了5‰[①]。1988年后，高等院校普遍与国家签订有教育合同。1998年5月，以前总统密特朗的顾问阿塔利领导的高等教育委员会提出了一份题为“建立高等教育的欧洲模式”的改革报告，要求对法国高等教育的体制和模式进行多项改革。报告认为，“法国现行的高等教育体制是优秀的但不稳固，由于政治的而不是教育本身的原因，形成了法国今天的大学和大学校发展的极不协调。[②]”法案强调由大学和大学校共同成立“高等教育园区”，统一其课程，建立等值的学位文凭，交换和交流教师，使用共同的设施等。同时，为改变法国高等教育分布不均的情况，设计了8个“省区大学集团”（PUP）。PUP由多个大学、大学校或高等教育园区共同组成，打破地理界限。尽管存在着对改革不断抵制的情况，然而自1968年以来的发展还是有力地证明了法国高等教育在逐渐地进行着变革。可以说，法国已开始摆脱了19世纪拿破仑时代的传统。

4. 在现代大学制度中内部利益主体的共享层面，确保教师、学生利益的优先性，通过教授委员会、学生代表等制度影响学校的决策与发展，最大限度地保障大学成员的权利主体地位，体现

① ［法］P-L. 高蒂埃、邢克超：“九十年代法国教育改革进程述评”，《比较教育研究》1999年第6期。

② 郑亚：“法国高等教育改革趋势和高等教育的欧洲模式”，《比较教育研究》1999年第4期。

民主的原则。

在现代大学法律制度建设中，如何确保内部利益主体的优先性，是非常关键的，这不仅有利于大学有序、健康地发展，而且有利于高校走向民主化、国际化的道路，更有利于培养民众的民主意识。

如美国联邦教育部设置的各级政府间教育审议会的成员包括：民众代表、民选地方官员代表、公立私立中小学代表、公立私立大专院校代表和教育部官员代表等。法国的国家教育最高审议会是由教育部、高等教育机关、公立私立中小学、家长协会、教师协会、社会各界、工商企业界和文化界等代表所组成。英国、俄罗斯、日本等发达国家都普遍遵循了这种民主参与原则①。

在高校内部管理上，民主参与原则也应该遵循。如在英国，根据1988年颁布的《教育改革法》，每一所拨款公立学校都应有一份学校管理的规章，规定学校董事会的构成。根据该规章，一所接受直接拨款的公立学校的董事会应由以下人员构成：5名学生家长董事；至少1名但不超过2名教师董事；现任校长（当然董事）；数名社区人员董事。同时明确规定：在人数上，社区人员董事必须超过其他董事，而且社区人员董事中至少有2名（自任职之日起）是在该学校注册的学生家长。在牛津，最高权力机构是全校教职员大会；《俄罗斯联邦教育法》在第五章“实现公民受教育权利的社会保障”中规定学生参与教育机构管理；在印度，学生参与学校管理，在大学评议会和大学委员会中都必须给学生留出适当的名额。

① 陈永明：《教育行政新论》，华东师范大学出版社2003年版，第348—350页。

三 以行政为主导：中国现代大学制度生成与变迁的法律透视

关于中国现代大学制度的起源，有着不同的说法，但可以肯定的是中国的现代大学不是由我国古代的“太学”、“国子监”、“书院”等所谓的高等教育机构直接演变与纵向继承而来的，而是横向移植的结果。那么，具体应该是从什么时间算起呢？从目前的研究来看，主要存在如下三种观点：

一是洋务学堂说，认为1862年开办的京师同文馆及其后来创办的外语、工业、军事技术学堂是近代高等学校的萌芽。也就是说，中国现代高等学校的起源是洋务学堂。①

二是北洋公学、南洋公学与京师大学堂说，认为“中国现代意义上的大学是在19世纪末，随着传统教育的衰落和现代新型高等教育的兴起而逐步出现的。”“中国第一所现代大学‘北洋公学’（天津大学前身）是在1895年建立的，次年‘南洋公学’（即现在西安交通大学和上海交通大学的前身）成立。1898年，又建立了‘京师大学堂’（即现在的北京大学）。随着1911年辛亥革命的爆发，传统意义上的高等教育体制已经基本上名存实亡了。”② 持这一观点的学者相对较多，如顾明远先生认为，“中国现代高等教育产生的时间很晚，始于鸦片战争以后洋务运动和维新运动时期。1862年创办于北京的京师同文馆和1895年创办于天津的中西学堂，是最早出现的中国近代高等学校的雏

① 参见郑登云：《中国高等教育史》上册，华东师范大学出版社1994年版，第19页。李华兴：《民国教育史》，上海教育出版社1998年版，第593页。霍益萍：《近代中国的高等教育》，华东师范大学出版社1999年版，第10页。

② 刘铁：“我国现行大学制度的历史演进及特征”，《黑龙江高教研究》2003年第2期。

形。1898年京师大学堂的建立及1904年颁布的《奏定学堂章程》，标志着中国近代高等教育制度的建立。比西方高等学校的创立晚了800年。”① 张斌贤教授认为，“中国最早的大学指的就是京师大学堂、北洋大学堂等，不可能再上溯到哪个书院、哪个国子监或哪个太学。”② 许美德教授认为，“1895年、1896年分别成立的天津中西学堂和上海南洋公学标志着中国大学的创设。”③

三是清华大学说，认为“中国现代意义上的大学以1925年清华学校设立大学部为标志。因为现代意义上的大学，不能是一个雏形，而应该是一个初步具有现代性格的大学”④。

我们倾向于第二种观点，因为，世界上的“现代大学，除了少数例外，其起源和基本设计都是西方式的”⑤。我国开始对大学进行“西方式”的设计源于北洋公学、南洋公学、京师大学堂，成立于1912年的北京大学。所以，中国高等教育法制建设也基本上始于20世纪初叶。

（一）清末民初现代大学制度生成与变迁的法律透视

这一时期现代大学制度生成与变迁的法律透视是从19世纪中后期到1911年，主要特征为高等教育法制移植模仿时期。

19世纪中后期，清王朝的统治受到了西方“坚船利炮”的洗礼与欧风美雨的侵蚀，由于中学与西学之间明显的“文化势

---

① 顾明远：“中国高等教育传统的演变与形成”，《高等教育研究》2001年第1期。

② 张斌贤：“现代大学制度的建立和完善”，《国家教育行政学院学报》2005年第11期。

③ ［加］许美德，许杰英主译：《中国大学1895—1995：一个文化冲突的世纪》，教育科学出版社2000年版，第17页。

④ 杨东平主编：《大学之道》，文汇出版社2003年版，第167页。

⑤ ［瑞典］胡森：《国际教育百科全书》，贵州教育出版社1990年版，第405—406页。

差”，造就了中国社会对西方文明挑战的被动回应，即“西学东渐”作为一股主流趋势开始形成与发展。1898 年，维新派人士筹办京师大学堂，以梁启超起草的《京师大学堂章程》为标志，这是中国近代高等教育最早的学制纲要。京师大学堂也被大多数学者看作是中国现代大学制度的起源。到辛亥革命前，全国共有官立高等学校 120 余所。

清末大学的管理与领导，效仿或移植日本、法国等国家高等教育的治理经验，从制度与法律的层面来规范高等教育的发展，致使中国传统的教育法律体系和教育法律制度的根基开始动摇。清末的教育立法，“是晚清最后十年‘变法自强’的‘新政’催发的萌芽。它一经破土，短短十年之间便具有了一定的规模。据不完全统计，清末立法重要者就有 70 多件。”[①] 清末“新政”中的立法，以学制法规的建设为重头戏，如 1902 年清政府颁布的《钦定学堂章程》（又名壬寅学制），该学制由《钦定京师大学堂章程》、《钦定考选入学章程》、《钦定高等学堂章程》、《钦定中学堂章程》、《钦定小学堂章程》、《钦定蒙学堂章程》六个法规组成。但《钦定学堂章程》由于清政府内部的权力斗争加之该学制本身的诸多不足，使得这部学制法规并没有付诸实施。清末教育立法中真正有影响力的学制是 1904 年制定并在全国范围内实际执行的《奏定学堂章程》（又名癸卯学制），这部学制由最初的 22 件法规组成，随后又陆续有所补充，林林总总，蔚为壮观。涉及高等教育方面的主要有：《奏定高等学堂章程》、《奏定大学堂章程》、《法律学堂章程》、《优级师范选科简章》、《京师法政学堂章程》、《满蒙文高级学堂章程》、《贵胄法政学堂章程》等。如把普通高等教育分为三级，即高等学校或大学预备科 3

---

① 李露：《中国近代教育立法研究》，广西师范大学出版社 2001 年版，第 17 页。

年，分科大学堂3—4年，通儒院5年；大学堂又分为经济、政治、文学、医、格致、农艺、工、商8科；设立在京师的大学堂必须8科齐备，设立在省会的至少设置3科；通儒院以研究为主，只设在京师大学堂内；大学堂中的课程体系、教学内容等都是从西方近代社会科学的各个门类中被大量引进的。

然而，清末教育立法的指导思想走的是“中学为体，西学为用”的道路，《奏定学务纲要》中也确定各学堂“均以钦遵谕旨，以端正趋向、造就通才为宗旨”，1906年，学部在《奏请宣示教育宗旨折》中进一步把所谓“通才”的标准具体化为“忠君、尊孔、尚公、尚武、尚实”。显然，在清政府看来，大学只不过是服务政治需要和国家目标的工具，“不以学问为目的而以学问为手段”[①]。也就是说，清末的大学并没有摆脱“政教合一”的封建传统的束缚，如我国第一所明确以“大学”为称谓的京师大学堂，在建校之初既是国立最高学府，又是中央最高教育行政机关，实际上是“‘近代版’的‘太学’或‘国子监’”[②]。在如此的政治环境下，清末大学也不可能享有西方现代大学的“大学自治权”与“学术自由权”，因为，“大学的‘政治工具’地位既决定了大学主体地位与学术自由观念失去制度保障，也决定大学内部管理的行政化倾向，以科层式的管理保证大学发展的国家意志。”“教师无论是个体还是群体，既无参与学术管理的权利意识，也无相应的权利能力和行为能力。”[③]

显然，清末的中国大学虽然有了法律法规的调控，但由于主导清末大学的法律制度带有浓厚的封建主义色彩，清末中国现代大学制度的治理只能说是有“法律”的框架与外衣，而无法律

---

① 梁启超：《清代学术概论》，东方出版社1996年版，第89页。

② 孔垂谦：“制度环境与大学组织的现代性”，《清华大学教育研究》2004年第2期。

③ 同上。

的内涵与本质，依然是中国传统的“人统”与“事统”以及带有强烈的行政化、官僚化。

（二）民国时期现代大学制度生成与变迁的法律透视

这一时期现代大学制度生成与变迁的法律透视是从 1912 年到 1948 年，其主要特征为高等教育法制建设创建繁荣时期。

1912 年，孙中山在南京宣誓就任中华民国临时政府大总统，标志着两千多年的封建帝制在中国就此终结。在“揖美追欧，旧邦新造”思想观念的影响下，一大批深受西方文明熏陶的资产阶级革命派和激进的民主主义者试图以“民主共和”和“科学民主”的精神来改造中国传统的封建主义文化，这不仅为中国高等教育的发展奠定了思想基础，而且也为中国现代大学的法制建设提供了可能。因为，“从辛亥革命到国民党专政的十多年间，由于政局不稳，政府控制最为松弛，从封建专制控制中走出来的中国大学，迅速走上了改革之路。”① 正所谓这一时期“革命四起，随后整个中国陷入了一片无政府的混乱状态，这就给各地高等教育在政策、法规及其实施各层次上进行实验提供了很大的空间。”② 1927 年，南京国民政府的建立，标志着国民党独裁统治与“党化教育”政策的开始，国民政府通过一系列法令、条例，加强了对高等学校的控制。但是在南京国民政府建立初期的十年，社会相对稳定，国家致力于立法方面的体系化建设，如逐渐形成了以宪法、民法、刑法、民事诉讼法、刑事诉讼法、行政法六大类法律为主体的六法体系，教育法属于行政法的范畴。1937 年 7 月 7 日，抗日战争全面爆发。日本帝国主义的疯狂侵

---

① 孔垂谦：“制度环境与大学组织的现代性”，《清华大学教育研究》2004 年第 2 期。

② ［加］许美德，许杰英主译：《中国大学 1895—1995：一个文化冲突的世纪》，教育科学出版社 2000 年版，第 53 页。

略，严重破坏了发展中的中国教育，教育立法在一定层面也遭受了破坏。但教育立法并没有因此而停滞，在“战时应作平时看”的指导方针以及围绕应急与调整两个方面交织运行下，共颁布了560多件教育法律法规，其中高等教育方面的法律法规就有90余件。抗战时期的教育立法，具有浓郁的战时色彩，即战时教育立法具有明显的应急特点、体现了调整性特点以及带有强烈的统制性特点。[①] 1945年8月15日，日本帝国主义宣布无条件投降。但抗战胜利之后，中国又陷入了内战，即解放战争时期，这一阶段的教育立法，国民政府紧紧围绕战后接受复员以及反共内战政策轴心而运作。

这一时期共颁布的高等教育方面的法律法规、行政规章有300余件，比如《专门学校令》（1912年10月22日）、《大学令》（1912年10月24日）、《私立大学规程》（1913年1月16日）、《高等师范学校规程》（1913年2月24日）、《修正大学令》（1917年9月27日）、《大学组织法》、《专科学校组织法》、《大学规程》、《专科学校规程》、《私立学校规程》、《大学研究院暂行组织规程》、《学位授予法》、《师范学校规程》、《教育部学术审议委员会章程》、《大学及独立学院教员聘任待遇暂行办法》、《国立各大学师范学院院务处理办法》、《大学研究所暂行组织规程》、《大学法》、《专科学校法》等。其中尤以教育部1912年10月24日公布的《大学令》、1929年7月26日公布又于1934年4月28日国民政府修正公布的《大学组织法》、1947年的《大学法》、《专科学校》等最具影响力。可以这样说，《大学令》是中国现代史上第一部调整与控制大学内外部关系的教育行政法规，为国民政府时期大学的治理提供了法律保障，是民

① 李露：《中国近代教育立法研究》，广西师范大学出版社2001年版，第68页。

初教育立法制度下教育立法运作的一个缩影，其规范的内容也较为翔实。而《大学法》、《专科学校》两部教育法律是以 1947 年 1 月公布的《中华民国宪法》为依据，总结了大学和专科学校办学经验，并针对当时的高校现状，在 1929 年 1 月 12 日国民政府颁布的《大学组织法》和《专科学校组织法》的基础上修订而成的，它的名称删掉了“组织”二字，少了一份行政的色彩，多了一份现代教育法律的味道，也使整个教育法律体系的法律名称归于一致。而且，新法律的内容比旧法律有所增加而更加具体化，组织机构更加严密，突出了其管理的细致、缜密及高度约束。①

基于对这一时期高等教育法制的历史叙述，可以看出，这一时期已经形成了较为完备的、规范的高等教育法律、法规体系，单就高等教育立法而言，已取得了很大的成就。但囿于政治上的腐败，高等教育法律法规的实效性很差，许多法律法规流于形式，没有得以及时与认真地实施，而且，国民党也试图通过法律手段来压制革命、阻挠进步。

（三）新中国成立以来现代大学制度生成与变迁的法律透视

这一时期现代大学制度生成与变迁的法律透视为 1949 年至今，可以划分为两个时段。

第一个时段（1949—1977 年）：为中国高等教育法制建设的受挫停滞时期。

从整体上来看，这一时段的高等教育法制建设，可以划分为两个阶段：

1949 年至 1956 年为这一阶段的第一个时期，是新中国成立

① 李露：《中国近代教育立法研究》，广西师范大学出版社 2001 年版，第 68 页。

后现代高等教育法制建设的开端，以《关于高等学校领导关系的决定》、《高等学校暂行规程》等的颁布为标志。这一阶段的高等教育立法主要是围绕收回教育主权、妥善接收全国高等学校，建立社会主义教育制度而开展，同时在全面学苏的基础上展开了院系大调整。在1950年7月28日政务院颁布的《高等学校暂行规程》中有意识地淡化了集权的统治，倾向于高校自身的管理，规定："大学及专门学校采取校（院）长负责制"。然而到了1953年，又加强了集中的管理，中央人民政府更是明确地指出："中央人民政府高等教育部必须与中央人民政府各有关业务部门密切配合，有步骤地对全国高等学校实行统一与集中的领导"。随后，这种管理与领导体制得到了加强与延续，高校一切事务的最终决定权在中央人民教育行政部门和相关业务部门，大学只是国家教育方针政策的具体实施者，虽然保证了高等教育事业的发展，为建国初期国民经济、国家建设事业培养了大批人才，但也使新中国成立后的大学失却了大学自治、学术自由的精神特质，成为政府的附属机构。

1957年至1976年为这一阶段的第二个时期，是现代高等教育法制建设跌入低谷时期。这一时期的高等教育法制，随着中苏关系的破裂，试图为高等教育的发展开拓新的途径，但由于"左"的错误思想的出现以及"大跃进"运动的开展，使高等教育法制建设遭到严重破坏，出现了无政府主义的盲目状态。虽然，1961年，在"调整、巩固、充实、提高"的指引下，教育部按照中共中央的指示，于1961年9月15日颁布了《中华人民共和国教育部直属高等学校暂行工作条例（草案）》（简称《高教六十条》），来规范高等学校的发展，明确规定，"高等学校的基本任务，是贯彻执行教育为无产阶级的政治服务，教育与生产劳动相结合的方针，培养为社会主义建设所需要的各种专门人才。"但所有的教育工作，"必须由党来领导"。这种状况随着

1966 年 5 月“文化大革命”的爆发，国家的立法工作完全停顿，高等教育事业受到了严重的摧残，“人治”高于“法治”，高等教育的法制建设陷入了停滞的状态，一直到 1976 年 10 月，“四人帮”粉碎以后，人们开始重新探索高等教育法制建设问题。

显然，这一时期的高等教育法制建设，具有明显的泛政治化、国家化的特征，集中表现为：高等学校国家所有、教育管理高度集中、教育发展受计划调控和教育运行行政干预。① 在这样的政治环境下，大学无法获得办学主体地位，也就不可能孕育出现代大学制度的精神特质——学术自由与大学自治，一切都是从上到下垂直型的中央集权式的管理与领导体制，存在着行政权力对学术权力的完全僭越。作为大学，没有自身的独立法人地位，成为政府的“隶属机构”。

第二个时段（1978 至今）：为中国高等教育法制建设的稳定发展时期。

这一时期的高等教育法制建设，紧紧围绕“扩大高校办学自主权”与“落实大学法人地位”而展开颁布的高等教育法律、教育行政法规、地方性高等教育法规、部门规章、政府规章约有 100 余件，健全的高等教育法制体系正在逐步形成，高等教育有法可依、有法必依等依法治教的氛围正在逐步形成。有影响的教育法律法规、规章有：1985 年 5 月 27 日中共中央《关于教育体制改革的决定》、1993 年的《中国教育改革和发展纲要》、1995 年的《教育法》、1998 年的《高等教育法》、1999 年中共中央、国务院发布了《关于深化教育改革全面推进素质教育的决定》、2002 年的《民办教育促进法》。特别是第九届全国人民代表大会常务委员会第四次会议于 1998 年 8 月 29 日通过的《中华人民共和国高等教育法》，标志着中国现代高等教育法制建设进入了一

① 别敦荣：《中美大学学术管理》，华中理工大学出版社 2000 年版，第 123 页。

个崭新的阶段，使高等教育领域的工作有了法律依据，有利于大学内外部关系的调整与控制，使得大学的办学自主权与学术水平的提高将会更上一层楼。

自改革开放以来，在高等教育法律法规的指导下，以高等教育体制为突破口的高等教育改革与创新，其实质就是一系列的制度安排，为高等教育的发展创造了良好的制度环境，同时也为扩大高校办学自主权与落实大学法人地位提供政策、法律与制度的支撑。在“以制度建设为中心”的社会中，制度突破给高等教育开辟了一片新天地，打破了政府单一办学的模式，也为建构现代大学制度提供了法律、政策与制度的保障。

纵观中国现代高等教育法制建设的百年历程，既有成功的经验，也有失败的教训；既有对西方大学治理经验的学习以至移植，也有学习中的创新与重构；既有现代大学治理中的“自治、自由”精神特质的体现，也有现代大学治理的国家化、行政化的渗透；既有国立、私立以及教会大学并驾齐驱的时代，也有公立大学一统天下的时代；既有评议会、教授会等“教授治校”的民主决策机制，也有“党化教育”、“革命委员会制”的管理与领导体制……

随着我国政治、经济、文化体制的改革，我们需要建设什么样的现代大学制度已成为社会发展的必然要求与特定制度环境下的必然回应。我们认为，建立现代大学制度，不仅是新世纪高等教育改革的方向，也是高等教育发展的必然要求。然而现代大学制度的建立是一项复杂的、艰巨的系统工程，不可能一蹴而就，我们需要加强高等教育法制建设，从“法人治理结构”的角度出发，努力建设现代大学的法人制度。

（四）中国现代大学制度生成与变迁的基本特点

通过对中国近百年的高等教育法制生成与变迁的分析，我们可以发现中国高等教育法制的形成有自己的特点。

1. 在现代大学制度的价值理念层面，中国高等教育法制更多地强调国家主义至上，缺乏大学自治、学术自由的传统。

20 世纪初叶在西学东渐思潮的影响下，一些留美、德、日、法等的归国学子，都不同程度地为我国 20 世纪中叶之前的高等教育法制作出了身体力行的贡献，那就是在民主、科学理念的指导下，通过法制来体现高等教育的办学理念，比如蔡元培等人，不仅积极参与高等教育法制的建设，而且在主持北大等校务的过程中，提倡大学自治、学术自由、教授治校等，使中国的大学在这一时期得到了长足的发展。但此时的高等教育并没有摆脱国家观念的控制，国家至上的思想依然很浓厚。新中国成立以来，我国高等教育完全是由国家控制的，是一种垂直型的上对下的领导与服从的教育领导模式，大学没有自主权，是政府的附属机构，是国家阶级斗争的工具与手段。改革开放以来，高等教育改革一直围绕“扩大与落实高校办学自主权”展开，有意识地赋予高校办学自主权，尤其是 1998 年《高等教育法》的颁布，使高等教育法制建设进入了一个新的阶段。但综观近几年的改革成效，现代大学制度中必须秉持的大学自治、学术自由的理念，离我们还很远，建设本真的现代大学制度在我国依然任重而道远。

2. 在现代大学制度外部利益主体的协调层面，从政府与高校的单一关系开始向政府、市场、高校三者共同协调发展模式演进，从强化社会本位向社会本位与个人本位并重的方向发展，但三者的“力”并不平衡，政府强势、高校弱势、市场疲软的现状依然没有太多改观，没有真正实现法人外部治理结构中各权力主体间的相互制衡。

在现代大学制度外部利益主体协调方面，合理的、理想的、健康的、和谐的状态应该是政府、社会与高校三者之间的“力”能够相互掣肘与制衡，避免政府与市场的双重失灵。从我国高等教育法制建设历程来看，在 20 世纪上半叶，高等教育的发展，呈现的是多元化的状态，既有国立、私立的，也有教会投资、捐资办学，更有有识之士呼吁“教育独立”。新中国成立以后，在百废待兴、百业待举的积弱积贫的年代里，国家教育权是绝对的、唯一的，高校与社会之间没有任何联系，政府与高校是领导与被领导的关系。改革开放以来，在政企分开、政事分开的改革浪潮中，高校与政府、社会的关系开始呈现变化，向三者共同协调的发展模式演进，尤其是随着 2002 年《民办教育促进法》的颁布，使社会力量投资办学有了法律的保护，民办学校的运行更加规范与合理合法，使我国高等教育事业的发展趋向健全与完善。但总体说来，高校与政府、社会三者的力量还有待于进一步的变革，当下存在着的——政府强势、高校弱势、市场疲弱——的现状并没有得到彻底的改变。

3. 在现代大学制度内部利益主体的共享层面，大学内部权力的配置是一种不均衡的发展模式，教师、学生等利益相关者的权利表达依然很微弱，对大学成员的权利保障并没有真正得以落实。

在现代大学制度内部治理结构中，应当体现利益相关者的参与，实现共享决策、共同治理、共同维护、共同发展。在我国高等教育法制历程中，20 世纪上半叶高校治理最大限度地体现了多元利益主体的参与，不仅有教授治校、学生自治等治理模式，而且也有评议会、教务会等民主决策机制。新中国成立以后，高校的治理更多的是党政不分、以党代政、以党代言，教师、学生等利益相关者没有表达的权利。改革开放以后，随着我国高校法制建设进程的加快，教师、学生等利益主体的权利表达在法律层面有所体现，如教职工代表大会、工会、学生会、学生社团等，但由于传统的治理模式并没有彻底地肃清，致使教师、学生等利益相关者的权利表达依然很微弱。

基于对中世纪大学、大陆法系、英美法系以及中国现代大学制度的法律透视，我们可以清楚地看到：大学的发展离不开制度的支撑，而法律对制度的规范提供了强有力的后盾与支持，使大学的发展能沿着自身的发展逻辑而运行。虽然，各个国家和地区的文化、制度、法律背景不同甚至大相径庭，但透过对现代大学制度的法律透视，其无非沿着两条道路在迈进，非“去政治化”即“泛政治化”。不同的路向没有好坏之分，主要是看其是否符合当时该国政治、经济、文化的背景。

这两条道路体现在高校法人治理层面，主要表现为治理过程中两个重要的维度：即外部利益主体的权力制衡与内部利益主体的权利保障。权力制衡是前提，权利保障是核心，通过权力制衡来保障高校自主权，通过高校自治实现学术自由，最终实现对高校成员权利的保障。

第四章　合法性危机:现代大学制度遭遇的法治迷雾

法律存在的价值在于为公民、组织、机构等社会主体合法权益的行使提供强大的外在支撑，其根本目的不仅在于实现良好的社会秩序，追求较高的社会效率与效益，更在于实现社会的正义与公平。现代大学作为社会组织中的一员，也需要引入法理机制，从而建构起强大而可靠的法治化的现代大学制度，在法治的指导下，使现代大学能够持续、快速、健康地发展。

然而，实践中现代大学在现代社会中的发展，却与法治社会的要求渐行渐远。在法治治理的强大攻势之下，现代大学制度正在遭遇着“法治化的危机”。这种法治的困惑与迷茫可以从以下几个方面进行分析与解读。

一　大学法律地位定位不明确

从法律的角度探讨现代大学制度，首先必须明确大学的法律地位，因为大学的法律地位决定着大学法律关系的类别、性质、内容及其法律关系主体的责任形式。那么，何谓法律地位及大学的法律地位？我国大学的法律地位是什么呢？

(一) 法律地位的内涵

法律地位的含义十分丰富，不同学者从不同的角度出发有不同的理解。美国权威的《布莱克法律辞典》将“地位（status）”解释为：（1）地位、状态或者条件、社会地位。（2）个体与团体中其他成员的法律关系。（3）决定个体属于某类的权利、责任、能力和无能力。（4）本质上非临时性的也非当事方单纯意志所能终止的个体之间的法律关系，这种关系与第三方或国家有关。[①]《牛津法律大辞典》认为：法律地位是法律人格属性之一，特指一个人在法律上所居的地位，这种地位决定其在一定情况下的权利和义务。[②] 而《中国法学大辞典：法理学卷》认为：法律地位就是指权利主体在法律上的地位。[③] 包括因权利主体在法律上所居的地位而产生的权利、义务关系。

上述概念虽然在表述形式上不尽相同，但对法律地位的本质描述基本是相同的。法律地位包含如下含义：（1）它是权利主体在法律上的地位；（2）权利主体的法律地位决定他与其他主体之间所构成的法律关系的性质、内容（即权利与义务）；（3）权利主体间因不同法律地位所形成的法律关系不因个人意志的改变而改变。

（二）西方国家大学的法律地位

为了更清楚地说明我国当前高等学校法律地位定位面临的挑战，我们首先对西方发达国家关于高校法律地位的研究进行系统考察。

西方国家从法律的角度探讨高等学校的法律地位，一般都要通过区分大陆法系和英美法系来进行分析。

---

① 转引自申素平：“中国公立高等学校法律地位”，北京师范大学研究生院2001年5月，第15页。

② 转引自覃壮才：“我国公立高等学校法人治理结构研究”，北京师范大学研究生院2004年5月，第23页。

③ 孙国华：《中华法学大辞典（法理学卷）》，中国检察出版社1997年版，第9页。

1. 大陆法系国家大学的法律地位

大陆法系又名罗马法系、民法法系、罗马—德意志法系、法典系等，其代表国家是德国与法国。[①] 这一法系的特点是重视成文法的制定和法律体系的完备；都设有行政法院，专门负责有关行政主体或行政主体之间的公法争议，将这种争议排除在普通司法审查之外；在审判方式上都实行纠问制，由法官主导审判过程。[②]

德、法等大陆法系国家，通常将高等学校分为国立与私立两种。国立学校属于公营造物或公共公益机构的一种。所谓公营造物，就是掌握于行政主体手中，由人和物作为手段之存在体，持续性地为特定公共目的而服务。[③] 设立公营造物的行政主体以计划对其加以领导并监督，从而确保公营造物之利用者的权利。公营造物有广义和狭义之分。广义的公营造物“系指行政主体为达成一定目的，以人和物构成而继续设置的设备”。狭义的公营造物，“仅指广义营造物中，直接提供一般公众利用者之一类而言。此种营造物，乃行政主体，以其设备，在合乎人民之种种利益下而达到行政之目的。”[④] 所谓公立公益性机构是人格化的公共行政机构，它在特定范围内提供一种或多种专门的公共服务。此类机构包括“国家医疗单位”、“公立教育机构”、“农业与商业机构”、“与公共工程相关的机构”、“与银行和经营业务相关的机构”、“荣誉勋位团”、“国家铁路的行政管理机构”以及地方政府所属的医院、收容所、救济所、博物馆。[⑤] 由于公营造物

① 沈宗灵主编：《法理学》，北京大学出版社 2001 年版，第 129 页。

② 申素平：“我国公立高等学校法律地位研究”，北京师范大学研究生院 2001 年 5 月，第 46 页。

③ 吴庚：《行政法治理论与实务》，三民书局 1998 年版，第 164 页。

④ 乔育彬：《行政组织法》，高等教育出版社 1994 年版，第 300 页。

⑤ ［法］莫里斯·奥利乌，龚觅等译：《行政法与公法精要》，辽海出版社 1999 年版，第 419—427 页。

容易与政府机构的建筑等公共建筑物以及类似交通标志相混淆，所以学者们一般将其称为“公务法人”。

在德国，公立高等学校具有公法团体（Koerperschaft ocffentlichen Rechts）和公共营造物（ocffentlich - rechtliche anstalt）两种法律地位。公法团体是一个会员性的并拥有行政法律能力的行政承担者，它可依法成立，也可以自愿成立。除自愿接受或法律规定的任务外，还接受国家指示或委托的任务。其职能与公营造物一样，服务于公共目标。《联邦德国高等教育总法》（1985 年 11 月 23 日生效）第 58 条规定：（1）高等学校是公法团体，同时也是国家设施，在法律上的高等学校有自主权。（2）高等学校制定自己的基本条例，但须经州政府批准。审批受到限制时，应对限制审批的前提条件作出法律规定。（3）高等学校通过统一管理，完成自己的任务，包括国家事务的任务。[①] 巴伐利亚州《高等教育法》第 5 条规定：（1）高等学校以法人的身份处理学校事务，以国家机构的身份履行政府事务。（2）如无其他规定，本校事务是指学校方面一切事务。（3）政府事务是指：①公职人员的人事事务和高等学校中不属于一般科学研究的培训或进修人员的人事事务；②向政府提出学校财政计划，报告执行财政的情况，包括对各种所需设备添置计划的审定；③行政管理的组织工作，校房地产的管理、技术装备设施的组建和管理，附属医疗设施的组建和管理，以及财产物资检验、经营部门、附属机构和其他有关机构的管理工作，执行学生入学注册和高校除名的各项规定；④举行国家承认的考试；⑤制定和执行规章制度；⑥行使房产使用

① 夏之莲：《外国教育发展史资料选粹（下）》，北京师范大学出版社 1999 年版，第 147 页。

权；⑦处理由立法或依法规定的其他事务。[①]

从上述规定中我们可以看出，在德国，公立高等学校被定位为公法团体。需要指出的是，《联邦德国高等教育总法》第58条中的“国家设施”一词容易引起争议，按照哈特穆特·毛雷尔的说法，他认为正确的理解应当是：“作为团体的高等学校也具有公法设施的特征”[②]。事实上，从公法团体（公法社团）与公共设施（公共营造物）的立法初衷可以看出，公法团体是基于自治原则而确立的公法人，而公共设施是基于分散原则而确立的公法人。从德国高等学校的实际运作看，高校社员参与为法律所规范，具有社员的特点，因此，从根本上，德国高等学校法人属于公法团体（公法社团）。相应地，德国地方行政当局管辖范围中的学校则为公法设施（公共营造物），这里的学校主要是指高等学校之外的其他类型公立学校。

法国是一个以成文法为主体的国家，也是大陆法系的最典型的代表之一。法国法律严格区分公法和私法，行政法属于公法，用以调整行政活动。国家的一切行政活动都需要遵守法律，违反法律实施行政行为将受到相应的制裁，也即严格遵守行政法治原则。法国行政法的渊源来自于宪法中的有关行政规范的条款，还有相关条约和议会制定的行政组织和活动的法律，以及总统和总理制定的行政法规。此外，由于行政的复杂性，不可能为成文法所穷尽，因此，除了成文法之外，行政法的规则还包括法的一般原则、判例和习惯法。那么，行政法有没有一个适用的标准，也就是什么时候是用公法而不是用私法来解决争议呢？法国学术界有不同的观点，其中存在着公共权力学说和公务学说两种不同

① ［荷］弗兰斯·F. 范富格特，王承绪等译：《国际高等教育政策比较研究》，浙江教育出版社2001年版，第179—180页。

② ［德］哈特穆特·毛雷尔，高家伟译：《行政法学总论》，法律出版社2000年版，第570页。

的观点，而公务学说为目前法国学界比较公认的观点，也为司法实践所采纳。法国权限争议法庭于1873年2月在布朗戈（Blanco）案件的判决中，提出了公务观念作为国家行政机关中适用行政法的标准。此观点被著名的法学家L. 狄骥整理并发扬光大，并形成了以波尔多大学为主导的波尔多学派。公务学说认为，所谓公务主要是指行政主体直接以满足公共利益为目的的一切活动，如国防、教育、交通等都是公务。国家认为某种公共的利益私人活动不能满足时，或不宜由私人进行时，把它建立作为一种公务，由国家保证实施。需要指出的是，只有直接以满足公共利益为目的的活动才是公务，排除了间接满足得以设立公务的可能。①

在法国行政法学中，行政主体是实施行政职能的组织，即享有实施行政职务的权力，并承担由于实施行政职务而产生的权利、义务和责任的主体。行政主体是公法人。在法国法律中，有三类行政主体，一类是国家，它是最主要的行政主体；一类是地方团体，它是在法律规定范围内，行使地方性的行政事务并承担由此产生的权利、义务和责任；第三类是公务法人，它是从国家或地方团体的一般行政职务中分离出来的，专门实施特定公务的公务法人。公务法人作为一个独立的法人，具有独立的权利和义务，并享有处分财产、进行诉讼的能力，有自己的法人机关和独立的预算权利。公务法人分为行政公务法人、地域公务法人、科学文化和职业公务法人和工商业公务法人。而高等学校属于科学文化与职业公务法人。科学文化与职业公务法人是管理高等教育公务的机关。1986年《高等学校方向指导法》（又称《富尔法》）第3条规定："大学是具有法人资格和财产自主权的公立科学文化性机构，他把能得到公立科学文化性机构资格的教学与

① 王名扬：《法国行政法》，中国政法大学出版社1988年版，第25—26页。

科研单位和这些单位共用的服务部门有机地结合起来，承担目前大学、学院及法令做出特殊规定的附属学院的全部活动。"①1984年《高等教育法》第三部分"科学、文化和职业公立高等学校"对这类法人作了进一步的具体规定。《高等教育法》第20条规定："科学、文化和职业公立高等学校是享有法人资格，在教学、科研、行政及财务方面享有自主权的国立高等教育机构和科研机构。""这些学校在全体工作人员、学社校外知名人士的帮助下，实施民主管理。""它是多学科的、并集中了教师——研究员、教师及各种专业的研究员，以便保证知识的发展、保证主要旨在履行一种职业的科学、文化与职业教育。""他们是独立的。在履行由法律赋予的使命的过程中，可以在国家规定的范围内，在遵守自己条约义务的前提下，确定自己的教学、科研及文献资料活动的各项政策。""其教学、科研及文献资料活动，在第19条规定的高等教育地理布局的范围内，可以通过签订多年合同的方式进行，这些合同要规定学校承担的义务，并写明国家提供其使用的相应设备和人员。上述设备在财务规定的限度内，按年提供。学校要定期报告对所承担义务的执行情况。"②第48条规定："一切高等学校均要接受国民教育行政总督学在行政管理方面的监督，一切学校要接受财务检查，学校的账务账目要接受审计法院的法律监督。"③

从1984年《高等教育法》的规定看，公立高等学校作为科学、文化和职业公务法人，在教学、科学、行政及财务方面享有自主权，但是在一定程度上也受到行政管理部门的监督。该法案

① 夏之莲主编：《外国教育发展史资料选粹（下）》，北京师范大学出版社1999年版，第75页。

② 同上书，第102页。

③ 郝维谦、李连宁：《各国教育制度比较研究》，人民教育出版社1999年版，第83页。

比 1968 年的《高等学校方向法》对大学权力的重大突破表现在，规定了特色鲜明的扩大学校自主权的新做法，即允许大学及其他公立高等教育机构“通过签订多年合同的方式进行，这些合同要规定学校承担的义务，并写明国家提供其使用的相应设备和人员。”这样，政府与学校通过行政合同的方式实现对公立高等学校的管理得以确立。

对于高等学校的行政权力而言，法国大学及其他公立高等教育机构相对于其他英美国家来讲，是相当有限的。如大学拥有提出新课程和新计划的权利，但是对于通向国家文凭的课程而言，教育部部长拥有最后的发言权，当然对于学校提供通向本校的文凭计划而言，则完全是自由的，关键在于，在许多时候，国家文凭显然优于本校文凭。大学的行政管理权利也事实上受到国家诸多的制约，例如在人事权利方面，学校权利是非常有限的，国家法律直接规范了学校的教职员，因为大学的教职员属于国家公务员，受相关法律的规范。这种体制也正在面临挑战，契约制度的人事管理模式也正在被引入法国大学中。由于法国公立高等学校是免费的，只能收规定的少许注册费，其余经费需要依赖于政府拨款和资助，以及人学自身的筹款活动，实际上也限制了大学自主权的范围。

综上所述，我们发现，德法两国作为大陆法系的代表，虽然对公立高等学校法律地位的定位所使用的概念不同，一些具体的规定有异，但其共同点是明确的，即公立高等学校具有公务法人的地位。

2. 英美法系国家大学的法律地位

英美法系又称普通法法系，是以英国普通法为基础发展起来的法律的总称。[①] 以美国和英国为代表。它在法律传统和具体制

---

① 沈宗灵主编：《法理学》，北京大学出版社 2001 年版，第 130 页。

度上与德法等大陆法系国家有较大差异。大陆法系重视成文法的制定、编纂，而英美法系则以判例法为主，法官的判例具有正式的法律效力；“大陆法系国家其法制之基本架构，即仍建立在公法与私法的二元化基础上”①，实行二元化的司法体制，即行政法院与普通法院分立；英美法系则无公法、私法之分，没有独立的行政法体系存在，公务人员不因执行公务而适用和普通公民不同的法律；与此相适应，其司法制度也实行单一司法体制，只有普通法院，而没有行政法院，公务员不因执行公务而受不同的法院管辖等。这种对行政法的理解对于高等学校法律地位有重要影响。

英国没有严格的公法与私法之分，其行政法的核心是行政程序法而非行政组织法。因此，它没有大陆法系国家德国那样完善的行政主体理论，对公法人概念的理解相对狭窄。在大陆法系国家，行政主体包括直接国家行政主体与间接国家行政主体。“直接国家行政是指通过国家行政机关进行的行政活动。直接国家行政——与国家的联邦结构相应——分为联邦直接国家行政和州直接国家行政。”②“间接国家行政是指国家不通过自己的行政机关自行执行行政任务，而是授权或者委任其他法律上具有权利能力的组织执行。”③具体讲间接行政主体包括五类：乡镇、公法团体、公共设施、公法基金和被授权人。对公立高等学校的法律地位有比较明确的规定，即公立高等学校是公法团体或公共机构。而英国，行政机关是行使国家权力的机关，根据威廉·韦德的观点，英国的行政机关包括中央政府、地方政府、警察、国有公司

① 李震山等：《当代公法理论——翁岳生教授六秩诞辰祝寿论文集》，台湾月旦出版社股份有限公司1993年版，第259页。

② 哈特穆特·毛雷尔，高家伟译：《行政法学总论》，法律出版社2000年版，第524页。

③ 同上书，第546页。

以及实施政府职能的受托机构。其行政权力行使者按职能可分为两种：政府与公法人。政府包括中央与地方政府，是依法实施公权力的主要主体；公法人则是由法律创设的法人。它具有独立人格；在全国或一定地区内执行由法律或特许状所规定的某种公务；对一般行政机关虽然保持一定程度的独立，但也存在一定的关系。[①] 英国的公法人与德国的公法人虽然概念接近，但与德国对公法人采取的宽泛的理解不同，它的概念要狭窄得多。他所说的公法人就是指中央与地方行政机关以外的行政主体，也就是授权行政主体，即享有一定独立性和单独存在的法律人格，并从事某种特定的公共事务的行政机构。

英国的高等学校类型、层次复杂，既有中世纪民间设立的牛津大学、剑桥大学，也有 20 世纪根据议会法律设立的大学、多科技术学院和其他学院，以及通过公司注册方式设立的学院。但这些高等教育机构并不都是具有公法人的地位。判断其是否具有公法人地位的依据，就是该学校是否是依法成立，或者是通过国王特许状建立的自治团体，如果是，它就是英国行政法中的公法人，就可以将它作为法定公共机构对待。如果高等学校是依据章程或私自设立的，那该所大学就不具有行政主体资格，没有相应的行政权力，它的权力只能依据契约的规定。救济手段只能限于普通救济，不得实施特别救济。而依法设立或以国王特许状设立的高等学校具有行政主体资格，属于法定公共机构，他必须遵循自然正义等行政法规定的基本原则，其利害关系人可得到行政法与普通法的双重救济。[②]

根据上述标准，在英国具有公法人地位的高等学校：一类是通过国王特许状设立的一些传统大学，如爱丁堡大学等；另一类

---

① 王名扬：《英国行政法学》，中国政法大学出版社 1987 年版，第 86 页。

② 威廉·韦德，徐冰等译：《行政法》，中国大百科全书出版社 1997 年版，第 220 页。

由地方政府管理的多科技术学院、高级技术教育学院。后一类高等教育机构起初没有法人资格，但20世纪80年代以后，英国政府对此进行改造，将管理权从地方手中转移到中央政府，并赋予其公法人资格。

美国与英国一样，也无公法与私法之分。但由于美国拥有目前世界上最庞大的高等教育体系，其情况与英国相比更为复杂：既有由私人、私人捐赠的财产或私人基金会设立、支持的高等学校；也有由联邦政府、州或地方政府所设立或资助的高等教育机构。而后者我们称之为公立高等学校，包括一系列不同类型的学校——州立大学、州立学院、教师学院、社区学院、技术学校以及职业学校等。基于州法令设置的州立高等学校具有“州立机关”（state agency）、“公共法人”（public corporation）或者“行政的附属部门”（political subdivision）的特征，必须服从于州立法机关制定的关于州立公共机构应遵循的法律规范。

从法律目的来看，在美国依据州宪法设立的公立高等学校，有政府机构、公共信托、宪法型大学三种类型：（1）政府机构（state agency）。即高等学校是以州法律设立，在法律上是政府的一部分，是政府机构的延伸。这类高等学校需要受联邦宪法、州宪法和行政法的约束，在实施教育教学与管理行为时应遵循州宪法所规定的基本原则，遵循正当程序原则，依法保护教师与学生依宪法和行政法享有的权利以及符合其他法律对它的特殊要求。同时，作为州机关，高等学校拥有土地及财产的征用权等一些特权。[①]（2）公共信托（public trust）。信托是委托人将财产权转移给受托人，受托人以信托文件所规定，为受益人或特定目的而管理或处分信托财产的法律关系。公共信托作为信托的一

① 申素平：“中国公立高等学校法律地位研究”，北京师范大学研究生院2001年5月，第51页。

种，有信托人和受托人，委托人一般是政府或其他公共基金，受托人则为高等学校。公共信托不同于普通信托的特点是，它可以没有受益人或受益人不特定，因为公共信托的目的是为了公共事业，即为发展教育，为国人提供教育服务。以公共信托存在的高等学校，作为受托人，具有独立人格，但同时又受政府或其他委托人制约，因为政府或其他委托人设立公共信托，是为了为国民提供高质量的高等教育服务。高等学校必须依据州法律和信托文件完成受信托的特定义务或责任，妥善管理、经营委托人的财产。[①]（3）宪法上的自治大学（autonomous university）。为了防止议会对大学事务的干涉，美国有些州的宪法对州立大学的地位和权限作出明确规定，使这类大学成为具有宪法地位的公共法人。依据法令设立的宪法型大学与其他高等教育相比有较大的自主权，各种大学管理机构，如高等教育董事会（Board of Higher Education）、高等教育委员会（Commission of Higher Education）、评议会（Board of Regents）、教育基金委员会（Board of Educationg Finance）、理事会（Board of Governors）以及州政府对大学的管理都是咨询性的、间接的。从1637年建立的哈佛大学到后来建立的公立大学，美国通过不同形式的判例来确定公立高等学校的公共法人地位。例如1819年通过的达特茅斯学院裁决案，确立了私立高等学校不得通过公有化改造而成为州立大学的目的，承认特许状的法律效力；1850年密西根高等法院对密西根大学地位的裁决，1943年伊利诺伊州州立高等法院关于州立大学的学院公共法人地位的裁决等都坚决地捍卫了大学的自主权与法人地位。[②]

---

① 申素平："试析英美高等学校的法律地位"，《比较教育研究》2002年第5期。

② 覃壮才："我国公立高等学校法人治理结构研究"，北京师范大学研究生院2004年5月，第39—40页。

由于美国是一个分权型的国家，联邦政府不直接管理高等教育事务，教育权被认为是各州的保留权力，联邦政府对高等学校的管理只能通过法律的、经济的、评估与咨询等间接方式干预高等教育。因此，各州对高等学校法律地位的规定有较大差异，但无论是依据法令设置的还是依据州宪法设置的公立高等学校，或者是授予宪法地位的高等学校，他们都具有公共法人的特点，其基本的法律性质定位仍然是公共机构或公法人。

（三）我国大学法律地位的定位

依据目前我国的法律法规，高等学校的法律地位所体现的特点主要表现为：高等学校是事业单位法人，其法人制度由法律规定，如学校法人的设立、学校法人的权利与义务等都有相关的规定。

然而，处于社会转型时期的我国高等学校，自20世纪90年代中后期以来，无论是办学体制还是投资体制、管理体制等都发生了明显的改变，呈现出了举办主体多元化、权力多中心化、公法私法化等趋势；而近年来不断增多的高校诉讼案，在法律界、教育界引起了强烈的反响，长期以来高校无诉的格局被打破，更进一步地引起了人们对高等学校法律地位的探讨。例如，田永诉北京科技大学拒绝颁发毕业证、学位证书案①，刘燕文诉北京大学拒绝颁发博士毕业证书案②，齐凯利诉北京科技大学人身损害案③，林某诉西北大学案④，女大学生怀孕被开

---

① 参见北京市海淀区人民法院行政判决书（1998）海行初字第142号："最高人民法院公报"，1999年第4期。

② 参见北京市海淀区人民法院行政判决书（1999）海行初字第104号。

③ 林准主编：《行政案例选编》，法律出版社1995年版，第217—218页。

④ "教授资格被取消，老教师状告西北大学"，《华商报》2003年3月13日。

除案[①]等都引起了理论界、司法界的激烈争论。高等学校是一种什么性质的法律主体？它具有哪些权利与义务？它在多大程度上行使法律、法规或规章授予的行政职权或公共管理职权？它与教师、学生构成什么性质的法律关系？对高校的管理行为人民法院能否进行审查？如何审查？等等。在这一系列复杂的高校诉讼案中，高等学校的法律地位就成为问题的焦点。

在这场激烈的诉讼案和学术讨论中，学界对高等学校的法律地位及其高等学校法律关系有不同的看法：有学者从我国《民法通则》、《教育法》、《高等教育法》的相关条款出发，认为高等学校作为事业单位法人具有民事主体资格，它与学生、教师之间构成的是契约关系。有学者借鉴大陆法系公务法人理论，认为公立高等学校是由政府为实现特定教育目标而设立的公益性组织，具有行政主体资格，高等学校与教师、学生之间是特别权力关系。也有学者认为，公立高等学校是公法人中的特别法人，这一观点依据大陆法系公法与私法二元分立的理论，将高等学校定位为公法人，且是公法人中的特别法人，即高等学校一经成立，就脱离了一般行政职能，只从事特定的向公众提供高等教育的公务，学校也因此具有独立的法律人格，独立负担实施公务所产生的权利与义务；它与国家的关系不再是附属关系，而具有一定的独立性、自主性，它与教师、学生之间不是普通的行政关系，而是特殊的行政关系。

通过认真分析上述观点，我们认为持这些观点的学者对高等学校法律地位及其法律关系的认识有其局限性。如果单纯从民法的视角认为高等学校具有民事权利能力、行为能力与责任能力，

---

① 2001年11月，西南某高校学生张某与李某因在恋爱过程中发生性行为，并导致女学生怀孕。学校以“品质恶劣、道德败坏”、发生“不正当性行为”为由，勒令两学生退学。二人不服学校的处理决定，以侵犯隐私权、名誉权为由将母校告上法庭。重庆市南岸区人民法院以“不属于人民法院的受案范围”驳回起诉。

这显然无视我国公立高等学校具有行政职权这一现实，高等学校与教师、学生之间在许多方面都存在隶属性质的行政法律关系；如果基于大陆法系的公法理论，将公立高等学校定位为公务法人或公法人中的特别法人，进而确定它与利用者之间的关系性质及其法律救济手段，并用这一理论来指导我国的司法实践也不现实。众所周知，我国虽然深受大陆法系的影响，借鉴大陆法系的公法学理论分析我国高等学校法律地位及其法律关系，有助于对这些问题研究的深化，但我国现行的法律、法规体系并无公法与私法之分，将公立高等学校的法律地位定位为公务法人或公法人中的特别法人显然缺乏现实的可操作性。因此，我们认为，只有在我国现行法律框架下，分析高等学校的法律地位与法律关系才具有可行性。[①] 我国大学法律地位的定位依然面临着严峻的挑战。

根据现行的法律制度，我国法人制度主要是一项民事法律制度，在民事领域中，法人主要有两类，即企业法人和非企业法人，后者又分为机关、事业单位和社会团体法人。公立高等学校属于事业单位法人。因此在法律学界一直认为法人是民事法律制度的范畴，在公法领域，一般使用行政主体、行政机关的概念，而较少使用法人的概念。行政主体主要是法律研究的概念，但在司法实践中也使用该概念，如《最高人民法院关于公路路政管理机构行政主体资格及有关法律适用问题的答复》（1995）就是用“行政主体”这个概念来描述具体行政案件中的行使行政职权的机关和组织。值得注意的是，行政主体与行政机关并不是等同的概念，行政主体包括具有独立责任能力的行政机关，也包括法律、法规授权行使特定行政职权的组织，许多在编制上属于事

① 陈鹏：《公立高等学校法律关系研究》，高等教育出版社 2006 年版，第 43 页。

业单位性质的组织依据法律、法规授权也可以获得行政职权，因而具有行政主体地位。但是，行政机关的派出机构则不具有《行政诉讼法》中的行政主体地位，而以原派出机关为行政主体。最高人民法院《关于贯彻执行〈中华人民共和国行政诉讼法〉若干问题的意见（试行）》（1991）第18条就指出："公民、法人或者其他组织对行政机关的派出机构做出的具体行政行为不服，向人民法院起诉的，应以该行政机关为被告。但法律、法规对派出机构有授权的除外。"需要指出的是，我国行政主体的概念与西方行政主体的概念存在着较大的差异。即使在法学界，行政主体的概念也没有统一的认识，[①] 但我国法律中的行政主体概念则是明确的。

因此，依据目前的法律制度，我国公立高等学校在民法中的法律地位是明确的，即公立高等学校是事业单位法人。同时，公立高等学校在特定的领域中具有行政主体地位，是法律、法规授权组织。在司法实践中，涉及学历证书和学位证书的纠纷一般可以提起行政诉讼，涉及学生身份处分权的纠纷也可以依法向上级行政机关提出申诉直至提起行政诉讼。尽管如此，公立高等学校在行政法中的地位还是比较模糊，尤其在自主权领域表现得较为突出。虽然在《教育法》、《高等教育法》中都明确地对学校授权，但是由于行政体制的原因，高等学校的一些法律权利实际上并不存在，而是直接为教育行政部门所控制，例如学校机构的设置权、用人权、专业设置权、招生权等。

从国外对公立高等学校法人的立法技术看，目前大陆法系国家一般都规定公立高等学校为独立法人，除处理法定的政府事务之外，法人在学校其他事务上具有独立权力。对高等学校里的政

① 参见薛刚凌："我国行政主体理论之检讨——兼论全面研究行政组织法的必要性"，《政法论坛》1998年第6期。张树义："行政主体研究"，《中国法学》2000年第2期。薛刚凌："行政主体之再思考"，《中国法学》2001年第2期。

府事务，一般采用列举的方式，而对学校法人其他事务的权利规范则采用排除法，即指除政府事务之外的其他学校事务。对于政府事务的规范，由法律和政令来规范，并以程序保障政府事务的正当履行。这是典型的“无法律即无行政”的立法技术，用以避免行政权力对公民、法人和其他组织权利的不当侵害。

根据已有的立法积累，我们认为可以在事业单位法人和行政主体的基础上，整合我国公立高等学校法人的制度安排。其一，事业单位法人可以完全解决公立高等学校法人在民事权利、民事行为和民事责任方面的问题，因此不必再另行设立新的法人制度专门规范公立高等学校法人。其二，由于公立高等学校法人也承担着部分政府公务，为解决其主体地位问题，可以采用的立法概念主要有两个，行政主体和行政机关。但将公立高等学校视为行政机关显然不符合目前世界高校法人化改革的浪潮，不利于我国政府改革，而使用行政主体则可以解决此问题。因为，行政主体包括行政机关和法律、法规授权的组织，我国法律、法规对公立高等学校也有相应的授权条款，则公立高等学校实际上具有法律、法规授权组织的地位，为行政主体的有机组成部分，承担着部分政府公务。[①] 其三，当政府与高校形成行政法律关系时，高校居于行政相对人的角色。

因此，我国高校的法律地位具有多重性，概括来讲，具有三重法律身份：事业单位法人、法律法规授权组织、行政相对人。

二 大学法人地位模糊化

高等学校的法律地位与法人地位是两个不同概念：高校的法

① 覃壮才：“我国公立高等学校法人治理结构研究”，北京师范大学研究生院 2004 年 5 月，第 51 页。

律地位既包括高校在民事关系中的法人地位，也包括高校在行政关系当中的法律地位问题。

高等学校具有法人资格，理论界的看法是基本相同的，学界认为，高等学校是法人，应具有法人资格。但具有法人资格，并不意味着高校法人地位的明晰。关于高等学校法人地位的争论主要体现在以下几个层面：高等学校是什么性质的法人？高校法人权利性质与内容包括哪些？从法律的规定性来看——高校是否为“独立”的民事法人，独立的法人地位的条件是什么？法人仅仅是从民事的角度指称的吗？

高等学校是民法意义上的法人，还是公法人性质的法人？一种观点认为，根据我国《民法通则》第 36 条到第 50 条的规定，我国现有高等学校属于事业单位法人，自批准成立之日起，取得法人资格。《教育法》、《高等教育法》关于高等学校法人地位的规定与《民法通则》是一致的。高等学校是一般意义上的法人，即民法意义上的法人。[①] 但也有学者认为，高校法人还不是完全意义上的法人，而是民事能力、行为能力和责任能力都受到限制的不完全的“准法人”。[②] 另一种观点则认为，高等学校是公法人中的特别法人，享受民事方面的权利和公法上的权利[③]。而《教育法》、《高等教育法》所规定的法人应该是公法人，高等学校的权利也是公法权利，不是民事权利。

理论界对高校法人问题争论的另一个焦点就是高校的法人权利性质与内容。一种观点从民法视角出发，认为高等学校具有法人地位，享有办学自主权。《教育法》、《高等教育法》所规定的

① 石正义、蔡琼：“论学校的两种主体资格”，《咸宁师专学报》2002 年第 10 期。

② 胡劲松、葛新斌：“关于我国学校‘法人地位’的法理分析”，《教育理论与研究》2001 年第 6 期。

③ 申素平：“试论高等学校法人地位问题”，《高等师范教育研究》1997 年第 4 期。

学校的权利是高等学校依法享有的法人权利。[①] 另一种观点则认为，高校作为公法人中的特别法人，既享有民事权利，也享有公法上的权利。高校的民事权利主要有财产权、人身权、债权、知识产权等；高校法人在公法上的权利主要有招生权、专业设置权、科学研究权、教学权、人事权、资产权以及对外交往权等。《教育法》、《高等教育法》所规定的权利不是民法意义上权利，而是高校基于授权而获得的公法上的权利。[②]

我们认为，在我国现行法律体系下，借鉴大陆法系的公法、私法理论分析我国高等学校的法人地位，有助于问题研究的深化，但如果将高等学校定位于公法人中的特别法人，《教育法》、《高等教育法》所规定的权利是公权利，无论在理论还是在现实中都很难寻找到立足点。如果将《教育法》、《高等教育法》视为行政法，高等学校就是公法人，法律所规定的权利就是行政权力。但问题的关键在于，不论是我国立法机构还是司法机构都没有对《教育法》、《高等教育法》的性质予以定性，且理论界对此争议较大。有人主张教育法应属于行政法的分支；有人认为应设立文教科技法，教育法应属于它的分支；有人主张教育法应独立于行政法，具有同行政法、民法、刑法相同的法律地位和法律效力；也有人认为教育法目前还不是独立的法律部门，但从发展的观点看，教育法应逐步成为一个独立的法律部门。[③] 因此，将教育法定位于行政法，将高等学校定位于公法人中的特别法人，进而将《教育法》、《高等教育法》所规定的权利视为公法上的权利是有理论缺陷的。同时，在我国现行法律体系没有公法、私

---

① 肖远军、高振强："试论学校法人"，《宁波教育学院学报》2000 年第 9 期。

② 申素平："试论高等学校法人地位问题"，《高等师范教育研究》1997 年第 4 期。

③ 劳凯声主编：《中国教育法制评论（第 1 辑）》，教育科学出版社 2002 年版，第 430 页。

法之分的背景下，运用大陆法系公法理论解释高校法人权利的性质显得较为牵强。

要正确认识高等学校的法人地位问题，必须以我国现行法律为依据。

我国《民法通则》第50条规定，"有独立经费的机关从成立之日起，具有法人资格。具备法人条件的事业单位、社会团体，依法不需要办理法人登记的，从成立之日起，具有法人资格；依法需要办理法人登记的，经核准登记，取得法人资格"。公立高等学校属于事业法人，以国家行政命令设立，依法不需要办理法人登记，从成立之日起，具有法人资格。

作为事业单位法人，公立高等学校与其他民法上规定的法人的基本条件一样，具有相应的民事权利能力和民事行为能力，从法人成立时产生，到法人终止时消灭。公立高等学校自然也会具备法人的一般条件，如《民法通则》第37条规定：（一）依法成立；（二）有必要的财产或者经费；（三）有自己的名称、组织机构和场所；（四）能够独立承担民事责任。

同时，公立高等学校法人具有除了《民法通则》所列举的条件之外的其他权利和义务，这一点是基于公立高等学校作为承担特定公共事业所特有的。作为服务于公共利益的法人，事业单位法人与企业法人具有不同的特点，最基本的特点是非营利性，也就是《教育法》第25条第3款中所规定的"任何组织和个人不得以营利为目的举办学校及其他教育机构"。《高等教育法》第24条规定："设立高等学校，应当符合国家高等教育发展规划，符合国家利益和社会公共利益，不得以营利为目的"。这两部法律都确认了高等学校设立不得以营利为目的的基本价值选择。公立高等学校承担着普遍义务，不论是资金来源还是学校设置权利都是基于公权力而获得的，不得以营利为目的体现了国家教育机构的基本义务，也是保证公共利益得以顺利实现的基本前提。

法人制度一般包括法人设立、法人权利与义务、法人内部组织结构、法人内部权力配置关系、法人在法律中的地位、法人的监督与责任形式等。法人作为法律上拟制的人，与自然人相比，法人一般都受法律上的特殊规范。不同的国家对法人的限制有所不同，不同类型法人权利和义务也很不一致，尤其在公法人和私法人之间的权利与责任往往很不相同。从法理上讲，公立高等学校属于公法人的范畴，依公法设立并行使特定的国家（行政）职权。根据我国的法律，公立高等学校法人的设立、权利能力和责任能力、法人组织规则都必须遵守相关法律规范，并依法行使。

根据《教育法》和《高等教育法》等法律法规的相关规定，如《高等教育法》第 24 条规定："设立高等学校，应当符合国家高等教育发展规划，符合国家利益和社会公共利益，不得以营利为目的。"《高等教育法》第 30 条规定："高等学校自批准设立之日起取得法人资格。……高等学校在民事活动中依法享有民事权利，承担民事责任。"设立（含设立、变更和终止）高等学校及其他教育机构，应当具备教育法规定的基本条件，即《教育法》第 26 条规定的四项条件：（一）有组织机构和章程；（二）有合格的教师；（三）有符合规定标准的教学场所及设施、设备等；（四）有必备的办学资金和稳定的经费来源。

通过《民法通则》与我国《高等教育法》、《教育法》相对应，高等学校属于事业单位法人，具有法人资格是确定无疑的。但目前的法律规定中，却存在着瑕疵，其最大的问题就在于：高校是否为"独立"的事业单位法人，因为这一点恰恰是法人条件中较为关键的内容。

而且，在现实的高等学校机构中，高校的举办主体与类型的不同，也决定了其有不同的法人性质，导致了其不同的法人地位，从而在一定层面上对法人角色也有着不同的理解，在实践中造成了法人角色的模糊化。如我国《民办教育促进法》第 5 条规定："民办学校与公办学校具有同等的法律地位，国家保障民办学校的办学自主权"。因此，发展民办高等教育，应严格按照我国《教育法》第 25 条规定："任何组织和个人不得以营利为目的举办学校及其他教育机构"。然而，《民办教育促进法》第 51 条却规定：民办学校在扣除办学成本、预留发展基金以及按照国家有关规定提取其他的必需的费用后，出资人可以从办学结余中取得合理回报。那么如何理解"不以营利为目的"和"取得合理回报"之间的关系呢？

基于以上分析，我国现行的法人分类框架无法涵盖所有的组织、机构等，需要对法人的类型重新进行界定，以期完善我国法人制度，从而使高校的法人地位更加健全与完善。

一般认为，"法人概念的出现纯粹是经济发展的需求导致法律技术进步的结果，是一种经济生活的客观现实与法律技术运用相结合的产物。"① 因此，法人概念的出现体现了立法者的价值取向，是法律对社会政治经济结构的反映，是社会经济发展的产物。正如江平教授所概括的那样："法人的本质特征有二：一是它的团体性，二是它的独立人格性。前者说明它首先是一个团体，一个组织，一个人的集合体，而不是一个人，这是它有别于自然人的特征。后者说明它具有独立的民事权利主体和行为能力、能够独立享受民事权利并承担民事义务，因而它具有独立的民事主体资格，这是它有别于非法人团体的特征。这两个特征汇合在一起，就可以用最精练、最概括的语言给法人下一个定义：法人者，团体人格也。"②

---

① 马俊驹："法人制度的基本理论和立法问题之探讨（上）"，《法学评论》2004 年第 4 期。

② 江平主编：《法人制度论》，中国政法大学出版社 1994 年版，第 1 页。

对于法人，法律是采取分类进行管理的，因此根据分类管理的客观需要，要对法人按照一定的标准进行分类。

大陆法系国家中，在有关法人分类的问题上保持了高度的一致性。由《德国民法典》确立的将法人在性质上分为公法人、私法人两部分，然后将私法人划分为社团与财团，继而又将社团法人分为营利法人和公益法人的划分方式为大多数国家所接受。公法人是指以公共利益为目的，即以提高政府效能、满足公众需要和改善公共福利为目的而设立的法人。私法人是指以私人利益为目的，即以其成员的财产利益或其他利益为目的而设立的法人。[①] 就私法人而言，社团法人和财团法人的划分是大陆法系国家民法典最具特色和应用价值的分类方式。二者设立的基础不同，社团法人以自然人为基础，财团法人以特定财产为基础，两者在设立方式、治理关系、组织结构等制度上有重大差别。社团法人是人们为了一定目的自愿地通过法定的方式，联合建立的长期存在并独立于其各个成员个人的团体。社团法人最重要的特征是由一定的成员组成的，这些成员一方面在法律人格上独立于法人团体，另一方面在法人团体内部享有决定法人重大事务和取得收益的权利。财团法人不是人的联合体，而是以设立人提供的一定财产为基础，为了实现一定目的成立的永久性团体。财团法人只有机关，没有其成员，所有的法人事务均由其机关执行和管理。[②]

英美法系国家中，由于其判例法传统，没有像大陆法系国家那样在民法典中对法人制度作出一般规定，有关法人的规定主要见于其公司及其他组织的立法中。

在我国，1986年制定的《民法通则》依据当时我国社会经

---

① 江平主编：《法人制度论》，中国政法大学出版社1994年版，第41页。

② 马俊驹：“法人制度的基本理论和立法问题之探讨（上）”，《法学评论》2004年第4期。

济发展状况，根据法人所从事的业务活动把法人分为两大类四小类，即企业法人与非企业法人，非企业法人又包括机关法人、事业单位法人和社会团体法人。

大陆法系国家与我国法人分类的基本结构比较

<table>
<tr><td rowspan="4">大陆法系</td><td rowspan="4">法人</td><td colspan="3">公法人</td></tr>
<tr><td rowspan="3">私法人</td><td rowspan="2">社团法人</td><td>营利法人</td></tr>
<tr><td>公益法人</td></tr>
<tr><td colspan="2">财团法人</td></tr>
<tr><td rowspan="4">中国</td><td rowspan="4">法人</td><td colspan="3">企业法人</td></tr>
<tr><td rowspan="3">非企业法人</td><td colspan="2">机关法人</td></tr>
<tr><td colspan="2">事业单位法人</td></tr>
<tr><td colspan="2">社会团体法人</td></tr>
</table>

清华大学法学院马骏驹教授认为：“社团和财团作为民法的基本概念，虽是德国法学家们抽象思维的结果，但却是社会经济实践的产物，完全是社会发展规律作用的结果，所以大陆法系国家尽管在法人分类的具体规定上有些差异，然而都无法摆脱社团和财团的基本分类标准。应该认为，以公、私法人二元论为基础，以社团法人、财团法人两分法为主体的法人分类是科学的。它被广泛肯认的事实，是顺应社会历史发展产生的法人类型获得尊重的结果。”同时，其对我国法人四分法存在的缺陷也进行一定的分析，即：（1）没有明确公、私法人的分类，减弱了民法的社会功能。法人制度只有通过清晰的公、私法人分类，严格设定民事生活领域的准入规则，才能完成对公法人进入私法领域的限制，实现对私法领域实施自主行为的保障；（2）受计划经济的影响，突出不同所有制企业的特殊性，已不能适应当前的经济生活。在市场经济条件下，决定法人分类的标准不是所有制身

份，而是法人的组织结构和运行机制；（3）事业单位法人包含的类型过于宽泛，既有国家拨款成立的兼有部分行政管理职能的公法人，又有依国家行政命令组建的公益法人，还有由自然人或法人组建并办理登记成立的私法人。这些法人没有按其特征抽象出同一类别的因素和基础；（4）没有确认财团法人，不能包容我国现有的法人类型，如基金会、寺庙、捐赠财产构成的各类组织等。①

按照《中华法学大辞典·民法学卷》的规定，所谓学校法人是指以招收学员、兴办教育为目的，依法取得法人资格的社会组织。如前所述，依据我国关于法人的分类，高校应当属于事业单位法人，不仅适用于公立高校，也适宜于民办高校。但我国民办高校按照目前的法律规定来看，是依照“民办非企业单位法人”进行登记的。“这种关于学校法人制度的设计把各种类型的学校全部归属为非营利法人，政府举办的学校和民间力量举办的学校性质没有从法人制度的意义上作出明确的区分和规范。对混合制学校也缺乏相应的规范。”②

因此，有学者对我国学校法人制度的设计进行了一些有创见性的研究。如马骏驹教授认为，我国未来的民法典首先应将法人划分为公法人和私法人，在严格限制公法人进入私法领域的范围的基础上，将私法人划分为社团法人和财团法人，并将社团法人再划分为营利法人、公益法人和中间法人的立法模式。不过，目前民法学说对于是否存在中间法人存在很大分歧。大多数学者不承认中间法人的存在，而只认为法人依其设立目的可以分为营利法人和公益法人。不承认中间法人存在的学者中有两种观点：一

---

① 马骏驹：“法人制度的基本理论和立法问题探讨（上）”，《法学评论》2004年第4期。

② 中国教育与人力资源问题报告课题组：《从人口大国迈向人力资源大国》，高等教育出版社2003年版，第355页。

种观点是承认社会上存在这样的组织，但是不承认其法人资格；另有观点认为，没有必要单独承认中间法人，只要将“公益”作广义解释即可。也有学者认为，营利和公益并非截然对立的概念，人类的组织体不以此类为目的的组织体也不少见，因此选择“非营利法人”来包含公益法人和中间法人，显得更为周密和严谨。[①]

无论怎么分，在所有分类中，公立高校是公法人，是非营利法人。同时，也有学者对私立学校的法人性质进行了分析，私立学校应该根据投资办学的主要目的进行划分，可以分为营利性私立学校和非营利性私立学校。营利性私立学校应该纳入营利性社团法人范畴，对其加以管理；而非营利性私立学校应该纳入公益法人管理；其中还有一部分学校是由基金会或者其他社会组织或者公民个人捐资举办的，其应该归属财团法人，依据财团法人对其进行制度设计来加以管理。

总之，由于立法技术上的缺陷以及实践中的混乱管理与登记，我国高校的法人地位依然需要澄清与研究。

三　大学法人权力配置不均衡

受我国长期计划经济体制的影响，加之目前我国“政事分开”改革举步维艰，高等学校法人的内外部权力配置存在着严重的缺陷。从法人的外部权力配置来看，是一种典型的命令与服从的行政指导，高校成了政府的附属机构，存在着附属化的倾向。

从法人的内部权力配置来看，更是行政权力对学术自由权利

① 金锦萍：《非营利法人治理结构研究》，北京大学出版社2005年版，第22—23页。

的僭越，存在着行政权力强势、学术权力式微的危机。

高校法人权力配置与运作的现实表征，是与一个国家政治、经济、文化密切相关的，是一定制度环境下的产物。从我国目前的情势来看，存在着行政权力强势、学术权利式微的现象。之所以如此，我们通过历时态的透视，就可以做到“管中窥豹”。

我国真正意义上的现代大学是“舶来品”，源于1898年的京师大学堂。当时的京师大学堂既是全国的最高学府，同时也是最高的教育行政机构。直到1912年国民政府成立以后，蔡元培先后任南京国民政府的第一任教育总长与北京大学校长开始，我国高等学校的发展才真正走上正规的治理道路，而且秉承西方大学的治理理念。无论是当时的一系列有关高等教育的法律法规，还是实践中的北京大学、清华大学等一批高校，都在一定程度上按照大学“学术”的本质在运行和发展。在1912年10月24日教育部公布的《大学令》第1条、第16条、第18条中规定：“大学以教授高深学术、养成硕学闳才、应国家需要为宗旨。”“大学设评议会，以各科学长及各科教授互选若干人为会员，大学校长可随时齐集评议会，自为议长。”“大学各科设教授会，以教授为会员；学长可随时召集教授会自为议长。”同时，《大学令》中对评议会、教授会所审议的诸事项也进行了明确的规定。如第17条规定：“评议会审议下列诸事项：一、各学科之设置及废止；二、讲座之种类；三、大学内部规则；四、审查大学院学生成绩及请授学位者之合格与否；五、教育总长及大学校长咨询事件。”而且国民政府在随后颁布的《大学规程》（1929年8月24日）、《大学组织法》（1934年4月28日国民政府修正公布）等相关教育法律法规的规范性文件中，也都明确地提出大学要设“校务会议”，更加强化了学术力量在大学中的地位。

我国著名的高等学府北京大学、清华大学等秉承“大学自治、教授治校”的办学理念，真正体现了学术力量在高校管理中的重要性与正当性。当时有两个事件以“学术力量”对“行政力量”的胜利就很能说明这一问题。一是1925年北京大学的“脱离教部”事件，二是1931年清华大学的“驱吴运动”事件①。在这两个事件中，无论是北京大学的评议会还是清华大学的教授会，都发挥了至关重要的作用，其权力的行使不仅是合法的和符合程序的，而且通过民主的方式作出决策，体现了“教授治校”的本质，使学术权力的行使得以淋漓尽致地发挥。

然而，中国近现代大学以“学术”为本质的道路并没有走多长的路程，受制于政治环境的压力，开始全面地以“行政权力”代替“学术权力”，这种状况可以从20世纪30年代中后期算起，一直延续到20世纪80年代中期左右。20世纪30年代中后期开始，南京国民政府开始实行“一党专政”，虽有大量的教育法律法规，并没有得到真正的实施，形同虚设；而且加之受控于内外部环境的制约，教育的发展出现了停滞甚至倒退的现象。从新中国成立初期到1977年，在中国共产党的领导下，我国高等教育在“全面苏化”方针的指引下，进行了院系大调整和课程改革，但整个改革的主导力量是自上而下的改革，高校没有多少自主权，是政府行政命令的执行者，高校成了政府的附属机构。这种状况一直延续到20世纪80年代中期，虽然在这期间，对高校的举办者、管理者、办学者的角色也进行了讨论，但并没有触及问题的实质和根本。

20世纪80年代中后期，在我国政治体制、经济体制渐次推进的过程中，政府通过一系列的教育法律法规、政策文件，试图扭转高校的“泛行政化”现象，而且高校近20年的改革也在围绕扩大“高校办学自主权”与落实“高校法人地位”而展开。

① 张正锋：“权力的表达：中国近代大学教授权力制度研究”，南京师范大学博士学位论文，2006年4月，第37—42页。

但是，效果并不很明显，高校依然没有摆脱“泛行政化”的趋势，现代大学制度的建立还任重而道远。

一个世纪以来，我国社会历经清末、民国时期、国民政府时期、新中国成立初期等几个时期，虽然我们有早期北京大学、清华大学、西南联大等几所大学治理的成功经验，也确实按照大学学术的本质在运行和发展，建立了教授会、评议会，倡导“学术自由、大学自治”的办学理念；但不是好景不长就是半途而废，一直都是行政权力以强势的姿态对学术权力的压制与僭越，这与我国高校权力运作是一种典型的政府控制模式分不开的。这种模式反映到高校法人权力配置与运作中无疑具有浓厚的科层制痕迹，导致高校行政权力强势、学术权利式微、高校学术权力行政化等现象。

四　大学法人运行机制不顺畅

大学法人运行机制的核心是建立和健全完善的“法人治理结构”，法人治理结构本质上应是利益主体和谐协调与自我制衡的治理机制。

根据《教育法》和《高等教育法》的规定，“设立高等学校，应当符合国家高等教育发展规划，符合国家利益和社会公共利益，不得以营利为目的。”（《高等教育法》第 24 条）设立（含设立、变更和终止）高等学校及其他教育机构，应当具备教育法规定的基本条件，即《教育法》第 26 条规定的四项条件：（一）有组织机构和章程；（二）有合格的教师；（三）有符合规定标准的教学场所及设施、设备等；（四）有必备的办学资金和稳定的经费来源。

设立高等学校，还需要其他条件，具体包括：大学或独立设置的学院的设立条件：“大学或者独立设置的学院还应当具有较强的教学、科学研究力量，较高的教学、科学研究水平和相应规模，能够实施本科及本科以上教育。大学还必须设有三个以上国家规定的学科门类为主要学科。设立高等学校的具体标准由国务院制定。”（《高等教育法》第25条第2款）“设立其他高等教育机构的具体标准，由国务院授权的有关部门或者省、自治区、直辖市人民政府根据国务院规定的原则制定”。（《高等教育法》第25条第3款）高等学校的名称也需要根据具体的法律来确定，尤其强调这些名称应当根据其层次、类型、所设学科类别、规模、教学和科学研究水平确定其相应的名称。（《高等教育法》第26条）

同时，高等学校的设立，需要向审批机关提交相应的材料，这些材料在《高等教育法》第27条中具体规定为：（一）申办报告；（二）可行性论证材料；（三）章程；（四）审批机关依照本法规定要求提供的其他材料。

此外，高等学校更多的事务需要高校章程来具体规范，大学的自治权也主要体现在高等学校的章程中。因此，如何规范好高校章程，保障高等学校的基本权利获得实现，也是高等学校设立时需要考虑的，为此，《高等教育法》特别对高校章程作了比较具体的规范，而且要求学校章程必须经过审批机关的核准。

而且，高校作为事业单位法人，除了具有《民法通则》规定的法人权利之外，高等学校法人还具有了作为公法人意义上的权力和责任。这些权力和责任主要体现在《教育法》和《高等教育法》中。

首先，《教育法》对一般学校及其他教育机构的权利和义务作了规定。

其次，《高等教育法》也对高等学校的法人权利作了规定。

同时，我国《高等教育法》、《教育法》等对高等学校法人权利机制也进行了规定，主要涉及高校法人机构的权利义务配置关系、大学法人内部各主体之间的关系、大学法人与其他利益相关者之间的关系等方面的一系列规范性问题。

《高等教育法》对高等学校法人机关设置和职权的配置进行了具体的规范，尤其对高等学校校长、学术委员会、教职工代表大会的职权作了初步的分工，此外，也对中国共产党在高校中的地位以及行政部门和社会监督的权利作了相应的规范。在《高等教育法》以及《教育法》中相应地对教师、学生、行政管理、社会监督等方面也作出了规范。

高校法人机构的权利义务及其构成规则是法人治理结构在法律中最重要的规定，从目前的规范看，大学采用责任制，具体表现为党委领导下的校长负责制。其中党委主要负责执行共产党的政策方针，并管理学校的思想政治和德育工作，在机构设置、人员聘用方面具有决定权，对学校发展重大事项具有决策权。实际上，党委履行着类似于民办学校董事会或西方大学理事会的职责，掌握着学校重要人事任免和学校发展决策权。校长主要负责实施党委的决策，并具体开展学校教学、科学研究和行政管理工作，为学校的实际经营者，行使行政权。

除了高校法人机构之外，高等学校还需要设立学术委员会，履行"学术事务"管理职责，这是高等学校特有的"学术自由"在法人治理结构中的表现形式，从规定来看，高校的学术事务管理职权不受其他外部势力的侵害，仅受到校长职权的制约。教职工代表大会是维护教师合法权利、保障教师参与管理的重要组织，在学校行政事务中具有参政权、监督权，但是没有规定具有决策权。在具体操作中，教职工代表大会主要依据学校章程的授权在规定的权限内履行监督权和参政权。行政管理权是国家实施教育管理公务的重要职权。高等学校办学水平、教育质量都需要接受教育行政部门的监督，并接受教育行政部门及其委托机构进行评估。行政管理权以不侵害高等学校法人自主权为限度，在行政职权范围内对大学实施管理和监督，主要监督属于政府事务的行政管理事项，或者法律、法规规定的由政府行政主体行使的其他权力。

基于以上分析，依据我国《教育法》、《高等教育法》等法律法规的规定，高校法人的设立、高校法人的权利义务配置关系等问题都有原则性、概括性的规定。若真正能落实法律的规定，大学法人运行机制应该是顺畅的。但从现实来看，高等学校法人的许多权利仍受制于教育行政部门，在许多领域高等学校法人的自主权没有得到充分的体现。这也反映了我国教育领域的确存在着学校法人与行政机关之间责任不明、职权不清的状况，需要今后的《学校法》、《大学法》等予以进一步规范。

而且，从目前法人运行机制的现状来看，我国大学法人运行机制的建构还是一个空白，大学在发展过程中没有自身的发展逻辑。虽然在法人地位上，高等学校是事业单位法人，享有办学自主权，但实质上其办学自主权的空间与余地很小，更多地体现为政府的强势包办与管理，高校并没有完全按照自己的意愿可以独立地设置专业、可以自行确定招生名额、可以任命学校的校长与书记、可以自主地进行对外交流与合作……政府大多都要进行干预与过问以及资格审查与审批。不仅如此，大学法人运行机制中的法人权力与行政权力以及政府权力、政治权力之间的利益分割与权力配置和隶属关系存在着极大的模糊性，没有明确地进行划界与分类。

五　大学法人主体地位陷入迷惘

从大学自身发展的逻辑来看，大学在社会结构中具有相对独立性，应坚持自主、自由、自觉、批判、反思的大学精神，从而为社会的发展提供强有力的智力支持与丰富的人力资源。

然而，现实中大学的发展存在着自我目标定位的迷惘与困惑，不知要持守什么？陷入了“本体危机”，无法坚守“学术自由”的内在制度。以高校扩招为例，我国高等教育事业进入跨越式发展，源于1999年的扩招。当时在一些经济学家、教育学家的论证下，为了推动国民经济快速增长，拉动民众消费需求，认为只有高等教育依然是“卖方市场”，从而引发了教育产业化、学校商品化等诸多争论，高等教育不仅仅是一种消费，更是一种投资，这种投资在未来将会得到很大的回报。但是，囿于我国高等教育事业发展水平仍然是精英化教育，不能满足民众对高等教育的渴望和需求。为了满足民众对高等教育的需求，而且也为了改变我国高等教育的精英化模式，尽早实现高等教育的大众化，在政府宏观政策的调控下，我国高等教育从1999年全面开始扩招。一时间，我国高等教育引起了人们极大的关注，也投入了极大的兴趣。

在高校扩招政策的引领下，引起了人们对大学目标定位的重新思考。从大学法人的角度来看，大学目标定位关涉着大学法人主体地位的定位。然而，现实的情况则是大学一味的扩张，必然要扩大软硬件的建设。在国家财政投资不足与高校经费投资短缺的情况下，高校通过银行贷款不仅大兴土木，而且也出现了升格风、争硕博士点风、建大学城风。据由中国社会科学院完成的《2006年：中国社会形势分析与预测》社会蓝皮书称，我国高校向银行贷款总量约在1500亿至2000亿元之间①。几乎所有的高校都有贷款，向银行贷款已经成为许多高校解决教育经费不足的一条途径，“负债经营”已经成为我国现阶段高等教育发展的一个特点。然而，当这些“风流”还在持续的过程中，却出现了令高校、政府等始料未及的问题，那就是从近几年开始进入了还

① 《2006年：中国社会形势分析与预测》，社会科学文献出版社2005年版。

贷高峰。在“还贷难”的强大压力下，有的学校被合并、有的倒闭、有的由政府买单、有的由政府与学校共同买单。据报道：“甘肃省有33所普通高校，贷款49亿元，每年利息支付近4亿元；1999年至2004年，甘肃普通高校通过各种渠道共投入601.75亿元用于改善办学条件，但中央和省财政投入只占投入总额的11.24%，学校贷款所占比例高达61%……巨额债务已成为制约甘肃省高校健康发展的重要因素，个别学校甚至资不抵债，破产隐患凸显。”① 而吉林大学则主动爆料学校负债经营严重，请求广大教职员工出主意，更透视了我国当前各高校负债经营问题的严重性。

事实上，随着还贷高峰的到来，高校负债经营问题日益凸显，部分高校已经面临着极大的还贷压力，已经出现了“以贷还贷”的现象。之所以这么说，就是有的高校贷款来自近十家银行。由于“校银合作的蜜月期”在各种力量的干预下已经过去，再加上多数高校贷款中大多是短期贷款，在银行的“催债”下，只好寻找新的贷款伙伴——“拆东墙补西墙”。据调查，东南沿海某省的一所高校，由于贷款额太高，随着还贷期的到来，已没有还贷能力，在地方政府的调解下，才以“置换”的方式，将债务转到另外一所大学名下。东北某省一所高校，全校总资产不足10亿元，贷款额却高达8亿多元，两年前即已出现利息偿还困难的局面，当时恰逢亚洲开发银行在支持老工业基地建设和改造项目，地方政府允许高校使用这笔资金，才使这所高校度过“偿还危机”。随着我国金融体制的转轨，银行是否可能像过去对待国企贷款那样，对大量企业贷款造成的呆、死账“挂账”——由政府“买单”，还将拭目以待。当然，这是一种最好

① 厦门晚报记者：“扩招带来49亿元巨额债务 甘肃高校凸显‘破产’隐患”，《厦门晚报》2007年1月27日。

的办法，也是贷款高校最为期盼的一种办法。因为可以把这种做法看成是政府对过去财政拨款不足的一种“补偿”。[①]

其实，上述情况的出现，都与大学法人主体的定位有很大的关系，如高校能不能贷款？高校贷款属于什么性质的贷款？高校贷款是不是应该由政府来买单呢？在大学法人主体地位自我定位迷茫与困惑之中，大学法人的运行完全进入了市场化与官僚制状态，其行政化、官场化、市场化、商业化的色彩愈加浓厚。尤其是在还贷的压力下，会损害高等教育的“公益”属性，也就是说，高校自身的还贷表明其存在着“盈利”的事实。

同样，在高校自主招生、高校评估、教师教学自主、学生学习自主、高校专业设置、学位评定等方面也存在着大学法人主体地位失落的情况。

六　大学在办学活动中的法律观念不强

近年来，作为一方“净土”的“象牙塔”——高校，其“无诉”“息诉”的状态已成为一种奢求与过去式，这主要得益于人们法制意识与法治观念的增强，大学生、教师开始拿起法律的武器捍卫自身的权益。高校诉讼案的增多，在一定层面反映了高校办学活动中的法律瑕疵。

党的十六大报告明确地指出“要建设社会主义法治国家”，即不仅要实现依法治国，而且要实现依法行政，更要实现依法治校与依法治教。现代大学在办学中本质上应走向法制化，避免办学活动中的诸多法律瑕疵与法律失语。然而，高校在招生、学籍管理、学位颁发、纪律处分（特别是开除学籍的处分）以及教师的职务评定等几个方面，不仅存在着规则章程上的瑕疵，也存

① 邬大光：“高校贷款的理性思考与解决方略”，《教育研究》2007 年第 4 期。

在着程序上的瑕疵。从表面上来看，高校在办学活动中比较重视规则章程的建立，但是如果细心地依据法律法规的要求进行审查，则是漏洞百出、千疮百孔，是一种典型的“人治”而不是“法治”，缺乏最基本的法律理念与意识；同时在制订规则章程时，工作程序的规范方面缺少制度，即程序性规章制度较少。在应用层面，实体性规范和程序性规范“这两类规范实在是不可分割的，它们只有在有机的结合中才组成法律”。[①]

首先，高等学校的内部性规范性文件体系不健全，办学活动缺乏充分、合法、明确和完备的制度化依据，而且有的规范性文件的内容与上位法律的规定有冲突，合法性方面存在瑕疵。

其次，高校管理活动中存在着严重的程序性规范缺失的现象。具体表现为：对管理工作过程缺乏有效的约束，难以形成完善的制约机制，容易导致权力的滥用，特别是公开程度不高，是形成腐败的温床；对权利人的保护薄弱，在权利的行使、救济等方面缺乏清楚、明确、完备的程序规定，权利人常常处于无所适从的境地，有关方面包括司法机关在进行管理、审查时也存在依据不足的困难；管理部门在行使权力时缺乏完善的程序规范，经常存在程序瑕疵，给事后发生纠纷留下了隐患，程序瑕疵目前实际上已经成为高校被诉的主要导火线。[②]

再次，高校依法治校、依法治教的法律意识较为淡薄，存在着以德治代替法治的现实。把法治问题通过诉求道德途径来解决，其解决问题的当然逻辑为“情理法”而非“法理情”。

这从一定层面不仅反映出我国高等教育法制建设的任务任重而道远，而且体现出公民的法律意识、法制观念与现行法律规定

---

① ［奥］凯尔森，沈宗灵译：《法与国家的一般理论》，中国大百科全书出版社1996年版，第146页。

② 彭宇文：《中国高校法人治理结构研究》，中国社会科学出版社2006年版，第105页。

之间存在着冲突，法律的滞后性日益凸显。

基于现实的维度，研究发现中国现代大学制度正遭遇着“法治化危机”。主要表现为：大学法律地位定位不明确、大学法人地位模糊化、大学法人权力配置不均衡、大学法人运行机制不顺畅、大学法人主体地位迷茫、大学在办学活动中法律观念不强等几个方面。在此基础上，我们对高校的法律地位、法人地位等高校法人治理的前提性问题进行了创造性的研究。

第五章　权力制衡与权利保障：走出现代大学制度法律重构的困境

处于十字路口的现代大学，如何摆脱困境与挣脱樊篱从而走向灿烂的明天呢？惟有完善的、健全的、健康的、积极的制度。然而，人们对制度有着不同的理解，视角不同，结论也截然相反。单就现代大学制度而言，目前探讨比较多的是从现代企业制度的框架来谈现代大学制度，结果是不伦不类，没有看到大学的特殊性，故大学的发展依然如故。

为了澄清一个问题，我们必须有一个明晰的范式以及在此范式指引下的思路，否则一事无成，对现代大学制度的解读也不例外。基于法治国家的本质与精神，我们应当积极寻求从法理学的角度来解读现代大学制度，以使其走出困境。

一　世界范围内的高等学校法人化运动

民族的就是世界的，世界的就是我们可以借鉴和使用的。从世界范围来看，进入20世纪80年代以来，在大学改革与发展过程中，一个比较鲜明的特点就是“高等学校法人化运动”，其实质是赋予大学的法人地位，使其拥有独立的法人资格，从而进行自主办学。从各国高等学校法人化运动的改革来看，大学的法人化诉求，包含着几种不同的情况：“一种情况是，一些国家的大学本来就具有法人地位，但在教育发展中，受到各方面的挤压，法人地位被逐渐削弱，在新的历史条件下，人们要求大学法人地位的回归，以保持大学的自主和学术独立，像美国等国家的情况就是这样；另一种情况是，有的国家公立大学本来有法人地位，为了缓解财政压力，提高事业效率，给大学法人制度赋予新的内涵，将大学更多地推向市场，要求其更加自主地办学，如英国、日本的情况就是如此；还有一种情况是，一些国家和地区的大学（主要是指公立大学）本来并没有明确的法人地位，为了搞活系统运作机制，迅速发展高等教育事业，国家赋予大学法人地位，促使其自主办学，如泰国、马来西亚以及我国台湾地区就是这样。"①

1982年，美国卡耐基教学基金会发表《高等教育管理》的调查报告。报告在分析了美国20世纪高等教育的管理体制以及政府、市场、行会与大学关系的演变历程后指出，大学穷于应付政府提出的要求而难以自拔，自主决策空间甚微。报告要求返还高等学校的办学自主权。1997年联合国教科文组织发表《关于大学教师地位的公约》和《一九九八年世界高等教育大会宣言》呼吁各国政府维护大学的自主权利和法人地位。1996年，马来西亚通过议会，修订大学章程，重新界定大学的法人地位；1998年，泰国政府通过新教育法，确定在2002年使所有公立高等学校成为自治法人；我国的近邻日本积极地实施公立高等学校的"独立行政法人化"改革；我国台湾地区也在进行激烈的讨论，深入反思《大学法》存在的问题，探讨实施高等学校法人化改革的途径。在上述改革中，其中以日本与我国台湾地区较具有代表性。② 在此我们将重点对日本与我国台湾地区的高等学校法人化改革进行论述。

---

① 熊庆年："大学法人化趋势与我们的对策"，《江苏高教》2002年第4期。

② 陈鹏：《公立高等学校法律关系研究》，高等教育出版社2006年版，第31—33页。

日本的国立大学独立行政法人化改革始于20世纪80年代中期。所谓独立行政法人首先是国立高等学校相对于国家与政府而言具有一定的独立性或自主性；其次，国立高等学校是从事公共性的“行政”事务或事业；第三，它是区别于国家以“法人”资格存在的组织或机构。由于日本国立大学从明治维新东京大学创立以来，一直受到政府教育管理部门的严格管理，大学的经费预算、人员编制、学科设置、经费使用都要严格遵循文部科学省的规定，国立大学缺乏足够的自主权，大学与外界社会、地方经济以及文化发展的联系不够紧密，大学因此成为僵化的官僚组织。这种管理体制制约了大学的办学自主权，窒息了大学发展的生命，因此，需要实施国立大学的法人化改造，赋予大学自主的办学权利。1987年，日本临时教育审议会在第三次审议会中具体讨论了国立大学法人资格问题。《临时教育审议会第3次报告》要求“赋予国立大学法人资格”。[①]“虽然现行的特殊法人模式不一定适合于大学，但关于国立大学特殊法人化的提案是有益于确立大学自主和自律的。探索作为新的特殊法人同大学相适应的形态不是不可能的。”[②]1999年7月8日，日本通过《独立行政法人通则》规定，独立行政法人所从事的业务和事业应具备的基本条件是：对国民生活及社会经济的安定有重大影响，但没有必要由国家来充当起实施主体，同时又很难由民间实施，然而又必须交给某个独立主体去独立实施，从事这种业务和事业的主体就是“独立行政法人”。用在教育领域，其实质含义是政教分离。2001年，日本议会通过《国立大学法人法》、《独立行政法人国立高等

① 黄福涛：“日本国立大学独立行政法人的现状与趋势”，《高等教育研究》2000年第5期。

② 李守福：“日本国立大学将不再姓‘国’——日本国立大学独立行政化述评”，《比较教育研究》2000年第5期。

专科学校机构法》、《大学评价、学位授予机构法》和《独立行政法人国立大学财务经营管理法》，以法律的形式实施国立大学的独立行政法人化改革，大学法人化也从理论探讨进入应用实施阶段。这一改革主要包括：（1）赋予每个大学以法人资格，确保大学自主、自律的运营；（2）引进“民间”的经营手法（引进企业会计原则）；（3）使得由“校外人士的参与”的运营体系制度化；（4）向“非公务员型”转换；（5）把“第三者评价”的结果反映在用预算分配中。①

虽然日本如何实施国立大学独立行政法人存在争议，但这次改革将使现行的国立大学以一种既非公立、也非私立的独立行政人资格存在，与此相适应，大学的运营机制、组织结构、教育教学管理、财务管理诸方面将发生重大变化，大学的自主权将得以加强。相对改革以前，大学能自主地制定合乎本校实际的发展规划；国家对大学的教育教学与研究机构的审查更加简化与放宽，大学有权决定内部组织机构的设立与撤销，并根据自己的实际设立教育教学与研究机构，以及其他内部机构；大学的财务将按照企业会计原则进行，更加强调财务运转的透明度，在经费筹措、使用，学费、教职工工资和其他费用标准等方面，大学具有更大的自主权，并负有更大的责任；独立行政法人代表负责本大学的人事管理，对教职员工享有任命权，可以决定教职员工的待遇；大学将形成由评议会和教授会等合议机构组成的决策机构以及校长和各学部长组成的行政执行机构。

日本高等学校独立行政法人改革，主要在于解决“官与民”以及“国家与地方”两大关系。前者是从“由官到民转

① ［日］森田孟进：“日本国立大学的改革”，《福建师范大学学报（哲学社会科学版）》2003年第1期。

化”、实现行政的官民分担角度出发，依照“市场原理”和“自我负责原理”，通过政府限制和民营化，将国家的作用限定在民间活动的补充地位。后者则是从“由中央向地方放权”、重新构建国家与地方的关系的视角着眼，通过减少国家干预，逐步达到“彻底的地方分权”。

与日本国立大学独立行政法人改革相呼应，我国台湾地区围绕“大学法”改革，就高等学校的公法人地位问题进行了激烈的争论。

二　现代大学制度的本质规定性：法理学视阈

在全球性“高等学校法人化运动”思潮的影响下，我国的高等学校也在行将走向、正在走向或逐步走向法人化改革的道路，这与我们所提倡的现代大学制度的建设不谋而合。

考察现代大学制度的法理内涵，我们需要从制度层面入手来寻求。所谓制度，即是规范主体间的规则体系。规则体系的建构需要权衡组织机构内外部各主体的利益价值以及社会价值，在现代社会，更需要体现民主性、法治性的最高原则与理念。也就是说，建立规则体系不是由某一个人或少数人说了算，而应当是集体“讨价还价”的产物，遵循“在组织中、为了组织、通过组织”的价值商谈，达成规则体系的建构。大学作为一个组织、机构，需要依靠制度来规范和发展，同时基于现代性的影响，我们需要构建现代大学制度。在现今高度法治化的社会里，我们应当审时度势地从法律的角度来研究和界定现代大学制度。

那么，法律视野下的现代大学制度究竟是什么呢？这是现代大学制度的本质规定性问题，应当给予明确的回答，才能体现现代大学需要制度的必要性、可行性以及可能性。现代大学制度在我国进行广泛的研究兴起于21世纪初叶，从法律的角度对现代大学制度的研究几乎是一片空白，更多的是对高等教育领域内法律制度的研究。

基于目前的研究现状，我们试图对法律视野下的现代大学制度进行“规定性”的界定。所谓法律视野下的现代大学制度指的是在落实大学法人地位的基础上，以“法人治理结构”为运行机制，建立以“大学自治、学术自由、科学治理、公益为本”为根本特性的一系列规则体系。通过对法律视野下现代大学制度的规定性界定，我们认为，法律视野下的现代大学制度的本质规定性可以概括为“大学自治、学术自由、科学治理、公益为本”。

（一）大学自治：大学与政府法律关系和谐统一的界限

在现代大学制度改革与发展过程中如何依法调整大学与政府的关系、如何在大学与政府的关系间保持一种必要的张力，成为许多国家的政府与大学需要面对和处理的课题。理顺大学与政府的关系，不仅是大学正常运行与发展的保证，而且是大学法人地位健全的关键，也是大学职能得以顺利发挥的保障。

在西方国家的现代大学制度中，大学与政府法律关系的核心是从法律上确立大学的自治地位。也就是说，西方国家大学与政府的关系主要通过法律的明确规定，确定二者的权力分配从而实现二者的权力制衡，主要形成了法国的公务法人理论、德国的间接行政理论、美国的学术自由理论、英国的大学自治理论以及日本的独立行政法人理论等。但在西方现代大学的发展历史进程中，其与外界关系的变革与调节就一直没有停止过。中世纪大学之所以享有自治权，就是在不断与教皇和世俗王权的斗争的过程中而获得了各种特许权与享受各种法律豁免权，使得中世纪大学的自治地位由此趋于强化与合法化。[①] 进入近代社会以来，大学的自治开始发生变化，一个基本的事实就是随着资本主义经济的迅速发展以及普通民众对知识索求欲望的增强，大学的性质与作用发生了明显的变化，大学自治与大学的社会责任的联系日益紧密。大学的自治理念已被“有条件的自治”所修正，政府、社会开始干预大学事务。进入现代社会，大学开始出现疲于应付的现状。“今天的大学已经没有能力与政府相抗衡，政府对大学的某些限制是不可避免的”[②]，“高等教育作为国家头等大事，其活动原则必须符合国家需要和广泛接受的社会标准”[③]。当代西方高等教育的大趋势之一，正是“绝对化”的自治自由的消失与“国家化”倾向的日益增强。[④] 大学面临着日益复杂的庞大的外来压力，进入了一个“永不安稳的时期”。[⑤]

从总体来看，我国大学与政府的法律关系以行政法律关系为主。在大学与政府的行政法律关系中，行政主体的权力与行政相对人权利之间存在着严重的不平衡，总的表现为：重视实体法权利而忽视程序法权利、彰显行政权而忽视行政相对人权利。具体来讲，主要表现为：首先，教育行政法律关系中过于彰显政府的行政指导、控制与命令，忽视了政府义务和责任的承担，造成信息失真、不对称等现象，难以克服政府失灵的效

---

① Verger J. Patterns: *In Hilde De Ridder - Symones. Ed. A History of the University in Europe (Volume) University in the Middle Ages*, Cambridge University Press 1996. p. 26.

② ［美］约翰·范德格拉夫等：《学术权力——七国高等教育管理体制比较》，王承绪等译，浙江教育出版社 1989 年版，第 11 页。

③ ［美］约翰·S. 布鲁贝克：《高等教育哲学》，王承绪等译，浙江教育出版社 2001 年版，第 34 页。

④ 周川：“高校与政府关系的几点思考”，《高等教育研究》1995 年第 1 期。

⑤ 转引自 Boiadjieva P：“Modern Universities: between Autonomy, Accountability and Responsibility”, http://www. see - educoop. net. 2005。

应。其次，教育行政法律关系是由行政主体和行政相对人构成的，在彰显教育行政机关的权力时，则必然弱化行政相对人的权利，强调政府的优势地位忽视行政相对人的主体地位，缺乏对行政相对人的权利的研究。再次，《教育法》、《高等教育法》等法律法规虽然对高校的权利与义务作出了相应的规定，但这些权利是学校基于民事主体或者法律、法规授权的行政主体的资格而取得的办学自主权，并没有对高校作为行政相对人的权利进行说明，容易造成政府与高校权利与义务的脱离，导致政府对行政相对人权力的侵犯。最后，高校与政府行政法律关系的性质，具有模糊性，也就是说，二者形成的法律关系是外部行政法律关系还是内部行政法律关系并不明确。

解决上述问题，一方面，需要在平衡理论的指导下，对二者的权利进行界定；另一方面，需要在大学自治理念引领下，真正扩大与落实高校的办学自主权。

1. 政府与大学权限的界定

结合《教育法》、《高等教育法》、《行政法》以及《国家教育事业发展“十一五”规划纲要》等相关法律法规以及行政规章的规定，我们认为，我国政府对大学管理权限主要表现为：

有权制定教育规划，统筹安排高等教育事业的发展，即教育行政规划权；

有权对高等学校进行监督，包括对高等学校的办学水平、教育质量、财务活动等的监督，即教育行政监督权或教育行政评估权；

有权对高等学校进行宏观指导、统筹与协调，在法律或法律原则范围内，运用非强制的指导、鼓励、建议、劝告、说服、教育及指引等方式进行管理，从而优化高等教育结构和资源配置，提高高等教育的质量和效益，即教育行政指导权；

有权在高等学校的设立、校长任免、招生计划等方面进行必要的行政命令，作为高校必须服从，但行政命令必须有法律依据，受法律严格制约，即批准设立与任免权；

有权对高等学校的国家划拨的教育经费进行分配，即教育经费分配权。

而高校作为行政相对人所享有的权利可以概括为：第一，参与国家有关高等教育事业的管理权；第二，排除违法行政的请求权和行政介入权；第三，拥有建议、批评、控告、揭发权；第四，获得国家物质保障和受益权；第五，获得行政救济和赔偿权。

2. 大学与政府法律关系和谐统一的界限：以大学自治为底线

在大学与政府的法律关系中，要保持大学的独立性、自主性、自治性，就必然内在地要求大学自治，现代大学制度中大学与政府法律关系的和谐统一，应以大学自治为底线。

但究竟什么是大学自治，大学自治的具体内容包括什么，如何来保障大学自治的实现，大学自治的限度何在，需要我们认真地深思并给予解答。

(1) 大学自治的内涵

自治，其字面意思为“自己管理自己”，或“自己治理自己”[①]，自治不仅与“他治”相对，且与“官治”相对。日本学者阿部齐等人认为，“自治”与“统治”是分别位于两个极端的概念，它的本来含义是自己的事由自己负责处理。

大学自治是指大学事务的管理由大学自己规定，不由国家、社会等规定。大学自治是大学在执行自己活动中拥有处理

① [美] 乔·萨托利:《民主新论》, 东方出版社 1998 年版, 第 187 页。

权和灵活性（flexibility）的一种法律安排[①]。大学自治是指“大学以及其他与之可比照的教育、研究团体对其内部的管理和运作享有一定程度上的自主权利，不受外部的肆意干涉”。[②]也就是说，大学自治是大学相对于大学之外的国家和社会而言的自治。大学一旦成立，作为设立者的国家对大学的干预事务必须依法进行，将大学与政府之间的关系框定在法治的范围之内。

从人类大学史的发展来看，大学自治源远流长。大学自治是大学最悠久的传统之一，它可以追溯到中世纪。“传统的大学，无论它的经费来自私人捐赠还是国家补助，也不管它的正式批准是靠教皇训令、皇家特许状还是国家和省的立法条文，学者行会是自己管理自己的事情。”[③] 其必要性已经得到普遍的认同。但是，对于大学自治内涵的界定，学界并不完全一致。有的认为，大学自治“其实是指内部事项。譬如，大学的组织、大学的课程、大学的人事、大学内部经费的运用、大学的发展方向等，应由大学自行订立规范，自行运作，在法律范围内，国家不得加以干预。”[④] 有的认为，“大学自治权指大学内部人员自主性治理校务之权利，由大学内之校长、教师、学生与职员共同‘治理校务’。”[⑤] 有的认为，大学自治“一般是指大学应当独立地决定自身的发展目标和计划，并将其付诸实施，不受政府、教会或其他任何社会法人机构的控制和干预。”[⑥] 还有的认为，大学自治是

① 郑贤君：“地方自治学说评析”，《首都师范大学学报》2001 年第 2 期。

② 林来梵：《从宪法规范到规范宪法》，法律出版社 2001 年版，第 161 页。

③ 唐玉光、薛天祥：“大学自治与高校办学自主权”，《上海高教研究》1994 年第 4 期。

④ 《大学法研讨会论文集》，东吴大学法学院 1998 年版，第 91 页。

⑤ 同上书，第 17 页。

⑥ 程雁雷：“论司法审查对大学自治的有限介入”，《行政法学研究》2000 年第 2 期。

指“大学可以自由地治理学校，自主地处理学校的内部事务，最小限度地接受来自外界的干预和支配。”[①]

尽管表述各不相同，但综合来看，大学自治应当满足以下三个基本要求：一是大学治理的主体应当是大学自身内部的力量，可以是校长、教师和学生，但不是国家、社会或学校以外的其他组织；二是大学治理的内容是高校内部的事项，主要包括学术上的自由和管理上的自主；三是治理的目标是保障学术活动只服从真理的标准，而不服从任何学术伦理之外的约束。

美国高等教育专家 D. 博克曾指出，美国高等教育的一个突出特征就是远离政府的控制，有非常大的自主权。[②] 因为，美国高等教育在长期的发展中逐渐建立起了以行业自律为主的“自我调控机制”。这一机制主要包括两个方面的内容：首先是大学外部监督机制，其中包括大学认证体系、专业学会、大学学会，其次是研究型大学内部的自我监督机制。[③]

正如马丁·特罗教授指出：“我们的大学不同于其他国家的大学，因为在我们国家，大学的存在早于政府，大学的建立不是政府行为，而是人民自己为了社区文明、文化的发展、宗教信仰和技术改进等原因自我组织的教育形式，哈佛学院就是一个例子。这种人民自主建立的学校不仅自主性强，因为它们的建立有着非常清晰的目的和目标，而且竞争性强，因为它们要独立生存就必须要保证质量”。[④]

---

① 王德耀、薛天祥：“略论大学自治”，《上海高教研究》1994 年第 2 期。

② D. Bol: *Higher Learning*: *Cambridge*, Harvard University Press 1983. pp. 10—11.

③ 马万华：《从伯克利到北大清华——中美公立研究型大学建设与运行》，教育科学出版社 2004 年版，第 74 页。

④ 同上书，第 32 页。

（2）大学自治与学术自由的关系

在大学发展史中，大学自治与学术自由的关系甚为密切、形影紧随。谈大学自治，必言及学术自由，有时人们也对二者进行二重唱，即“学术自治”。

学术自由是大学的灵魂和品格之所在，这一点已经得到了普遍的认同。[①] 但是，对于学术自由与大学自治的关系，却存在不同的认识，最具代表性的看法有两种。一种观点认为大学自治是学术自由的合理延伸和当然结果；另一种观点认为大学自治是学术自由的制度保障。[②]

第一种观点把大学当成学术自由的组织体，把大学自治看作团体性的学术自由。这种观点立足于自由主义的精神，为大学自治提供一种自然法上的正当性，从而使学校在国家—社会的二元结构中能够形成一种对峙而又互动的良性格局。但是，这一观点把大学自治看成一种团体性的权力，存在三点不足之处：一是遮掩了自治主体的多样化的可能性。在德国，自治的主体主要是教授，形成了“以教授组织为中心的大学自治模式”；而在美国，理事会的领导和终身教授制是其鲜明特色，自治的主体不限于教授，形成了“理事会领导下的大学自治模式”。[③] 可见，

---

① “世界上各一流大学无不有极为宏伟之建筑耸立校园中，及充裕之财力资源及师资学生。然而，更重要的是，这些大学内涵中，均存在着充分之学术自由与自治权风气。……世界上一流大学内无不弥漫着‘学术自由’之气息，足见学术自由对大学发展之重要性”。参见《大学法研讨会论文集》，东吴大学法学院 1998 年版，第 16—17 页。

② 美国学者一般赞同第一种观点，他们把大学自治看成团体性权利的学术自由；德国学者一般赞同第二种观点，而且也得到了德国联邦宪法法院的支持；日本学者中支持两种观点的都有，但赞同第二种的更多。详细论述参见马凤歧：“大学自治与学术自由”，《高教探索》2004 年第 4 期。李仁淼：“大学自治与退学处分——评最高行政法院九十一年度判字第四六七号判决”，《月旦法学杂志》2003 年第 3 期。

③ 参见胡建华：“两种大学自治模式的若干比较”，《全球教育展望》2002 年第 12 期。

在学校这一集体之内，仍然存在着自治主体的差别，而这一差别可能使之对学术自由的保障功能也会有所不同。二是将自治的内容和学术自由内容完全等同。1957 年，美国弗兰克福特（Frankfurter）大法官在 Sweezy 案中首次提出了“大学的四项基本自由”。即，基于大学自身的学术理由以决定教师聘任、基于大学自身的学术理由以决定课程内容、基于大学自身的学术理由以决定教学方法和基于大学自身的学术理由以决定学生标准。这四项被西方国家普遍认为是学术自由的基本内容。但是，事实上，西方各国大学自治的内容都不限于这四项，而我国台湾地区的大学自治和大陆大学的办学自主权也是如此。[①] 三是遮掩了两者之间存在不一致性的可能性。这种观点认为，大学自治和学术自由有一种一致性，因而自治越大，学术自由越有保障，使我们的认识走入了一个认知的死胡同。实际上，大学自治和学术自由也存在一种不一致性。“一个自治的大学能否保护教师的学术自由，最为关键的问题是这所大学自治的主体是谁?”[②] 如果学校的行政系统是自治主体，它也有压制学术自由的可能，从而使大学自治和学术自由之间形成一种张力。

第二种观点从制度保障的层面认为，大学自治是学术自由的制度保障。这种观点已在大多数国家与地区达成了共识。[③] 其合

① 英国、法国、德国、美国和日本大学自治权都包括了学术、行政和财政方面的内容。详细论述参见彭虹斌:“西方五国大学自治的演变及特征”，《湘潭师范学院学报》2002 年第 4 期。

② 马凤歧:“大学自治与学术自由”，《高教探索》2004 年第 4 期。

③ 第二种观点基本上已是海峡两岸的共识。如大陆有的学者认为，“大学不过是学术自由内在要求的组织化形态，大学自治则是学术自由的制度化保障”。有的台湾学者认为，从事“大学自治既系源自学术自由之本质……大学自治可谓系对学术自由之制度性保障。”还有的台湾学者认为，台湾司法院大法官释字 380 号解释明示:“宪法第 11 条讲学自由之规定，系对学术自由之制度性保障。”参见严海良:“学术自由、大学自治与宪政”，《学术论坛》2005 年第 2 期。

理性主要在于：一是有利于更加客观地认识大学自治的社会功能。正因为主体的不一致，大学自治的功能可能与学术自由的目的产生偏差。“大学自治与学术自由的一致性，仅仅是两者关系的一个方面。这个问题的背后，是一个更根本的问题，即集体自由与个人自由之间的关系。一般认为，一个自主的集体更有利于保护集体中的个人自由，而一个被外部势力统治的集体中，个人自由也没有保障。……事实上，自治的集体完全可能成为压制个人自由的力量。”① 也就是说，大学自治作为一种保障性的制度也可能会出现功能性的缺失，因而有进一步完善的必要。二是有利于促进学校内部治理的法治化。学术自由事项一般都不受法律调整，如果将大学自治等同于学术自由，就完全排除了法治原则的适用。而“大学自治是以制度加以保障，因此虽其具体内容得以法律加以规范，但却不得对其本质内容加以制约。”② 也就是说，如果把大学自治看成是学术自由的保障性制度，就意味着不是简单绝对地排除法治原则的适用，而是要具体分析对待。三是有利于人们对大学自治的进一步研究。只有把大学自治看成是学术自由的保障性制度，才能够更加深入地考察其中的利弊，才能够以学术自由这一价值为标准来对它进行评析、反思和重塑。③

(3) 大学自治与大学办学自主权

在中国，有关教育法律法规、政策文本中没有“大学自治”

---

① 马凤岐：“大学自治与学术自由”，《高教探索》2004年第4期。

② 李仁淼：“大学自治与退学处分——评最高行政法院九十一年度判字第四六七号判决”，《月旦法学杂志》2003年第3期。

③ 有关大学自治与学术自由的关系问题，主要参考了湛中乐、韩春晖：“论大陆公立大学自主权的内在结构——结合北京大学的历史变迁分析”，《教育管理研究》2005年第3期。

一词，而采用“自主权”① 或者“自主办学”②。实际上，我国高校的办学自主权，不等同于西方传统的大学自治权，它的提出有特定的时代背景和内涵。有学者提出二者是有本质上的不同，主要表现在两个方面：一是自主办学和大学自治的提出的时代背景和历史要求不同。西方大学自治的提出者是学校，而不是政府。大学自治的本质是为了保障学术自由，不受政府、教会或者其他社会法人机构的干预和控制，因此其出发点是大学自身。而我们提出的自主办学或者说扩大学校的办学自主权是政府主导行为，是在新形势下重构政府与学校关系的一种权力配置机制，其出发点是政府机构的改革和调整，而不是学校自身。二是大学自

---

① 关于“大学自主权”的定义，学术界至今还没有明确统一的界定，但对其内涵的认识基本趋同。大学自主权主要是指管理上的自主。即，自主地处理学校内部事务，最小限度地接受来自外部的干预和支配。主要体现在：人事推荐及任免权、大学课程编制权、学位资格审查、认可及授予权、规章制度的制定权、大学财政的支配权、大学设施的管理权等。参见唐玉光、薛天祥：“大学自治与高校办学自主权”，《上海高教研究》1994 年第 4 期。

② 关于“办学自主权”与“自主办学”的关系，从研究的文献来看，主要有三种观点。第一种观点认为，办学自主权是自主办学的资格，是自主办学的前提。办学自主权是一种权利，是高校依法自主办学的资格和可能，自主办学能力则是学校依法自主办学的现实力量，办学自主权只有通过自主办学能力的提高才能得以实现。可见，办学自主权是高等学校面向社会自主办学的基础和前提，缺乏这种资格和权利，就谈不上自主办学，而自主办学能力的高低则体现着办学自主权的实现程度。（参见李如森：“高等学校面向社会自主办学的理性思考”，《中国轻工教育》2002 年第 1 期）第二种观点认为，办学自主权与自主办学是同一概念。高等学校面向社会自主办学与大学的办学自主权是同一概念，只是提法不同。它的基本含义包括：首先，它是一种教育管理体制，主要用以确定高等学校同政府的关系，还间接地反映了高等学校同社会的联系。其次，作为一种教育体制，尽管在不同的国家，不同的历史时期其表现形式有所不同，但它的基本构成始终是政府、社会与高校三者关系的对立与统一。最后，由于各国、各个历史时期所实行的政治、经济体制的不同或变化以及科技文化传统的差异，高校自主办学或办学自主权的内涵也会有所不同或变化并形成了不同的特点。（参见姚启和：“自主办学：高等学校自身发展规律的要求”，《高等教育研究》1995 年第 5 期）第三种观点认为，自主办学与西方的大学自治类同。我国高校的自主办学和西方的大学自治，两种思想的共同之处在于，都赋予高等学校法人地位，尊重高等学校自主办学的权利。（参见马龙海：“论高校自主办学的权力与责任”，《辽宁教育学院学报》2001 年第 3 期）

治的权利和自主办学的权利不同。大学自治思想所包含的办学自主权可以说是大学与生俱来的权利。在历史传统的惯性作用下，西方国家高等教育管理还形成了一种特有的自治文化，这种自治文化不仅存在于大学与政府之间的关系中，而且存在于整个社会。正是这种自治文化，才使得大学的办学自主权得到了可靠的保障。而我国高等学校的办学自主权在很多人看来，实际上是一种有限的自主权，一种被称为与“程序性自治”相当的自主办学权。政府的宏观调控范围、力度及影响都直接决定高等学校办学自主权的大小及其是否能够得到保障。①

虽然二者有诸多的不同，但两者在功能和精神上存在着一种内在的一致性。“两者的演化过程呈现相向而行的态势，目的都是寻求一个合理的‘度’，从而使得政府与高校及社会的关系协调与平衡”。② 同时，R. 波达尔（R. Berdahl）提出了两种自主权的概念：实质自主权（Substantive Autonomy）和程序自主权（Procedural Autonomy）。两种自主权的概念有很大区别。实质自主权指的是大学以独立法人的身份决定办学目标和办学内容，并根据自己的办学目标和内容自主选择把大学办好的途径。程序自主权是大学以独立法人的形式决定通过什么样的程序实现由其他机构——如政府、教育部和相关上一级管理机构——制定的大学的办学目标和任务。在程序自主权中，大学所需要做的是如何执行好上级的决定。大学当然希望完全获得这两个基本方面的自主权，因为只有这样大学教授们才能够进行自由探索。③

可见，两者都是力图保持大学的适当自治空间，进而在制度

① 别敦荣：“我国高等学校的自主办学与西方的大学自治”，《高等教育研究》1995 年第 5 期。

② 黄厚明：“大学自主权的历史——文化视角”，《理工高教研究》2002 年第 6 期。

③ 马万华：《从伯克利到北大清华——中美公立研究型大学建设与运行》，教育科学出版社 2004 年版，第 116 页。

上来保障和实现“学术自由”的根本理念。因此，从功能意义上来说，我国高等学校的办学自主权实际上是法律所赋予的一种大学自治权。需要指出的是，“大学自治”不完全等同于“大学自治权”。前者主要强调一种理念和制度，而后者是这一理念和制度的重要内容，是它的集中体现，是它的核心要素。两者之间具有一种逻辑的关联性和一致性。当然，在成熟的法治社会，大学自治一般都会直接地反映在一国的法制建设中，体现为一种法律上的大学自治权。此时，“大学自治”和“大学自治权”可以说是同一事物的“一体两面”。[①]

（4）大学自治的范围与限度及其实现

大学所享有的自治权，是有范围和限度的，而不是无度的，绝对的大学自治是不存在的。大学自治并非指大学的所有事务都均由大学自主处理，大学自治的目的并非赋予大学对所有校内行政事务完全自主决定的权力，“大学一方面受学术自由的严格限定；另一方面受作为研究经费主要供给者、公众利益和安全捍卫者的政府的限制。”[②] 这就需要对大学自治的范围进行探讨，从而保证大学自治权的真正实现与落实，自治权太大，会造成权力的滥用，自治权太小，不利于学术自由的保障。大学自治的范围与限度各国并不完全相同。

在德国，大学具有高度的自治权，归纳起来，德国大学自治包括如下几个方面：[③]

第一，在学习与教学方面，包括课程、教学方法的改善，学习规则的制定，课程计划与师资安排，学生考试与就业咨询，大

---

① 湛中乐、韩春晖：“论大陆公立大学自主权的内在结构——结合北京大学的历史变迁分析”，《教育管理研究》2005 年第 3 期。

② ［美］德里克·博克，徐小洲等译：《走出象牙塔——现代大学的社会责任》，浙江教育出版社 2001 年版，第 27 页。

③ 董保城：《教育法与学术自由（初版）》，台湾月旦出版社股份有限公司 1997 年版，第 130 页。

学校内考试规定与执行，学位授予与学术升级考试的规定与执行。在实行国家学位制度的国家中，学位授予就属于国家事务，不属于大学自治的范围。

第二，在研究方面，包括研究重点的拟定，与其他大学或研究机构在研究计划上的协调，研究的鼓励，研究设备的配置，定期提出研究报告等方面。

第三，在大学决策与大学组织方面，包括执行撤销学生学籍，学生注册事宜，学生休学、退学以及转学事宜，大学组织的选举，监督学生自治组织是否合法运作，制定与颁布大学规程，选举校长，校机构的设立、变更及撤销，大学发展战略的规划及实施等。

第四，其他自治事项：在人事方面有任用学校助理人员的权利，在学校财务方面有管理自己财务的权利，有向政府申请所需设备的预算权利，有提出大学设施发展计划的权利，有在建筑方面有校舍需求以及自主制定成人教育计划及非学术人员在职训练事宜等。

美国大学自治的范围，虽因大学性质的不同而有异，但仍有共通的基本内容。根据“美国卡内基高等教育委员会”的报告，美国大学自治的范围包括：“1. 指定资金使用于特殊之目的；2. 支出费用仅受审计上的监督；3. 决定大学雇员的分配、工作负担、薪资及升迁；4. 选择教师、行政人员及学生；5. 建立有关等级、学位授予、开设课程及发展计划上的学术政策；6. 研修有关学术自由、成长比率以及研究和服务活动的行政之政策等。”①

在日本，大学自治的范围至少包括：“人事之决定；研究与教育事项之决定；内部设施、秩序之管理；财务事项之决定。”②

---

① 周志宏：《学术自由与大学法》，蔚理法律出版社 1989 年版，第 121 页。

② 同上书，第 252—253 页。

在法国，《高等教育法》规定学校的自治权力包括：教学、科研、行政和财政四个方面。

在我国，虽没有大学自治的传统，但有与大学自治相对应的办学自主权，即高等学校所行使的自主权力。依照1998年《高等教育法》的规定，高等学校有如下自主权："1. 高等学校根据社会需求、办学条件和国家核定的办学规模，制定招生方案，自主调节系科招生比例。2. 高等学校依法自主设置和调整学科、专业。3. 高等学校根据教学需要，自主制订教学计划、选编教材、组织实施教学活动。4. 高等学校根据自身条件，自主开展科学研究、技术开发和社会服务。国家鼓励高等学校同企业事业组织、社会团体及其他社会组织在科学研究、技术开发和推广等方面进行多种形式的合作。国家支持具备条件的高等学校成为国家科学研究基地。5. 高等学校按照国家有关规定，自主开展与境外高等学校之间的科学技术文化交流与合作。6. 高等学校根据实际需要和精简、效能的原则，自主确定教学、科学研究、行政职能部门等内部组织机构的设置和人员配备；按照国家有关规定，评聘教师和其他专业技术人员的职务，调整津贴及工资分配。7. 高等学校对举办者提供的财产、国家财政性资助、受捐赠财产依法自主管理和使用。高等学校不得将用于教学和科学研究活动的财产挪作他用。"

上述我国高等学校办学自主权可以简化为：招生自主权、专业设置权、教育教学权、科学研究权、对外交流权、机构设置权、人事自主权、经费使用权8个方面。

显然，与其他国家大学所享有的自治权相比较，我国高等学校所享有的权利并不比其他国家少，从法律文本来看是"有过之而无不及"，但我国高等学校的办学自主权在实际落实中为什么不令人满意呢？

如果进一步追问的话，大学如何进行自治管理，由哪些机构负责决策，哪些机构负责实施，这些机构如何组成，通过何种方式进行管理，这些机构之间又是什么关系等，却难以从法律中得出结论。这些问题的存在不仅有法律规定技术自身的原因，如法律规定过于笼统，可操作性差，没有针对性，而且也与我国法治环境没有真正形成有很大的关系，人们对教育法有蔑视的心态，教育法被称为“软法”，缺乏对高等学校自主权的清晰认识。我国《高等教育法》中关于高校办学自主权的规定，具有以下三个特点：一是自治的主体中没有教授，也没有学生；[①] 二是自治的范围也不仅仅限于学术自由事项，还包括许多内部行政管理事项；三是学术自由的事项和内部行政管理的事项界线不清，统一于自主权之中，法律上没有对两者区别对待，更没有对前者着重对待。这种状况导致自治权的内在结构不清楚，主体不明确，司法审查的范围自然也就难以确定。

那么，如何确保大学自治的实现呢？

首先，大学要取得自主权就必须提高大学的公共信誉（public trust）。马丁·特罗教授指出，大学对社会不仅负有法律和金融（legal and financial accountability）责任，同时还负有道德和学术的责任（moral and scholarly accountability）。[②] 道德和学术责任是指大学要告诉他人，大学根据其获得的资源在科学研究、教学和公共服务方面做了什么，有什么影响。而法律和金融责任指的是大学有义务向不同的赞助机构报告资源是如何利用的，效果

① 关于大学办学自主权主体的表述，在《中华人民共和国教育法》中是“大学及其他教育机构”，在《中华人民共和国高等教育法》中有关条文中是“高等学校”和“学校校长”。可见，这些自主权并没有赋予给教授和学生。

② Martin Trow：*On the Accountability of Higher Education in the United States in W：Browen and H Shapiro ed. Universities and Their Leadership*，Princeton University Press 1998.

如何。[①] 否则的话，国家通过教育立法，使大学自主变得微乎其微，正如科尔和盖德（C. Kerr & M. Gade）认为的，“公共规章和制度在不断取代大学自主选择”。[②]

其次，自治并不意味着权力，也不是放肆的意思，而是一种自律。大学“保持自我管理的最佳道路是出色的成绩——自治的代价就是永恒的自律”。[③] 马伦（Malun）和芒西（Muncey）指出，行动者所获自主权的实际程度，有赖于授予行动者正式权威的分量、交织于更大系统中的规则网络、行动者可获得的资源、因不甚服从而可能被更高权威层强行制裁的程度和类型。[④]

再次，大学要实现自治必须依靠有效的大学治理做保障。[⑤] 相对于他治而言，大学自治强调的是大学对于其外部国家（中央和地方政府）的独立，是一种外部制度。大学治理则更为关注大学作为一个法人组织，如何通过内部的组织机构实现其理念；大学治理强调的是大学自身的自我治理，强调在不同利益之间取得平衡来真正有效地实施自治；大学治理不仅要实现学术自由与大学自治，还要实现大学的社会责任。学术自由与社会责任共同构成了大学的理念，大学法治的建设是以大学理念的实现为目的的，大学自治是实现大学学术自由的制度性保障，而大学的有效治理则是实现大学社会责任的保障。

进一步来说，作为学术自由制度性保障的大学自治解决的

---

① 马万华：《从伯克利到北大清华——中美公立研究型大学建设与运行》，教育科学出版社2004年版，第117页。

② C. Kerr & M. Gade: *The Many Lives of Academic Presidents*; *Time*, *Place and Character*, Association of Governing Boards of Universities and Colleges 1986. p. 98.

③ 王英杰：《美国高等教育的发展与变革》，人民教育出版社2001年版，第226页。

④ E. 马克·汉森，冯大鸣译：《教育管理与组织行为》，上海教育出版社2005年版，第119页。

⑤ 姚金菊：《转型期的大学法治——简论我国大学法的制定》，中国法制出版社2007年版，第140—141页。

只是大学应否实行自治的问题，而大学应当实行自治是以大学能够自治为条件的。如果大学自治并不能够保障学术自由，实现大学理念，国家就不会愿意让大学自治，或者即使允许大学自治，范围和程度也会非常有限。大学自治是从理论上的理想状态来说的，大学治理则是从现实中实际状态来说的。现实中，国家作为出资单位愿意或者敢于授予大学以充分的自治，是以对大学的充分信赖为基础的。在政府对大学素质没有具备充分信心之前，即使立法规定了大学自治，在实践上也难以得到政府的认同。①

大学在获得自治之后，既要适应社会发展需要进行科学决策，保证正确发展方向，又要运用好自主权，建立外部约束机制和内部约束机制②，这是同大学的治理联系在一起的。一方面，大学自治是大学治理的前提，如果大学没有自治的权力，就不可能实现大学的有效治理；另一方面，大学自治的实现却有待于大学的有效治理。大学治理越为有效，大学自治就越为现实。大学自治与大学治理二者互相制约，互相保障。大学的有效治理构成了大学自治实现的现实保障。

复次，大学自治应有法律的明确界定。如果没有法律作为保障，大学自治权的行使必然会受制于多方面的因素，如政治的、社会的、文化的等，使得大学自治无法落实到具体的办学活动过程中。

最后，大学自治的实现依赖于多主体的共同参与。大学自治并不是狭义的大学自身的自治，它是多主体共同参与下的自治，其依赖于大学有效的治理，应该赋予大学利益相关者参与大学的

---

① 中国教育学会主编：《民主法治与教育》，台湾书店 1989 年版，第 421—422 页。

② 参见张德祥：《高等学校的学术权力与行政权力》，南京师范大学出版社 2002 年版，第 2 页。

权力，使大学的发展服务于公共利益、社会利益。

总之，现代大学的大学自治制度应是现代大学制度的本质规定性之一，其目的在于处理大学与政府的关系，使得大学能够从容地应付外界的要求，真正做到“政府宏观管理、市场适度调节、社会广泛参与、学校依法自主办学”的良好社会环境与氛围。

（二）学术自由：大学与师生法律关系互利共赢的参照

所谓学术自由体现的是构成大学“两级”要素的主体性问题，既包括教师的教学与研究自由，也包括学生的学习自由。从大学教育的最基本要素来看，教师和学生是两个最基本的要素，如何保障教师与学生权利的实现，是法理层面现代大学制度的根基。否则，现代大学任务的达成和功能的发挥就成为无源之水。依循哲学层面的主体性、主体间性理论，我们认为，现代大学在办学过程中要体现教师和学生的主体性，其根本在于提倡学术自由。

从现代大学的学术自由制度来看，现代大学制度“学术自由”的思想精神，反映的是学生学习与教师教学、研究的主体性，即体现大学的精神自由，从而实现教学、研究自由与学习自由。教学、研究自由与学习自由的实现，一方面需要对大学师生的权限进行法律界定，另一方面需要对学术自由进行全面解读。

1. 师生权限的界定

（1）大学教师的权利配置

从一般意义上来讲，在大学与教师的关系中，大学处于强势地位，教师处于弱势地位，在教师资格制度、教师职务制度和教师聘任制度中，都可以透视出二者地位不平等的现状。要改变这种状态，我们首先需要厘清高校与高校教师在不同管理制度中的法律关系。

我们认为，在高等学校教师资格制度中，高等学校受教育行政部门委托，认定本校任职人员和拟聘人员的高等学校教师资格，高等学校与教师是委托性质的行政法律关系。在这一关系中，教育行政部门是委托主体，高等学校是被委托主体，高等学校不能以自己的名义，而必须以教育行政部门的名义代为履行行政职责，行为的法律后果由教育行政部门承担。

在高等学校教师职务评审过程中，高等学校是法律、法规的授权组织，具有行政权力，是行政主体。国家在对教师进行管理的过程中，根据不同层次、不同类型的高等学校的师资力量、科研水平和学校的整体实力，将教师的职务评审权授予相应的高等学校，高校拥有的这种权力不是高校的法人权利，而是法律、法规授予的行政权力。教师认为学校侵犯了其合法权益，只能提起行政诉讼，而不能进行民事诉讼。

在高等学校教师聘任制度中，高等学校与教师在自愿平等的基础上，以合同的形式确认双方的权利与义务，其性质属于劳动合同而非行政合同；学校与教师之间辞职、辞退及履行聘任合同所发生的争议，适用《中华人民共和国劳动法》；当事人对依照国家有关规定设立的人事仲裁机构所作的人事仲裁不服，可以在法定时间内向人民法院提起诉讼。同时，有关教师人事代理制度中，教师与大学构成的是民事法律关系，双方的合同属于民事合同，受《民法》调整。

基于高校与教师在不同教师管理制度中所构成的不同法律关系，目前我们需要对教师的权利进行界定。高校与教师关系的法律治理机制的核心是对教师的权利进行合法地配置，并确保教师的权利能够得到合法化的行使。而作为高等学校，应尽力地提供各种条件保障教师权利的正常行使，因为“高等教育结构和制度的产生，大都是为了保护研究者和教师的正当利益。它们帮助界定并捍卫一个组织内的主要专业领域。"[①] 当教师的权利受到损害以后，也必须有权利的救济通道。

高校教师既是社会的公民，又是特定的群体，不仅享有一般公民所享有的权利，同时又享有作为大学成员的教师的权利。在此，我们只就教师作为特殊的教师群体所享有的权利进行分析。

作为大学成员的教师，其享有的权利在我国《教师法》第7条中从"教育教学权、科学研究权、指导与评定学生权、物质保障权、民主管理权、进修培训权"六个方面进行了规定。在当时看来《教师法》中关于教师权利的规定是较为全面的，但随着我国社会主义法治的发展与健全，颁布已经有15年之余的《教师法》需要做出修改，有的内容已经不能完全反映我国依法治教的需要，这其中就包括关于教师权利的配置问题。具体而言，教师的权利应包括如下方面：

第一，教育教学权，包括教学方法与教学内容自由权、开设课程权在内，这是教师最基本的权利。教师区别于其他职业的典型特征，就在于教师有权依据教学计划、教学大纲的要求，可以根据课程内容、学生特点和自己对教学规律的把握，自主地组织课堂教学，组合教学内容、确定进度和教学方式，可以对教学的内容、方法进行改革和实验，任何人不得非法剥夺教师这一基本权利。"教师可以自主确定专业方向，选择讲授的课程及其教学内容和教学方法，甚至考试方式；自主确定研究方向，选择研究课题；自主决定社会服务的方向、内容；自主安排时间。"[②] 大学应当"允许学者有追求学术研究而不管研究将导向何处的自

---

① 伯顿·R. 克拉克，王承绪等译：《高等教育系统——学术组织的跨国研究》，杭州大学出版社1994年版，第205页。

② 刘献君："我国高校教师聘任制的特点及其实施策略选择"，《高等教育研究》2003年第5期。

由；与研究生一起探索深奥的和有争议的思想观点的自由。”[①]这都属于教师教育教学权的范畴，教师可以自由地支配。而且，教师的教学都是基于学科而言的，学科性是大学教师安身立命之本。“如果让学术工作者在学科和单位两者之间进行选择，他或她一般都选择离开单位而不是学科。一个人离开他的专业领域要比离开他所在的大学或学院代价高得多，因为一个人的高等教育层次越高，其专业在决定任务时的重要性越明显。……简言之，主宰学者工作生活的力量是学科而不是所在院校。”[②]

第二，科学研究权，包括学术参与权、发表研究成果权与表达专业意见权在内。教师是专业技术人员，是我国知识分子队伍的重要成员，他们的学术研究是国家科技进步的源泉。因此，教师在其专业领域，进行科学研究、技术开发，撰写学术论文，著书立说，并在学术团体中，自由地表达自己的学术观点，开展学术交流。“在校外本专业范围内发表意见的自由；就一般的社会和政治问题以体面的适于教授身份的方式发表意见的自由”。[③]任何团体与个人都不应当限制教师发表言论的学术自由权，同时教师有权参与同行评议，进行学术评价，应当从学术本身的内容出发，保持客观中立性，避免基于个人观点的不同作出主观判断。

第三，身份保障权，即职业保障权。教师的身份受到法律的保障，非经法定的事由与程序，教师的身份不应受到侵犯。同时教师的聘任期一般有最低期限限制；教师在聘任期满后有自动获得续聘的权利，不予续聘需要正当事由、经正当程序进行；在任

---

① 陈学飞主编：《美国、德国、法国、日本当代高等教育思想研究》，上海教育出版社 1998 年版，第 93—94 页。

② 伯顿·R. 克拉克，王承绪等译：《高等教育系统——学术组织的跨国研究》，杭州大学出版社 1994 年版，第 35 页。

③ 陈学飞主编：《美国、德国、法国、日本当代高等教育思想研究》，上海教育出版社 1998 年版，第 93—94 页。

职满一段时间、获得教授职务的教师有权获得终身教职的权利，除非遇到特殊情况，直到退休为止，大学不得随意解除教师的教职。①

第四，指导与评定学生权。指导学生学习与发展，就是教师有权根据教育教学的要求和学生身心发展的规律，有针对性地引导学生的学习，促进学生的发展，并对学生的升学与就业予以指引；评定学生的品行和学业成绩，就是教师有权对学生的品德、智力、体质等方面予以客观公正的评价，使学生得到全面发展。由于这项权利的行使，直接关系到学生的身心发展，因此，教师在对学生指导与评定的过程中，一定要树立以人为本的观念，将关心爱护与严格要求学生有机结合起来，避免权利的扩张与滥用。

第五，物质保障权，即报酬待遇权。工资报酬是指由基础工资、职务工资、课时报酬、奖金、教龄津贴、班主任津贴及其他各种津贴构成的工资性收入。它是教师物质保障权的货币形式，直接关系到教师的生活质量与生存状态。而按时获取工资报酬，是相对拖欠教师工资或不全额发放教师工资的行为，国家作出的有针对性的法律规定；福利待遇是指国家对教师在住房、医疗、退休和寒暑假期的带薪休假等方面所享有社会福利保障，它是教师从事教育教学活动的物质基础。

第六，民主管理权，即校务参与权。教师是学校的主体，教师参与学校的民主管理可以通过两种方式：一是可以直接地对学校的教育教学、管理工作和教育行政部门的工作提出意见与建议；二是通过教职工代表大会等形式，参与学校的改革发展、教师队伍建设、住房分配政策、教职工的奖惩办法等重大政策的制定与实施。这是宪法所规定的“公民对任何国家机关和国家工

① 刘北成：“以职业安全保障学术自由——美国终身教授的由来及争论”，《美国研究》2003 年第 4 期。

作人员，有权提出批评和建议的权利”的具体化，有利于调动教师工作的积极性，发挥教师的主人翁作用，也有利于对学校和教育行政部门工作的监督。具体来讲，教师作为大学的核心成员，享有广泛的校务参与权，尤其是在学术事务方面。对于大学行政事务的参与，属于教师的民主参与权利，也应得到保障。不同职务的教师享有校务参与权利的范围及机会不同。一般在学术事务上，教授、副教授享有广泛的校务参与权；而讲师和助教的校务参与权则较为有限。但在大学行政事务上，应当保障不同职务的教师平等参与校务管理的权利。

第七，进修培训权。这是教师享有的继续教育的权利。当今社会处于信息爆炸的时代，新旧知识的交替周期越来越短，教师在学校教育所掌握的有限知识会因科学知识的迅猛发展而陈旧，终身学习成为教育发展的趋势，教师只有不断进修提高才能适应教育教学的要求。因此，作为权利主体，教师在完成教育教学任务的条件下，有权利要求各级政府、各级学校提供多种形式、多种渠道的进修培训机会，切实保障教师权利的实现。

第八，程序保障和救济权即获得救济权。教师在被解聘、不予续聘时受正当法律程序的保护。在解聘时有获得听证的权利，在上述各种权利被侵犯的时候，有申诉和起诉的权利。

（2）大学生的权利配置

从一般意义上来讲，在大学与学生的关系中，大学处于强势地位，学生处于弱势地位。因此，一方面，我们应当对高校与处于不同阶段、不同身份的学生的法律关系进行探讨，另一方面，基于不同的法律关系，我们应当对作为大学生身份的学生权利进行配置。

在大学与学生的法律关系中，大学生作为一个笼统的概念，需要从三个不同的阶段、三种不同的身份来理解，在不同的阶段大学生与高校会构成不同的法律关系，其中以在学法律关系为核心。

大学生在入学阶段与高校构成的法律关系，首要的任务是要分析清楚大学所享有的招生权的性质。我们认为，高等学校的招生录取权是法律、法规授予的行政权力，不是法人权利，它在行使这一行政职权的过程中与考生的关系不是平等主体之间的民事法律关系，而是行政法律关系，且这种行政法律关系是外部行政法律关系，具有可诉性。大学生在入学报到后、尚未取得学籍阶段中，大学由于行使类似于对其内部成员所享有的管理型权力与新生发生的法律关系，新生可能由于未能履行学校规定的义务而被学校取消入学资格。新生与大学之间的这两种法律关系都由于大学行使权力的性质，属于公法上的法律关系。[①] 且是一种外部行政法律关系，当学生的身份发生改变时，学生可以通过行政诉讼的方式寻求救济，即具有可诉性。

大学生在在学阶段，与高校会构成不同的法律关系，其核心问题是当大学生的权利受到侵犯后，是否具有可诉性。我们认为，判断高校行政行为是否具有可诉性，其中最重要的原则应是：如果学生受到的处理决定足以影响其获得或失去作为学校成员这一特定的身份，都应纳入行政诉讼的范畴，如开除学籍的处分、不授予学业证书与学位证书等；而对学校为了达到特定的教育目的而在自己日常的管理中作出的必要安排且没有影响到学生获得或失去其作为学校成员的实质性地位，不适用行政诉讼，属于高校自由裁量权范围内的事项，申诉处理机关针对它们的处理决定，应视为终局决定，如给予的警告、记过、留校察看等处分。

在高校与大学生所构成的不同法律关系基础上，目前的任务是对学生的权利进行界定。高校与学生关系的法律治理机制的核

---

① 姚金菊：《转型期的大学法治——简论我国大学法的制定》，中国法制出版社 2007 年版，第 223 页。

心是对学生的权利进行合法地配置，并确保学生的权利能够得到合法化的行使。而作为高等学校，应尽力地提供各种条件保障学生权利的正常行使。

在教育领域，大学生具有双重身份：他们首先是国家的公民，同时也是在高等学校接受教育的公民。这种身份决定了他们享有权利的特殊性。作为国家公民，他们享有宪法规定的作为公民应享有的权利，如受教育权、获得物质帮助权、身份自由权、人格尊严权、批评、建议、申诉、控告和取得赔偿权、言论、出版、集会、结社、游行、示威的自由权、婚姻自由权等；作为在高等学校接受教育的公民，大学生享有的主要是受教育权。大学生的受教育权作为一项法定权利，指的是大学生在接受高等教育过程中，基于学籍的取得，由国家通过法律授予学生的一种特定利益、资格、主张或自由，即法律文本性的权利，具有强制力的保证。

但是，学生权利与公民权利有别，大学必须区分学生与公民的两种身份，不能对学生的公民权利予以限制或剥夺，大学生的身份不能妨碍作为公民所享有的权利。对于学生基于公民身份所享有的各种权利，大学无权制定限制规则，学生作为公民受宪法基本人权的保障。

在此，我们着重就大学生作为接受教育的公民层面来探讨大学生的受教育权。目前对学生权利有关“列举式”的规定的教育法律法规、规章有1995年的《教育法》与2005年教育部颁布的《普通高等学校学生管理规定》。

我国《教育法》第42条规定：“受教育者享有下列基本权利：（一）参加教育教学计划安排的各种活动，使用教育教学设施、设备、图书资料；（二）按照国家有关规定获得奖学金、贷学金、助学金；（三）在学业成绩和品行上获得公正评价，完成规定的学业后获得相应的学业证书、学位证书；（四）对学校给予的处分不服向有关部门提出申诉，对学校、教师侵犯其人身权、财产权等合法权益，提出申诉或依法提起诉讼；（五）法律、法规规定的其他权利。”

2005 年教育部颁发的《普通高等学校学生管理规定》第 5 条规定：“学生在校期间依法享有下列权利：（一）参加学校教育教学计划安排的各项活动，使用学校提供的教育教学资源；（二）参加社会服务、勤工助学，在校内组织、参加学生团体及文娱体育等活动；（三）申请奖学金、助学金及助学贷款；（四）在思想品德、学业成绩等方面获得公正评价，完成学校规定学业后获得相应的学历证书、学位证书；（五）对学校给予的处分或者处理有异议，向学校或者教育行政部门提出申诉；对学校、教职员工侵犯其人身权、财产权等合法权益，提出申诉或者依法提起诉讼；（六）法律、法规规定的其他权利。”

通过二者的比较发现，2005 年教育部颁发的《普通高等学校学生管理规定》中对学生权利的规定多了一项“参加社会服务、勤工助学，在校内组织、参加学生团体及文娱体育等活动”权利，其实这项权利在我国《高等教育法》第 56 条、第 57 条中有明确的规定，所以不存在部门规章增设权利、滥用职权以及部门规章与上位法律相冲突的说法。

在上述权利中，除了“对学校给予的处分不服向有关部门提出申诉，对学校、教师侵犯其人身权、财产权等合法权益，提出申诉或依法提起诉讼”属于程序性权利以外，其他的都属于实体性的权利。

在我国，由于学生“拥有非常广泛的权利”，要穷尽学生权利的类型几乎是不可能。[①] 学生权利是一个非闭合的概念，它还在不断发展中。面对新的形势与要求，诸如高等教育大众化的发

① 褚宏启:“中小学生权利的法律保护”,《中国教育学刊》2000 年第 4 期。

展、大学生利益的多元需求、高校学生消费观念的确立，大学生的权利是否有新的发展呢？答案是肯定的。

在西方，学生的权利也是一个在外延不断发展与更新的扩张性过程。如在英国，在新的形势下，学生实际拥有了两种新的权利：选择学校权与对特殊教育需求予以平等保护权，除此还有生命权和人身安全权、平等和不受歧视权、言论自由权、程序救济权。在美国，学生权利主要包括表达自由、受教育权、教育机会平等、人身安全权、正当程序权、不受非法搜查或逮捕。

基于“以权利为本”的理念，从最大限度地维护受教育者权益出发，在我国，除了上述所列举的“设施享用权、获取物质保障权、获得公正评价与相应证书权、申请法律救济权、参与社会权、法定的其他权”以外，还应当增加有限的学习自由权、有限的校务参与权、有限自治权等内容。

第一，有限的学习自由权。学习自由作为一项独立的权利是否受宪法学术自由的保护，仍存在着争议。一种观点认为，学习自由是学术自由的独立构成部分，大学生只要是自我负责地从事学术活动，也是学术自由的权利主体。另一种观点认为，学习自由的法理基础不是来源于宪法学术自由条款，而是宪法受教育权条款，因为学习与学术不同，学习自由无法视为学术自由的组成部分，实际上，学生的学习自由来源于受教育权中的教育选择权。[①] 我们认为，对于大学生来说，学习自由是有限的，既不同于受教育权，也不是完全意义上的学习自由，其法理基础主要是受教育权条款。即使保障大学生的学习自由，是大学所必须负起的责任，也能对于学习自由予以无限上纲的保障，否则反而会损及学习自由所赖于维系的学术自由，进而斥伤大学自治的精神，

① 董保城：《教育法与学术自由（初版）》，台湾月旦出版社股份有限公司 1997 年版，第 189 页。

也不能真正保障学习自由。[①] 具体来讲，教育选择自由权包括选择学校院系的自由、选择专业的自由、选课的自由、上课的自由、选择学习场所的自由以及参与讨论与表达意见的自由等几个方面。

第二，有限的校务参与权。在世界范围，学生参与高等学校内部的管理事务已经成为很多国家共同的制度，只不过学生参与的程度和方式在不同的国家、地区，基于不同的历史、不同的学校体制而有所差异。如大陆法系国家实行校长和委员会（评议会）共同管理学校的体制，学校各个层次的人员都有代表参与委员会，包括学生代表，学生通过自己选举的代表在各个委员会中占有席位，学生通过他们的代表在委员会行使表决权参与校务管理，体现了“效率和民主”相结合的管理理念。同时，在起决策作用的管理委员会或者评议会中，学生代表的比例一般和教师、研究人员代表接近。

在我国，2005 年教育部颁布的《普通高等学校学生管理规定》第 41 条规定：“学校应当建立和完善学生参与民主管理的组织形式，支持和保障学生依法参与学校民主管理。”而且，我国各级各类学校都有学生会以及各形各色的学生社团。但这些组织基本上成了半行政性组织，并没有成为学生依法参与学校民主管理的渠道。我们认为，大学生享有参与大学事务的权利，但学生参与学校事务管理应当是有限的，其判断的一个原则就是相关、能力、责任原则。如从相关原则来看，学生适宜参与的事项有：对于教师教学效果的评价、学术活动设施的管理、针对学生的处理决定、高校内部规则的制定等，其参与的方式可以有直接参与式、咨询交涉式、恳谈会和协议会等形式。

① 何子伦：“保障受教权勿大学自治”，《中央日报》1990 年 8 月 3 日。

第三，有限自治权。学生有建立和参与学生自治团体的权利。我国著名的教育家陶行知早在1919年就提出“学生自治”的思想。他说：“今日的学生就是将来的公民，将来所需要的公民，即今日所应当养成的学生。专制国所需的公民，是要他们有被统治的习惯；共和国所需要的公民，是要他们有共同自治的能力。中国既号称共和国，当然要有能够共同自治的公民。想有能够共同自治的公民，必先有能够共同自治的学生。所以从我们的国体上看来，我们的学校一定要养成学生共同自治的能力，否则不应算为共和国的学校。”他进一步说：“我们既要能自治的公民，又要能自治的学生，就不得不问问究竟如何可以养成这般公民学生。……养成服从的人民，必须用专制的方法；养成共和的人民，必须用自治的方法。”① 因为，“学生自治不是自由行动，乃是共同治理；不是打消规则，乃是大家立法守法；不是放任，不是和学校宣布独立，乃是练习自治的道理。”② 同时，作为学生自治的团体，应该在法律、法规规定的范围内活动，是一种有限自治。

2. 大学与师生法律关系互利共赢的参照：以学术自由为基准

在现代大学制度法人治理机制的运作过程中，要确保教师、学生等权利主体者的权利行使与表达，使教师、学生等权利主体不仅有权参与高校事务，而且更重要的是使其权利能得到法律的保护，实现大学与师生法律关系的互利共赢，必然要求大学实行学术自由。

那么，究竟什么是学术自由？如何确保大学学术自由的实现呢？

---

① 江苏省陶行知教育思想研究所、南京晓庄师范陶行知研究所合编：《陶行知文集》，江苏教育出版社1991年版，第78页。

② 陶行知：《中国教育改造》，东方出版社1996年版，第21页。

（1）宪法、法律层面学术自由的规定性

学术自由的原则是从中世纪欧洲大学教师的独立性原则发展而来。为了保证知识的准确和正确，学者的活动必须只服从真理的标准，而不受任何外界压力，如教会、国家或经济利益的影响。[①] 中世纪欧洲大学教师的独立性原则，到近现代社会，已经成为各国宪法、法律共同的原则。

在西方大学发展史上，大学的学术自由制度，既是一种基本组织制度，也是一种学术信念与价值观，更是一种制度环境。虽然中世纪的大学是自治的，却不享有学术层面的自由。将学术自由真正作为一种理念付诸实践的大学是 1810 年成立的德国柏林大学。然而，当初的学术自由仅仅是一种信念与价值观，并不是一种制度化的学术自由，在一定层面是学者的一相情愿。进入到近代社会以来，学术自由理念不断深入人心，其不仅仅是一种理念，而且在法律层面得到了认可。如在美国，大学自由的发展大致经历了“殖民地学院的信仰自由时期、德国学术自由思想的移植时期（19 世纪中后期）、美国学术自由制度化时期（19 世纪末至 20 世纪上半叶）、二战后学术自由的危机与挑战”[②] 等几个大的阶段。在美国学术自由思想制度化时期，其关键性时期就是 1915 年美国部分大学的教授在约翰·杜威等人的倡议下联合起来成立了美国大学教授协会（AAUP），并于同年发布了一项业已讨论成熟的计划书——《关于学术自由和教授任期的原则声明》，该声明阐述了学术权利的基础、学术机构的职能，而且提出了维护学术自由的思想和原则，该声明在 1940 年、1958 年、1970 年得到了进一步的补充说明和修正，使其更加的完善，

① ［美］约翰·S. 布鲁贝克，王承绪等译：《高等教育哲学》，浙江教育出版社 2002 年版，第 46 页。

② 张斌贤、李子江：“论学术自由在美国的制度化历程”，《沈阳师范大学学报（社会科学版）》2003 年第 5 期。

从而在很大程度上使得学术自由的原则在美国高等学校中制度化。“今天，学术自由不仅作为一种大学理念为各国的大学所认同，而且已成为一种现代大学制度。各国为了确保大学的学术自由，纷纷颁布相关的法律、法规，通过法律保护大学的学术自由，实现了学术自由的法律化。”①

在英国，大学的自治权和学术自由被认为是一种理所当然的事情，是英国特有的经验主义哲学观的反映。在美国，学术自由思想在19世纪传播时引起了激烈的争论，但通过最高法院的判决最终得以确立。

法国宪法上学术自由被包含在教育自由之内。教育自由是由宪法委员会根据法律承认的基本原则确认的，具有宪法原则的性质，包括提供教育自由和接受教育自由两方面。提供教育自由的根据是在尊重宪法和法律的前提下，任何人都可以自由地根据自己选择的方法提供教育。接受教育自由则表示，学生完全可以自由自在地选择学校学习。教育自由意味着教育的多元化。多元化具有三方面含义：教育不能被垄断，如公立学校垄断，要允许创立私校；家长或学生完全有权决定在公立或私立学校就读；教育者也享有一定的教学自由。②

德国基本法规定了教科文自由，属于表达自由。公民有从事艺术、科学、教育和研究的自由。但教育自由应忠诚于宪法，以限制其滥用，防止破坏自由民主基本秩序，即不得宣传用实际行动和武力反对宪法。同时规定了教育与宗教相分离的原则。③

日本宪法规定了学问自由，属于精神自由，通常是指形成、发表、讲授思想及学说体系的自由以及达到此目的的手段自由。

---

① 张斌贤、李子江：“论学术自由在美国的制度化历程”，《沈阳师范大学学报（社会科学版）》2003年第5期。

② 韩大元主编：《外国宪法》，中国人民大学出版社2000年版，第94—95页。

③ 同上书，第143—144页。

广义指一切学术研究及其发表、讲授自由；狭义指高深学术研究、高层次教育机关的自由，特别是大学自由，包括实现大学自治。①

学术自由属于韩国宪法上的精神自由。学术与艺术自由是国民的一项基本人权，受国家法律保障。宪法规定的学术自由主要包括研究自由、自由地发表研究成果的自由、讲授的自由与大学自治等。②

南非宪法规定，学术自由和科学研究的自由属于表达自由权的组成部分。但不得进行战争宣传、怂恿暴力的煽动和基于种族、民族、性别或宗教的憎恨，并构成引起伤害的鼓动。每个人有权自行出资建立和维持独立的教育机构，但该机构不得建立在种族歧视基础之上，为教育权。③

意大利 1947 年“宪法”规定：(1) 艺术与科学自由，讲授自由。(2) 共和国颁布关于教育方面的一般规范并设立各种类型和各级国立学校。(3) 团体与私人均有权创办无须国家负担的学校与教育机构。(4) 在规定非国立学校的权利与义务时，应本着平等的精神。法律应当保证此等学校享有充分的自由，并保证对其学生实行与国立学校学生相同的学校制度。(5) 高等文化机关、大学和科学院在国家法律所规定的范围内，有权颁布自治规章。

古巴 1976 年“宪法”规定，创造性的科学研究活动是自由的。国家鼓励和奖励科学研究，首先旨在解决保证全社会利益和人民福利的科学研究。④

---

① 韩大元主编:《外国宪法》，中国人民大学出版社 2000 年版，第 253 页。

② 同上书，第 302 页。

③ 同上书，第 379—380 页。

④ 参见萧榕主编:《世界著名法典选编（宪法卷）》，中国民主法制出版社 1997 年版，第 86 页。

希腊宪法规定，艺术、科学、研究和讲授自由，促进它们的发展是国家的职责。学术自由和讲授自由并不免除任何人忠诚于宪法的义务。

(2) 学术自由的内涵

在很多国家的宪法、法律中，都对教育自由、表达自由、研究自由、学术自由作了相应的规定。但是关于学术自由的内涵却有着不同的观点。

德国行政法认为，学术自由属于精神自由的范畴，通常是指形成、发表、讲授思想及学说体系的自由以及达到此目的的手段自由。广义指一切学术研究及其发表、讲授自由；狭义指高深学术研究、高层次教育机关的自由，特别是大学自由。[①] 德国洪堡大学 Paul Kirchhof 教授认为学术自由有六大内涵，即不受驾驭；严谨地对知识进行探索及传播；共通联络的自由；学者的行为可以自我决定，并且对其行为自我负责；防止国家侵害；国家提供财力和机构支援。[②]

日本学者宫泽俊义认为，学术自由指学问研究活动的自由，研究者在学问研究上，有抱有任何见解学说的自由，具有思想良心自由的性质；研究者有表现其学问见解的自由，具有表达自由的性质。学术自由对于学校教育尤其具有意义。作为研究者的教授自由多指大学教授的自由，而其所称大学也不专指具有大学名称的教育机关，或学校教育法上的大学，而是指以最高程度的纯粹学术研究及教授为其任务的教育机关而言。[③]

美国大学教授联合会于 1915 年宣言公布了学术自由的主要原则：教授作为教师和学者有权自由发表言论；除非不称职或有

① 韩大元主编：《外国宪法》，中国人民大学出版社 2000 年版，第 253 页。

② 劳凯声主编：《中国教育法制评论（第 1 辑）》，教育科学出版社 2002 年版，第 325 页。

③ 转引自林纪东：《比较宪法》，五南图书出版公司 1980 年版，第 130 页。

道德缺陷，教师的职位必须得到保证；教授受处分前有申诉的权利。

有人认为，学术自由并非是指每个科学家都应当进行其认为最想进行的研究，也不是指整个科学应当自治，“毋宁是指应当有尽可能多的独立的研究工作中心，在这些工作中心里，至少那些已被证明有能力增进知识发展并被证明能专心于自己研究工作的人士，能够自行确定其将为之付出精力的研究问题；在这些工作中心里，他们能够阐述和讨论他们已经获得的结论，而不论这些结论是否符合其雇主或大众的愿望”。[①]

我国台湾学者林纪东认为，学术自由的基本意义是指大学（或其他高等学府）教师有发表、讨论学术意见而免于被除职之恐惧的自由。在学术自由下，大学的教师有从事思考、研究、发表和传授其对真理之一见一得的自由。这种自由除了受基于理性方式产生的纯学术行规与权威的制约外，不受其他管制或权威的干涉与控制[②]，“不能以某种学问的研究，对于国家社会有害，违反公共福祉及错误为理由，制定法律，加以弹压、禁止或妨害”。[③] 学问是否对国家社会有害、违反公共福祉或有无错误，最终应该由学术自身予以判断，而不能以国家等所谓的公共权威擅作判断。这才是学问自由的真义，因为只有自由地进行学术，才能真正符合公共福祉。

《国际高等教育百科全书》认为，学术自由是教师在其学科领域内的自由。它保证高等学校的教师和研究者不受政治的、基督教会的或其他行政当局的组织、戒律或指令从事其工作，不考

① 转引自［英］哈耶克，邓正来译：《自由秩序原理》，生活·读书·新知三联书店 1997 年版，第 178 页。

② 参见金耀基：《大学之理念》，生活·读书·新知三联书店 2001 年版，第 172—173 页。

③ 林纪东：《比较宪法》，五南图书出版公司 1980 年版，第 204 页。

虑他们的个人哲学观点、行为习惯或生活方式。它是授给这些个人的一种自由，以保证他们有机会为了发展知识从而有益于整个社会的目的来检验和质疑各种公认的见解。

《简明不列颠百科全书》（第 8 卷）把学术自由解释为：教师和学生不受法律、学校各种规定的限制和公众的不合理干扰而进行讲课、学习、探讨知识以及研究的自由。

蒙罗（G. R. Morrow）在《国际社会科学百科全书》中认为学术自由是指大学（或其他高等学府）教师有发表、讨论学术意见而免于被除职的自由。[①]

基于宪法、法律层面的学术自由规定性以及学术自由的分析，我们认为，学术自由的内涵非常广泛，其主体是多样的，内容是丰富的。从高等学校特定的范围来看，学术自由不仅包括大学教师、学者、研究人员享有教授、研究和发表见解、观点、成果的自由以及在学术交流中充分发表自己言论的自由，而且也应该包括学习者即学生享有的学习自由，同时作为国家不得以政治权威、行政干预、外力恐吓等手段加以干涉，并且应积极通过各种制度的手段予以保障。

（3）学术自由的特征

学术自由的独特性在于其自治性、开放性、信念性与环境性的统一。

其一，学术自由的自治性。学术自由首先意味着学术自治。传统学术自治指的是学术机构（大学）的自治，即大学是一个学者团体，学者们自己管理自己，不受外来的控制。“自治是学术自由的组织保证”。[②] 由于学术是一种专业性判断，不仅包含着对现有知识的判断，还包括了对现有知识所无法解决的事务的

---

① 金耀基：《大学之理念》，三联书店 2001 年版，第 172 页。

② 卢晓中：“高等教育的学术自由与学术自治——兼论中国高等教育学术权力的提高”，《有色金属高教研究》2000 年第 2 期。

判断，只能由学术自身的从事者来进行。大学教师正是从事学术的核心主体，因此只能由大学而不能由国家或者社会对学术做出判断。

其二，学术自由的开放性。学术自由意味着学术的开放性，仅仅强调学术自主性而忽视学术的开放性，可能造成学术封闭，并不能够真正实现保护学术自由的目的。学术自由在某种意义上正是为了抵抗学术自治对学术自由的侵害而出现并受到强调的一个概念和思想，尽管学术自治“对学术自由起一定的保护作用”，但这种“保护”仅仅限于大学系统外部对学术自由的侵犯，伴随学术自治可能并在历史上已经多次出现过的偏执、保守和排斥，大学教师的学术自由受到了侵犯。①

其三，学术自由的信念性与环境性的统一。对于大学来说，学术自由既是一种信念又是一种环境。在学术自由的信念下，大学教师享有按照自己的学术爱好和学术界公认的标准从事教学与研究的自由；在学术活动中通过言语交谈、书信写作和出版物发表其研究成果的自由；结成学者社团并参与社团活动的自由，以及通过出版物、口头或书信的方式与大学内外国内外同事及同行进行学术交流的自由。在学术交流的环境中，大学教师不因其教学、研究、出版等学术活动而导致地位、职务或公民权利受到威胁或侵犯；在学术活动中，大学教师既不受同事、系主任、院长、校长或董事会意见的限制，也不受大学之外的任何权威，不论是政府官员、政治家、牧师或主教、出版商还是军事人员的干扰；教师的学术活动只服从真理的标准，不受任何外界压力的影响。②

① 卢晓中：“高等教育的学术自由与学术自治——兼论中国高等教育学术权力的提高”，《有色金属高教研究》2000 年第 2 期。

② 别敦荣：《中美大学学术管理》，华中理工大学出版社 2000 年版，第65—66页。

（4）学术自由的价值分析

学术自由是一种自治性、开放性、理念性、环境性的表达，这种表达需要对其在内容、主体、性质层面进行价值分析。

其一，学术自由内容层面的价值分析。学术自由的内容表征的是学术自由具体包含什么？学术自由的内容不是无度的，是有限度的。这就需要从内容层面对学术自由进行界定，哪些属于学者、学生进行教学、研究与学习的内容？哪些属于完全开放、哪些属于半开放、哪些属于不开放？对学术自由的内容的规定，不仅要考虑国家、民族的现实需要，更应该考虑学者自身的内涵与素养，不能一概而论，否则就会造成对学术自由的过度干预或不当干预或过失干预，从而使学术自由要么走向极端的不负责任、要么走向没有话语权的政策注解、要么走向没有立场的风向标。

其二，学生自由主体层面的价值分析。从权利的主体来看，学术自由既是个体权利又是团体权利。学术自由的主体首先是公民。学术仍然是由大学或者其他机构中进行学术研究的个人所进行的。学术自由构成公民的主观性公法权利。“学术自由是学者个人在其为追求真理进行的教学和研究过程中所享有的自由，如此学者不需要当心因为触犯政治、宗教或者社会的正统信仰而受到惩罚。学术自由是一项基本权利，削弱这一自由的政府行为合法是不可想象的。”① 同时，学术自由也是团体权利。大学是宪法学术自由的主体。当学术自由从个人领域转移到组织领域，团体学术自由（Institutional academic freedom）与个体的学术自由（Individual academic freedom）之间的冲突也开始发生。大学所

① Terrence J：Mac Taggart and Associates，Seeking Excellence Through Independence，Jossey - Bass publishers，San Francisco 1998. p. 60. Terrence J：*Mac Taggart and Associates*，*Seeking Excellence Through Independence*，Jossey - Bass publishers，San Francisco 1998. p. 60.

享有的团体权利对国家而言，虽然具有防御权的性质，对其成员所享有的个体权利来说，却具有了侵害权的性质，团体权力滥用是“影响当今社会最重要的问题”。[①] 团体学术自由者坚信学院和大学的决定应该免予司法审查，而个体学术自由者则坚信法院必须介入以保障教师和学生的学术自由不受大学的侵犯。个体权利与团体权利共同构成了大学法治的内容。

从学校教师层面来讲，现代大学制度“学术自由”的思想精神，反映的是学生学习与教师教学、研究的主体性，即体现大学的精神自由，从而实现教学、研究自由与学习自由。

首先，教学自由是教师主体性的体现，《世界高等教育宣言》明确指出：大学自治和学术自由是21世纪大学发展的永恒原则。因为教师是实施教育计划的主将，把最新的知识传授给学生，是学校成为学校的第一要素。教师的教育教学权也是我国《教师法》、《教育法》明确规定的教师的一项权利。这项权利在教育教学过程的实现即为教师的教学自由，也就是说教师可以根据教育计划、教学大纲、教学工作量等的要求，合理地确定教学内容与进度、针对不同教学对象而开展教学改革与试验。任何机构、组织都不得干涉教师的教学自由，否则就是对教师权利的干涉。“在一个大学中，知识就是它本身的目的，而不只是达到目的的手段。一个大学如果变成教会、国家或任何局部利益之工具，那它将不再对它自己的本质忠实。大学是为自由研究的精神所塑造。”“大学的任务即在于提供一个最有益于思维、实验和创造的环境。那是一个可以达成大学的四项基本自由的环境——在学术的基础上自己决定‘谁来教’（Who may teach?）、‘教什么’（What may be taught?）、‘如何教’（How to teach?）以及

① ［英］丹宁勋爵，刘庸安等译：《法律的训诫》，法律出版社1999年版，第164页。

‘谁来学’（Who may be admitted to study?）。”[①] 显然，教学自由的实现，是教师主体性的实现。

其次，教师除了教学自由以外，还应当有研究自由，体现治学自治的精神，实现教师的思想自由。我国《高等教育法》第10条规定：“国家依法保障高等学校中的教学研究、文学创作和其他活动的自由。”研究自由有了法律的规定性及其得到了法律的保护，任何组织、机构都不得违反法律规定而对教师的研究自由横加干涉。因为“大学教师享有按照自己的学术爱好和学术界公认的标准从事教学与研究的自由；在叙述活动中通过语言交谈、书信写作或出版物发表其研究成果的自由；结成学者社团并参与社团活动的自由，通过出版物、口头和书信的方式与大学国内外同事和同行进行学术交流的自由。”[②] 在这里，大学的研究自由，需要反对学术霸权，提倡不同声音的展现，才能使学术得到发展；同时研究自由，不是固守“象牙塔”，不是“学术中立”，需要针砭时弊。惟有如此，人类的知识才能丰富，思想才能深刻。在现代大学制度建构中，教师的研究自由是至关重要的，因为教师的研究自由不仅是谋生的手段，更是实现其生命意义与价值的途径；不仅是一种外在的权利层面的自由，更是一种内在精神的自由，是教师在学术活动中对任何学术结论的理性批判和对真理的追求，不是依附于谁，而是基于学者的良心、责任与使命感，实现研究的自由。

再次，学生在学习的过程中，也应当体现自由的精神，即为学习自由。因为从现代教学论的理念出发，教学本质上就是“教”与“学”的双边活动。学生的学习自由来源于受教育权中

① 申素平：“公立高等学校与政府的分权理论”，《比较教育研究》2003年第8期。

② 杨东平：“现代大学制度的形成、演变和创新”，《国家教育行政学院学报》2005年第5期。

的选择自由权。具体来讲，学生的学习自由包括：择校的自由、选专业的自由、选课的自由、上课自由、参与讨论及表达意见的自由。而且美国 AAUP 联合九个全国性的教育团体也于 1967 年发表了“关于学生权利和自由的联合声明”，提出了学习自由的六项重要内容：接受平等教育的自由、在教室内言论表达的自由、学生记录免于不当公开的保障、在校结社的自由、在校外行使公民权的自由、对学生的惩戒履行正当程序。[①] 然而现实中学生的学习自由受到学校规则、教师教学自由的限制乃至冲突，使得学生的学习自由在现实中很难体现进而并没有引起人们的重视。我们认为，学生的学习自由，应当有明确的法律保护，学校、教师对学生的惩戒应履行正当程序原则。“举凡教育内容、学习目的、修课目录、学生之地位等有关大学生学习自由之‘重要事项’，皆应以法律明文限制之，或有法律明确之授权。尤其是足以剥夺大学生学习自由之退学或开除学籍处分，更应以法律明定其事由、范围与效力，而不得仅以行政命令或各校之学则即予剥夺，此乃法律保留原则之基本要求也。”[②]

其三，学术自由性质层面的价值分析。学术自由兼具自由权与受益权属性，属于复合人权。学术自由不仅禁止国家对学术领域的干预行为，同时要求国家应积极保障与促进学术自由，避免学术自由受到侵害。在学术自由具有客观价值秩序的作用下，国家负有两个义务，一是国家应提供人力、财力以及组织力，以实现或促进学术及其研究，亦即应提供一个能够发挥学术功能的机构；二是应提供适当组织性措施，使学术活动自由不受侵犯。[③]

---

① 周光礼：“学习自由的法学透视”，《高等工程教育研究》2005 年第 5 期。

② 《当代公法评论》，台湾月旦出版社 1993 年版。

③ 董保城：《教育法与学术自由》，台湾月旦出版社股份有限公司 1997 年版，第 120 页。

（5）学术自由的限度与实现

基于学术自由特性分析以及不同国家对学术自由的法律法规规定性来看，学术自由不是无限度的，而是有限度的。那么，学术自由的限度如何规制？在规制的基础上如何确保学术自由的实现？

一方面，学术自由作为基本权利，对其限制要遵循宪法保留原则。第一，公益限制。学术自由作为基本权利，基于并且仅能基于公共利益目的予以限制。第二，法律保留限制。基于公益目的对学术自由的限制，原则上应当以法律为之；学术自由的根本性内容，应当由立法机关制定的法律明确保障，禁止立法机关任何形式的再次授权；法律规范学术自由的密度，应当以重大性事项为标准。对于牵涉学术自由的重大性事项应当由立法机关进行，不得随意授权行政机关制定法规规章。第三，比例原则限制。比例原则包括妥当性原则，强调目的符合性；必要性原则，强调尽可能最小侵害原则；均衡性原则，以利益衡量方式强调目的与人民权利损失两者之间是否成比例。前两者偏向客观的立场来决定手段的取舍问题，后者从主观的角度以偏向人民的立场来决定该目的是否应当追求，手段要不要采取。由于学术自由往往与公民的其他基本权利交织在一起，对其限制是否妥当、限制的手段是否合理，有待于在具体个案中的利益衡量。学术自由的比例原则限制尤其具有意义，可以节制立法，解释法律规定，作为司法审查标准。[①]

另一方面，对学术自由的限度要受到大学外部与大学组织本身对学术活动的双重限制。大学外部的限制主要来自于社会干预的合理性与合法性。社会干预一方面是学术自由实现的障碍，另

---

① 关于基本权利的限制，参见陈新民：《德国公法学基础理论》，山东人民出版社 2001 年版，第 369—381 页。

一方面又为克服其他障碍提供了条件。因此，学术自由的实现既需要社会干预，又要遏制社会干预。在当代社会，当社会对大学的限制减到最小时，也意味着社会对大学的支持减到最小。社会的支持包括法制、政治、物质、文化等各方面，支持的减少对学术自由的实现同样是极为不利的。当学者们不得不忙于衣食住行而无暇进行学术创作时，何谈学术自由的实现？因此，社会干预学术自由是应该的，但也应是正当的。大学组织本身对学术自由的限制主要是一种精神层面的主体自身的规限。在当前，学术自由实现的最大限制来自于学者自身，来自于学者对社会功利的过于追求，即学者追求学术以外的东西，把学术视为可以换取金钱、名誉及地位、权力的商品。因此，大学组织本身对学术自由的限制主要要表现出一种“为学术而学术”的精神。

另外，在对学术自由进行限制的基础上，还应尽可能地保障学术自由。对于学术自由的保障应从内外在制度两个层面来考量，内在的制度侧重于通过学者的认同来保障学术自由，外在的制度侧重于通过法律、制度、职业安全等手段来保障学术自由。

首先，通过法律制度手段来保障学术自由。现代大学学术自由制度的根基，就在于保障学术自由。一方面，国家、学术机构以及学者，要积极推动法律、法规、规章、行政决定和命令以及学术机构的内部制度对宪法之学术自由权条款的贯彻落实，使学术自由权不至于仅仅停留于宪法条文的宣告；另一方面，要尽快拓展对学术自由权的司法救济渠道，在违宪审查制度得以确立完善之前，至少要使行政诉讼救济机制畅通无阻，民事诉讼救济也需要进一步完善，在有关学术自由案件的受理、程序设置、判决说理等方面致力于权利保障和结果公正的目标。

西方主要国家都有一套完备的法律制度来保障学术自由。学术自由受宪法保障最早源于 1849 年德国的“法兰克福宪法”，到现在已成为一种人类普遍认同的价值观并受到各国宪法的确认与保障。西方诸国除在宪法上肯定学术自由为基本权利之外，还辅之以配套的法律规范以确保学术自由的贯彻与落实。如德国不但在宪法中规定了学术自由作为基本权利受保障，其《高等教育总法》（1976）更是明确地将研究自由、教学自由、学习自由作为三大学术自由进行保护。在日本，除宪法明确提出保护学术自由之外，其《教育基本法》也重申“要尊重学术自由”，而且以公务员特别条例的形式规定大学教师是国家的特殊公务员，其学术自由不因公务员的身份而受影响。美国为了切实保障学术自由，于1915年成立了“美国大学教授协会”（AAUP），发表了旨在保护学术自由的“原则宣言”。其核心主张是长期聘任制度与教授会裁判制度，这实质上提出了学术自由实现的物质保障问题。这一点对学术自由至关重要，它能使大学教师在从事学术研究时无生活之虞。而学术活动实源于一种闲逸的好奇心，惟有可靠的物质保障才能呵护这种好奇心。其后AAUP又先后于1925年、1940年、1970年、1990年发表了一系列的“原则声明”，建立了一整套保障学术自由的制度。这些“原则声明”曾被美国法院引用，具有一定的法律效力。[①]

其次，通过学者的认同来保障学术自由。当外在的制度达到一定程度以后，各种学术主体要具有权利意识和责任意识。要如珍视自己的人格尊严一样尊重他人的自由权利；要如珍视自己的生命一样珍视自己的权利；要有为权利斗争的精神。学者要首先承担起推进学术自由在各个方面进步的使命；要有学术伦理观念，遵守普遍性的学术规范；要有社会良心和作为学者的独立人格。权利也意味着责任，不仅尊重他人的权利明显属于责任，而且，尤其是在学术自由权尚未得到社会普遍尊重的今日中国，争

① 周光礼：“学术自由的实现与现代大学制度的建构”，《学术界》2003年第2期。

取自己的权利也是责任。理性告诉我们，自己遭受侵害时的屈服只能导致更多的侵害，他人遭受侵害时的淡漠可能导致自己遭受侵害，而每一次屈服和容忍，都为最终导致侵害的正当化与合法化提供了“赞助”。学术自由的保障，在根本上要依靠各个学术主体亲身实践，只有如此，学术自由权的法律保障制度才有意义，这就需要我们培育学术独立意识，一方面，学者要致力于养成超然性的品性，虚静守一，专心致志，惟真理是求；另一方面，要求社会培育学术宽容的精神，尊重学术的独立与尊严。

总之，现代大学的学术自由制度理应是现代大学制度的本质规定性之一，促使学术自由的理念与价值追求转型为制度化的组织设计，以制度为根基，使学术自由得以制度化，其目的在于促进与保障教师与学生的学术权利得以实现，使得大学的发展按照知识的、学术的、学科的逻辑行进，真正形成“教师的教学与研究自由和学生的学习自由”的良好态势。

（三）科学治理：大学内部权力制衡治理机制的合理表达

所谓科学治理体现的是大学内部的治理机制问题，应是党委治党、校长治校、民主参与、学生自治。在现代大学制度建构和实现的过程中，大学自治、学术自由是应然层面的本质规定性，处理的是大学与政府、教师、学生等的关系，是大学理念、大学精神、大学思想的表征。而要真正落实现代大学制度，则必须从大学内部的治理机制入手，理顺大学管理中不同主体间的角色与定位，做到权责的合理分配与制衡，实现权责利的统一。大学内部的治理机制要实现合理的分配与利益的表达，应当做到科学治理。

从西方大学的发展历程来看，其内部的治理机制是一个动态的生成过程。在美国，由于校际之间传统文化的差异，大学的内部治理有很大的不同。但大多数高校都实行董事会制。董事会是大学的最高权力机构，决定大学的宏观政策与发展方向。董事会成员由州政府任命或公众选举，州长、州教育局长、大学校长、大学事务局长都是董事会成员。董事会选举和任命校长，校长作为法定代表人和执行官，具有管理学校日常事务的权力，而校内的学术事务则由校长主持下的教师评议会负责。在德国，高等学校的最高权力机关为校务会议，其成员由教授、助教、学生和职工代表组成，它制定学校的一切法令、规定，选举正副校长。大学设立校评议会，作为校务会议下的最高领导机关，大学的决策与执法工作由评议会主持，校长担任评议会主席，学校的人员任免和校务会的决议要先征得评议会的同意。在法国，大学的最高权力机关是校务委员会、校科学委员会和校学业与大学生活委员会。三个委员会代表选举校长。三个委员会由教师、科研人员、学生、行政人员、职工和校外知名人士组成，校长主持三个委员会的工作。三个委员会与校长的关系是：校长有决定权，校务委员会有审议权，校科学委员会和校学业与大学生活委员会有建议、表达意见及愿望的权利。但大学校长在决策时要执行三个委员会的决议，听取他们的意见与建议。在日本，大学治理结构由校长、评议会和校教授会组成。大学校长由评议会或教授会提名，文部省任命，主持学校行政事务。校评议会由校长、学部长、学部教授、研究所所长等组成，协助校长制定规章制度，提出预算方案，审议校内重大事务；教授会由教授、副教授和其他教学人员组成，负责处理校内主要涉及学术事务和人事方面的重大事务。①

显然，西方大学的内部治理机制中，一个明显的特点就是权力分配的多中心化，真正能够体现不同主体的主人翁意识和精

---

① 郎益夫、刘希宋：“高等学校治理结构的国际比较”，《北方论丛》2002 年第 1 期。

神，实现了行政权力、学术权利、学生权利的融通和媾和，不同的权力行使者，都是基于权力间的相互制衡与约束这个层面来维护学校的正常运行与发展，不同的主体都有表达权利的自由与渠道，从而实现利益的整合。

从我国现行高等学校的内部治理机制来看，我国大学的治理结构与上述国家和世界其他国家有较大差异，这种差异不仅在于执政党对大学事务的直接管理，而且体现在大学管理权力的高度集中和监督机制的薄弱。依据《高等教育法》的规定，大学实行党委领导下的校长负责制。党委常委和校长、副校长由主管部门的党组织决定任命，其中党委常委必须在党内选举的基础上，由上级党组织任命；学校党委对学校干部有任免权，对重大事项有决定权，校长对行政、学术、教学、外事等工作有决定权。学校学术委员会作为学校的“咨询机构”、“审议机构”为学校的教学、科研发展提供保障。教职工代表大会居于参政、监督地位。我们认为，我国现行的高等学校内部治理机制存在着极大的缺陷。①

这种内部治理机制的缺点之一是学校法人权力的高度集中。学校党委与行政统揽学校的人事、财务、教学、科研等学校事务，学校决策机构与行政职能部门在高校自主权不断扩大、落实的情况下，拥有越来越多的法人权力；而院、系作为高等学校实施教育教学与科学研究的实体，在这一场政府与高校的权力分割中并没有得到多少实际利益。高等学校作为高度专业化的学术组织，各个院系和专业都有自己专门的研究领域和独特研究方法与教学要求，他们对哪些人适合这个领域研究、教学与管理、研究与教学水平怎样；哪些人适合这些专业的学习；各专业应该开设

① 陈鹏：《公立高等学校法律关系研究》，高等教育出版社 2006 年版，第 148—152 页。

哪些课程、选择什么教材、以什么方法进行教育教学应该有充分的发言权。但就现行学校内部的权利配置而言，不论是《教育法》，还是《高等教育法》都没有对高等学校内部各院系的权利与义务作出安排，招生，教师选拔、聘任，教学计划的制定，人事任免等权力集中于学校决策与职能部门，院系没有权力或权力很小。因此，在高校自主权落实后，如何适当地实施分权，扩大院系自主权是当前高等学校法人权力配制的重大问题。

这种内部治理机制的另外一个缺点是高校的学术权力不断萎缩。有关高校行政权力与学术权力的研究是近年来高等教育研究的一个热点，学者们从不同的角度分析了高等学校行政权力的扩张与学术权力的萎缩的表现、原因，提出相应的改革方案。我们认为，产生这一现象的法律根源是我国《教育法》、《高等教育法》没有对高等学校学术组织的权力作出刚性规范，导致学术组织行政化与学术组织功能退化。

这种内部治理机制的缺点之三是监督权的弱化。在现行体制下，高校党委行使人事和重大问题的决策权，校长及学校行使教学、科研、人事、财物等行政管理权，而教职工代表大会行使监督权。教代会是教职工行使民主权利、民主管理学校的重要形式，是宪法所规定的“人民依照法律规定，通过各种途径和形式，管理国家事务，管理经济和文化事业，管理社会事务”在高等教育领域内的具体体现。《教师法》第 7 条第 5 项规定：教师“对学校教育教学、管理工作和教育行政部门的工作提出意见和建议，通过教职工代表大会或者其他形式，参与学校的民主管理。”教职工代表大会能否行使对党委的决策权和校长的行政权的监督？回答是否定的。从权力隶属关系讲，高校党委是在高校党的代表大会基础上由上级党委任命的，它只对党代会和上级党委负责，并不对教职工代表大会负责。而且依据《高等学校教职工代表大会暂行条例》的第 3 条、第 18 条的规定：“教代会应坚持四项基本原则，遵照党的方针、政策和国家的法律、指令，在学校党委的领导下行使职权。”“学校工会委员会承担教代会工作机构的任务，在党委领导下，会同有关部门做好下列工作：（一）做好大会的筹备工作会会务工作，组织选举教职工代表，征集和整理提案，提出大会方案和主席团人选提议名单，经党委批准后，召开大会……”所以，依靠教职工代表大会和学校工会无法行使对高校党委的监督。虽然高校党委有上级党委的垂直监督和党内监督，但这些监督不是高等学校法人内部各权利主体之间的监督，它与其他权利主体之间构不成权利制衡。一个健全的高等学校法人制度，需要各权利主体之间形成一个相互制衡的治理结构，不允许不受制约的权利主体存在。那么，在健全我国高等学校法人制度过程中，谁来监督高等学校决策者的行为就成为十分难以解决的问题。一方面，我们要加强高校党的领导，以保障高校的社会主义方向，另一方面，高校党委决策权难以制约，容易导致权力腐败，这种两难境地的确需要我们在深化改革过程中不断研究与创新。

基于对我国现行高等学校内部治理机制现状的分析以及在对照西方大学内部治理机制的基础上，大学的内部治理机制应能做到不同主体间的权力分配与制衡和利益表达与整合。在遵守我国现行法律法规的前提下，我们认为，中国大学的科学治理应是党委治党、校长治校、民主参与、学生自治。具体来讲：要完善我国现行高等学校内部治理机制，应从以下方面做起：（1）实行政府与公立高校的委托、监督办学的制度安排。政府是公立高校的投入主体，又负有规制高等教育、促进高等教育公平的义务，理所应当对公立高校的运行起到监督、调控的作用。为了充分保证公立高校的社会主义办学方向和办学自主权，政府应当同高校直接管理层建立比较明晰的委托—代理关系，为探索建立有中国特色的现代大学制度提供基础。党委应站在更高的位置对高校实行领导，确保高校的社会主义办学方向和党的教育方针的落实；党政协调应以职权划分的明晰为条件，当前迫切需要坚持和完善党委领导下的校长负责制，进一步明确党委和行政在高校各自的权力范围和责任，形成各有侧重、各有分工的良性制衡关系。[①]（2）公立高校内部行政权力和学术权力分开。高等学校科层制的体制与学术联合体的属性决定了大学的事务大致区分为学术事务和行政事务，分别由学术权力和行政权力进行管理，其中学术权力对学术活动起着支配性作用，遵循学术自身的规律运行，强调大学的教学、科研使命，体现教授治学、学术自由、兼容并包的精神；行政权力在高校管理中起着行政负责的作用，对学术活动的正确方向进行保证监督。（3）完善高校用人机制。教师及学者团体是高校资源的根本，高校应当加强人力资源的整合，改革教师薪酬机制和忽略科研成果、教学业绩的考核机制，建立短期激励与长期保障相结合以及学校财力可持续支撑的新型薪酬激励制度，实行人才外部引进和内部培养相结合的人力资源管理方式，为他们创造宽松的环境；强调学术使命，促进学者团体道德自律。[②]（4）大学行政管理的科学化。随着办学规模和校区范围的扩大，高校与社会联系的日益紧密，公办高校各项行政管理事务的大量增加，加上原有治理结构的调整，迫切需要高校内部进行新的管理体制改革和行政管理流程再造。在组织结构上，实行以学院为主体的管理模式，行政部门按照突出宏观管理、战略规划、目标督查和绩效评估等职能进行设置；在管理手段上，应当建立起完善的数字信息处理系统，建立权威的数据中心，逐步实现行政部门的协同办公，以有效配合学校校务公开、民主办学和

---

① 陈玉琨、戚业国：“论我国高校内部管理的权力机制”，《高等教育研究》1999 年第 3 期。

② 唐宁：“高校人力资源管理若干热点问题的经济分析”，《厦门理工学院学报》2006 年第 3 期。

内外监督。(5) 完善公立高校的外部监督机制。为增强高校行为的自律，可借鉴国外做法，通过建立中介机构，依靠开放的社会中介力量，实施对高校的评估和监督，间接规范高校的行为。具体设置既可采取政府组织形式，又可采取高校或民间组织形式；既可设置咨询、监督性的机构，也可设立审议、评估性的机构，结合具体情况，逐步建立多样化多功能的中介机构，完善高校法人制度的运行机制。①

因此，现代大学的科学治理制度应是现代大学制度的本质规定性之一，其目的在于处理大学内部不同主体间权力行使者的关系，使得不同主体能够发挥各自的能量，和谐相处，相得益彰，各尽所能，权责分明，真正做到“党委治党、校长治校、民主参与、学生自治”的良好内部环境与氛围。

（四）公益为本：大学法人治理的特殊性

所谓公益为本体现的是大学的性质与特点问题，即大学与企业的本质区别在于大学是追求公益的，企业是追求私益的。大学的存在不同于企业，它不仅仅传授和研究高深学问，使人类的文化得以继承、传播、交流以至创新，而且更重要的在于大学能够提升整个民族的素质，从而使中华民族立于世界民族之林。因此，大学的发展不可能像企业的发展一样完全走向市场化、民营化、私有化、赢利化，大学的发展依赖于国家、政府、社会、市场等诸多力量的支持和培育；同时，作为大学本身也应该恪守“公益”的本质，努力实现教学、科研、社会服务的功能，不能朝令夕改，跟着市场走，更不应该以办大学为名，搜刮民财、非法敛财，否则陷入“本体危机”的泥潭将不能自拔。

---

① 陈建新：“对完善公立高校法人制度的思考”，《边疆经济与文化》2006 年第 6 期。

从法理上讲，大学作为事业单位法人，是非企业法人的一类，它与企业法人有着鲜明的不同。首先，大学的设置目的不同于企业。设置大学的根本目的是培养国家所需要的理想公民。对理想公民素质的要求，虽然不同的社会制度，同一社会制度的不同发展阶段有所不同，但其基本的要求一般包括品德、智力、体质、人格等方面。我国大学的设置目的就是培养德、智、体等方面全面发展的社会主义事业的建设者与接班人。而企业是以营利为目的的生产和经营单位，追求利润的最大化是企业发展的终极目标，也是企业发展的原动力。因此，对企业的发展是以经济效益高低为衡量标准。而衡量大学发展水平，则主要看人才的培养质量，即学生是否得到了全面发展。其次，大学的经费来源不同于企业。大学的投资主体不同，经费来源则不同。从我国当前教育发展的现实来看，国家依然是主要的投资主体，其他社会力量举办教育作为我国教育发展的新的增长点，与国家举办的大学相比较仍然不占主要地位。因此，在我国，教育经费主要来源于国家的财政拨款。国家出于公益性的要求拨款于大学，包括根据《民办教育促进法》对民办学校的补助，这些资金的使用，与企业借贷资金不同，是无须偿还的。而企业则必须拥有直接从事生产经营活动的资产，并以这种资产进行生产经营活动，实现资本的增值。尽管企业也可以通过贷款筹集资金，但这些资金是有偿使用的。再次，对大学的调节手段不同于企业。由于大学是公益性组织，它的办学活动直接影响到学生受教育权的实现。因此，教育法在赋予大学法定的办学自主权的同时，也必须对其权能做出必要的限制。国家应根据社会发展的需要，干预学校的办学方向、发展规模以及大学的结构等。大学所拥有的办学决策权、用人自主权、招生分配权、学校财产权等实际上在国家宏观的监督与控制之下。尽管市场在一定程度上实现着对教育资源的配置与调节，在教育发展过程中也可能把市场机制引进到教育过程中来。但衡量大学发展的水平不能简单用经济效益作为标准，不能以经济效益代替教育的综合效益。而企业则不然，它必须拥有完全的自主经营权。企业对国家授权其经营的财产及人员享有占有、使用和依法处分权，从而能够主动地对生产、经营、产品开发、企业内部的劳动、人事、工资、奖金等作出决策并组织实施。国家虽然也会用计划等手段对企业进行宏观控制，但企业在大多数情况下是通过市场来进行调节的。①

现代大学的公益为本制度应是现代大学制度的本质规定性之一，其目的在于凸显大学的特殊性，使得大学在运行与发展过程中少走弯路，多走正路，坚守公益，为民造福，为国家的繁荣昌盛贡献力量。

三　现代大学制度的法理特性

大学是以学术为生命力的社会组织机构，其本质特征在于学术性。现代大学制度的法理特性，是基于对其学术性的考量以及在与其法理规定性对接的基础上的进一步阐释。

（一）依法自主办学

现代社会是高度法制化的社会。依法治国是党的十五大提出的基本方略，《中华人民共和国宪法》修正案第 5 条第 1 款规定："中华人民共和国实行依法治国，建设社会主义的法治国家。"② 明确指出了法律在治理国家事务中所处的至高无上的地位。目前，我国的法治建设已经具有了一定的规模，在国家管理的各个层面运用法律的意识和规定来规范政府的行政行为亦已形

① 劳凯声主编：《教育法学》，辽宁大学出版社 2000 年版，第 91 页。

② 《中华人民共和国宪法修正案》1999 年 3 月 15 日修订。

成了一种共识。最为重要的是在行政领域，我国除制定了一系列的行政法规之外，明确地向各行政部门提出了“依法行政”的口号，其实质是在行政管理运作上，告别了已往“政策至上”的状态，而转向了一个“依法行政”的时代。然而，在法律行为、法律制度、法律观念三者关系层面存在着非常复杂的关系，而且法律观念的更新、生成与变革最为深层和复杂，因为它牵涉到一个文化的价值体系、信仰标准以及社会习俗等最深层的因素，包含了主体的文化心理与价值的认同乃至信仰的移植。

依法治国的过程就是使社会形成法律秩序的过程，历史证明，单纯依靠国家的强制力推行法律，国家和法律都是短命的。“如果一个国家的人民缺乏一种能够赋予这些制度以真实生命力的广泛的现代心理基础，如果执行和运用着这一些现代制度的人，自身还没有从心理、思想、态度和行为方式上都经历一个现代化的转变，失败和畸形发展的悲剧是不可避免的。再完美的现代制度和管理制度方式……也会在一群传统人手中变成废纸一堆。”①

在“依法治国”、“依法行政”理念指导下，现代大学作为一个法人实体，应当以落实大学法人地位为基础，体现大学依法办学的原则。

在应然层面，我们追求现代大学治理的自治与自由，但大学自治与学术自由是有限度的，法律对大学依法办学的规制有其正当性与价值追求。将大学中争夺最激烈的权力配置、利益调整问题交由激励不相容、信息不对称、责任不对等、目标不一致的当事人之间通过自由协商的合同机制来解决是不现实的，大学中权力的争夺和利益的冲突如离开规则的规范和约束，大学自治体将面临解体的威胁。通过政府干预可以提升大学权力拥有者的认识

① 殷陆群编译：《人的现代化》，四川人民出版社1985年版，第165页。

能力和选择能力，对大学有加强监督的必要。这样做的目的都是基于落实大学法人地位与体现大学依法办学的原则而言的。

同时，虽然政府干预大学是必要的，但政府干预应该是有限度的，其限度的终结点就是法律介入的合法性体现。只有如此，大学才能依法办学，而要依法办学，其首要前提是落实大学的法人地位，大学必须是且应当是以法人的身份参与一切与学校教育教学和教育管理有关的活动。

（二）实现法人治理

西方制度经济学大体上把制度分成非正式约束、正式约束和实施机制三个部分。非正式约束是指人们在长期交往中无意识形成的，具有持久生命力，并构成代代相传的文化的一部分，它主要包括价值信念、伦理规范、道德规范、风俗习惯、意识形态等因素。正式性约束是指人们有意识创造的一系列政策法规，它包括政治规则、经济规则、契约以及由这一系列规则构成的一种等级结构，它们共同约束着人们的行为。制度构成的第三部分是实施机制，人们判断一个国家的制度是否有效，除了看这个国家的正式规则与非正式规则是否完善外，更主要是看这个国家制度的实施是否健全。离开了实施机制，那么任何制度都形同虚设。①

作为现代大学制度也不例外，必须有其核心的运行机制。

我们认为，现代大学制度核心的运行机制应是具有完善的法人治理结构。从法学的角度来讲，大学法人治理结构是指为维护各利益主体以及社会公共利益，保证大学正常有效地发展，由法律和大学章程规定的有关组织结构间权力分配与制衡的制度体系。显然，法人治理结构的核心是形成一个有效的权力分配与制衡的制度体系，体现大学法人治理的原则。

① 卢有祥:《西方制度经济学》，中国发展出版社 1996 年版，第 20、28 页。

现代大学法人治理结构的本质就是大学法人治理主体间权力（利益）以及治理行为的制度化问题，是大学内外部不同利益主体之间关系组织方式、控制机制、利益分配的所有法律、机构、文化的制度性安排。在现代大学法人治理制度安排中，既有正式制度，也包括非正式制度和制度实施机制。正式制度包括法律制度、组织控制机制；非正式制度包括契约、市场机制、公司文化、价值信念、道德规范；实施机制则包括执法、守法、司法。

大学法人治理结构是大学制度变迁和大学组织制度创新的结果，法律作为正式性制度安排对大学法人治理的有效运作发挥着配置权利、协调利益冲突、激励约束主体行为、减少摩擦、促成合作、解决纷争、外部性内在化等诸多功能。而且，大学法人治理在实现功能的过程中，有其自身的公平和正义的价值追求，主要体现在对大学各个利益相关者合理地分配基本权利和义务、利益和负担，使主体间在利益和负担方面达到相对平衡的状态，实现各主体所期望的利益并建立和谐、有序的大学秩序，体现大学法人治理的原则。

（三）进行自主管理

大学作为一种适应现代社会化分工协作要求的自我组织（self - organization），具有自律或自治（self - discipline）的功能，具有自我创新（self - innovation）的能力。

在大学治理中，大学自治与法律规制是统一的、和谐的、均衡的。大学作为一个自治主体，理应奉行自我管理、自我约束、自我发展的原则，大学治理中的权力分配和利益调整由大学自治体自行安排和解决。法律在一定层面可以介入，但主要应以任意性规范为主，由当事人选择适用。其目的是为了体现大学自主管理的原则，以实现大学治理的自主性为基石，发挥大学自组织的特性。

一般来说，组织是指系统内的有序结构或这种有序结构的形成过程。德国理论物理学家 H. Haken 认为，从组织的进化形式来看，可以把它分为两类：他组织和自组织。如果一个系统靠外部指令而形成组织，就是他组织；如果不存在外部指令，系统按照相互默契的某种规则，各尽其责而又协调地自动地形成有序结构，就是自组织。自组织现象无论在自然界还是在人类社会中都普遍存在。一个系统自组织功能愈强，其保持和产生新功能的能力也就愈强。例如，人类社会比动物界自组织能力强，人类社会比动物界的功能就高级多了。自组织理论是 20 世纪 60 年代末期开始建立并发展起来的一种系统理论。它的研究对象主要是复杂自组织系统（生命系统、社会系统）的形成和发展机制问题，即在一定条件下，系统是如何自动地由无序走向有序、由低级有序走向高级有序的。

自组织理论主要由耗散结构理论（Dissipative Structure）、协同学（Synergertios）、超循环理论、突变论（Calastrophe Theory）四个部分组成。耗散结构论主要回答在什么条件下，新的结构和新型的组织能够自发地形成，但对到底是怎样形成的则由协同学理论来解释的。“超循环”理论的中心思想是要说明在生命起源和发展的化学阶段和生物学进化阶段之间，有一个分子的自组织阶段。而突变论是建立在稳定性理论的基础上，认为突变过程是由一种稳定态经过不稳定态向新的稳定态跃迁的过程。突变论认为，即使是同一过程，对应于同一控制因素临界值，突变仍会产生不同的结果，即可能达到若干不同的新稳态，每个状态都呈现出一定的概率。

依照自组织理论，当一个系统在不受外力特定驱使的情况下，其内部要素可以自主协调，并达到一种高度有序的局面。在自组织局面下，系统各类资源的利用率达到极高的程度，这是组织管理所应追求的目标。一个组织要达到这种高度有序的自组织局面，就需要实行自组织管理。自组织的基本要求是自主管理，其特点为：自主、有序、高效。

与传统大学的自我封闭相比，现代大学是社会系统中一个高度开放的有机体，它的运行与发展理应符合自组织理论，以大学治理的自主性为基石，体现大学自主管理的原则。从大学的发展历程来看，早期的、古典的、近代的大学是一个封闭的、“象牙塔”式的系统，与外界的联系微乎其微。然而，现代社会是一个高度发达的信息化、知识性的社会，信息的交流与知识的传播无处不在，作为现代大学理应做出改变与变革，如何在外界诱惑日益增多与丰富的现代社会中加强系统内外的联系，并保持自身高度的自觉与自主，既不被同化，又不被隔离，以期实现大学的功能与保持其必要的张力，体现大学固有的弹性，才是合理的生存之道。要能够使系统间达到和谐的相处，实现共利、互赢的局面，不仅要有整体目标的共享，也有部分目标的满足，更有高层次目标的预设，其本质是价值取向追求与取舍的过程。大学目标的实现需要一套可靠的、可行的运行机制与合理设置的规则，这其中大学治理是根本，管理手段与方式的改变是关键。

依循自主、有序、高效的自组织理论，现代大学制度的建构应以大学治理的自主性为基石，体现大学自主管理的原则，从而实现大学有序的、平稳的、健康的发展，最大限度地做到自主管理，发挥人尽其才、物尽其用的效果。具体来讲：现代大学制度建构中大学自主管理的组织结构应具有开放性；现代大学制度建构中大学自主管理的组织结构应远离平衡态，具有不稳定性；现代大学制度建构中大学自主管理的组织结构内部应适应非线性调节，是一种非线性的相互作用。

（四）遵循以人为本

现代大学制度的建构，不仅要考虑物的因素，更应该考虑人的因素。教师和学生是构成大学主体的“两极”，无论是离开教师的大学还是离开学生的大学都是空壳子。现代大学制度建构中应当充分重视和尊重教师与学生的主体性，积极发挥教师和学生的主人翁精神与意识，体现大学以人为本的原则。

在人们固有的观念中，往往将教师作为教学的工具，教师管理即管理教师，将学生作为教育教学与教育管理的对象，学生管理即管理学生。基于这样的管理理念，大学在管理过程中更多地强调制度的权威性、强制性，很少顾及教师、学生的主体性，教师、学生都被看成是管理的对象，对二者都严格地按照学校的各种规章制度进行管理，致使教师缺乏主人翁精神与意识，教学如同完成任务；导致学生对学校教育缺乏认同，如同“苦行僧”，把学习当做一件很苦、很累的活动，厌学情绪日益剧增。

随着我国近几年内教育教学改革的发展以及哲学思潮等的不断涌现，人们对人的认识已有了很大的变化，其中较有影响的就是主体性理论以及主体间性理论。如果从主体性理论的视角来观照人的发展的话，我们不得不承认人是有主体性的、具有主观能动性、是有发展需要与发展潜能的。这就需要大学在自主管理中尊重人、理解人、信任人、发展人，把人当人看而不是工具。

具体而言，主体性及主体间性理论告诉我们：第一，主体间性意味着双方的共同了解，不仅了解自我，而且了解“他我”；第二，它意味着交往双方的彼此承认，承认“他我”与自我有相同的地位、权利；第三，它意味着交往双方人格平等与机会平等，反对强制和压迫；第四，它意味着墨守共同的规则，交往双方必须遵守共同认可的规范；第五，它意味着主体与自然界的和谐。[①] 而要实现不同主体的主体间达成，要遵循一系列的原则。主体间性的充分、自由的发展即成为类主体。类主体强调的是人

① 王锐生等:《社会哲学导论》，人民出版社 1994 年版，第 155 页。

类的主体性，它是主体性发展的最高形态，是人与自然、人与社会、个人与类之间的真正统一。

显然，从现代大学的治理角度来看，要发扬教师与学生的主体性，达到校、师、生三者的和谐共处，实现大学既定目标的达成，创造更大的人力资源，为国家与社会培养合格的社会事业的建设者与接班人，就需要现代大学在治理过程中体现以人为本的原则。那么，现代大学在治理过程中，如何体现以人为本的原则？

（1）在制度的设计过程中，要体现最大多数人的最大利益；

（2）在制度的制定过程中，要实现教师与学生的广泛参与；

（3）在制度的运行过程中，要体现制度柔性化与原则性相统一的原则；

（4）在制度的执行过程中，要将制度的风险降到最小，从而实现育人的目的，体现目的与手段的合一与和谐。

（5）在制度的监督过程中，要将制度落实与实施中忽视人的问题作为监察、督促的关键点，从而为制度的改进提供合理化的意见与建议。

基于世界范围内兴起的“高等学校法人化运动”，我们认为，中国现代大学改革的核心在法律层面应是赋予大学的法人地位。大学法人化运动的创建性在于大学主体地位的回归与大学本体危机的克服与重塑，实现大学办学效率与效益相统一的效能，消除大学的制度性或体制性障碍，提高大学的社会适应能力，调和有关大学“内在自由”与“外部干预”的关系，建立适当的预警机制，达到“自在”与“自为”的和谐统一，使其拥有独立的法人资格，从而进行自主办学。

所谓法律视野下的现代大学制度指的是在落实大学法人地位的基础上，以“法人治理结构”为运行机制，建立以“大学自治、学术自由、科学治理、公益为本”为根本特性的一系列规则体系。要实现现代大学的有效治理，要落实现代大学的办学自主权，要真正实现在权力制衡基础上的权利保障，就应当找寻权力制衡的路径以及切实做到对成员的权利进行合法保障。在现代大学制度中要实现大学与政府法律关系和谐统一，不同利益主体的权限划分应在权力博弈的基础上实现权力制衡的法理价值，使大学成为自主办学的实体。大学与政府的法律关系应该建立在法律的基础上，通过法律调控实现对不同利益主体权利与义务的确认，从而使不同利益主体对大学的干预与关照真正通过法律的方式与手段达到治理的目标。在现代大学制度中要实现大学与师生法律关系互利共赢，不同利益主体的权利配置应在“权利本位”的基础上实现权利保障的法制化，通过法律调控实现对不同利益主体权利与义务的确认，从而使大学内部不同利益主体的权利配置与保障通过法律的方式与手段达到治理的目标。无论如何，最终要形成一个有效的权力分配与制衡的制度体系，体现大学依法自主办学、实现法人治理、进行自主管理、遵循以人为本的原则。

第六章　以法人治理结构为根本：现代大学制度法理机制的基点

基于我们对现代大学制度法律缺失的分析以及现代大学制度法理本质规定性的解读，现代大学制度理应走向法制化、民主化、科学化、程序化、绩效化，而上述任务的实现，需要我们找到一个合理的现代大学制度法理机制，以此为基点，来建构现代大学的法人制度。我们认为，要保障高校法人的健康发展，关键在于建立健全高校法人治理结构，因为，研究高校法人治理问题，必然涉及法人治理结构。合理、科学的法人治理结构是实施法人治理的必要前提。健全的法人治理结构，有利于确保我国当前的高等教育管理体制、高校自身的管理机制以及高校法人主体地位的确立等关涉高校自身发展命运的诸多问题的有效化解。

一　现代大学制度法人治理结构的内涵

要研究现代大学制度的法人治理结构，首要任务是对法人治理结构有一个全面的了解。

（一）关于“法人治理结构”

法人治理结构的英文是“corporate governance”，国内有“公司治理”、“公司治理结构”和“企业治理机制”、“公司督导”、“公司法人治理结构”等几种译法，兼具有“机构”（institutions）、“机制”（mechanism）、“一整套制度性安排”（system）和“控制系统”（control system）等多重含义。[①] 日本称为“统治结构”，香港称为“督导结构”，我国学界更多地称其为“组织机构”、“机关构造”或“管理体制”等。[②]

无论是国内学者还是国外学者，目前对法人治理结构的研究主要集中在公司法人治理结构的研究，而且对法人治理结构进行系统研究的是经济学者。[③]

1. 经济学的观点

对于公司法人治理结构的界定，目前为止没有一个标准的定义，从学者的研究看，法人治理结构中较有影响的为制度安排说、相互作用说、组织结构说、决策机制说、手段说、合约或合约治理说、监督与控制经理说等。

虽然经济学家关于“法人治理结构”概念的界定存在着分歧，但经济学者比较一致地认为法人治理结构的本质和核心问题是解决所有权与经营权分离之后产生的委托代理问题。1995 年美国学者布莱尔所提出的法人治理结构的概念被业界广泛认同，她认为，公司治理结构从狭义上讲，是指有关公司董事会的功能、结构和股东权利等方面的制度安排；从广义上讲，公司治理结构是指公司剩余控制权和剩余索取权分配的一套法律、文化和制度安排，它决定着公司目标，谁在什么状态下实施控制，如何进行控制，风险与收益，如何在不同成员之间分配的问题。关于如何解决所有权与经营权分离之后产生的委托代理问题，目前理论和实证研究主要有两条线索：一种研究是强调股东控制模式，

① 梁能主编：《公司治理结构：中国的实践与美国的经验》，中国人民大学出版社 2000 年版，第 4 页。

② 梅慎实：《现代公司机关权力构造论》，中国政法大学出版社 1996 年版，第 32 页。

③ 以下内容主要参考了覃壮才：“我国公立高等学校法人治理结构研究”，北京师范大学研究生院 2004 年，第 11—15 页。

他们强调在法人内部产权安排的重要性，通过内部治理机制来对股东利益负责；另一种是市场控制模式，他们强调研究如何通过外部治理机制来约束经营者。正如有学者总结的，西方学者对法人治理结构的研究，可以得出以下几点结论："（1）逐渐注重对相关利益者的考虑，但股东仍是进行问题分析的逻辑出发点。（2）强调管理者的创新自由和对股东及其他相关利益者的责任。（3）寻求从企业内部改善公司治理结构，以达到前面两个目标。"①

2. 法学的观点

在法学界，有的学者认为，"治理（governance）问题的产生是因为管理追踪至外部的结果，恰当地说，它是公司法理（Corporate Jurisprudence）或管制机制领域的问题，已超出了公司管理学而属于公司法学的范畴。"② 公司法人治理结构又称公司机关权力构造，从法学角度言之，"公司治理"的宗旨是重构现代公众公司的权力分配与行使关系。③

有的学者认为，"从公司法意义上讲，所谓公司法人治理结构，包括公司法对公司机构的设置、权限以及组成公司机构的自然人的权利、义务和责任等一系列规定。"④

有的学者认为，公司法人治理结构是指公司的管理机构以及它们之间的相互关系。⑤

也有的学者认为，从法学角度讲，公司治理结构是指为维护

---

① 吴淑昆、席酉民：《公司治理与中国企业改革》，机械工业出版社 2001 年版，第 45 页。

② 梅慎实：《现代公司机关权力构造论》，中国政法大学出版社 1996 年版，第 90 页。

③ 同上书，第 2 页。

④ 徐晓松：《公司法与国有企业改革研究》，法律出版社 2000 年版，第 29 页。

⑤ 成晓霞：《新法人治理结构》，中国政法大学出版社 2000 年版，第 18—19 页。

股东、公司债权人以及社会公共利益，保证公司正常有效地运营，由法律和公司章程规定的有关公司组织机构之间权力分配与制衡的制度体系。它以公司所有权与控制权相分离为前提，其实质是对公司组织机构之间的权力分配与制衡所作的一种制度安排，以期实现公司和股东的最大利益。[①]

还有的学者认为，公司法人治理结构就是公司组织机构现代化、法治化问题。从法学的角度讲，它是指为维护股东、公司债权人以及社会公共利益，保证公司正常有效地运营，由法律和公司章程规定的有关组织机构之间的权力分配与制衡的制度体系。作为一个法律制度体系，它主要包括法律和公司章程规定的公司内部机构分权制衡机制和法律规定的公司外部环境影响制衡机制两部分。内部机构分为股东、董事、经理和监事；外部法规分为规范用国有产权投资入股的法律、规范股份转让的法律和规范市场管理秩序的法律。[②]

有的学者进一步指出，“公司法人治理结构有广、狭二义。前者指一切对公司经营管理产生影响的法律制度，包括公司机关（组织机构）制度、股东‘用脚投票’（抛售其持有的股份）、上市公司收购等。后者仅指公司机关制度。”[③]

显然，法学学者对法人治理结构的研究侧重从法人机构的权利配置以及这种权利配置如何更好地保护所有者与经营者利益，实现公司目标的角度来分析。

在目前看来，随着人们对法人治理结构研究的不断深入，“越来越多的学者倾向于将公司治理视做一个知识体系，从广义

---

① 郭锋、王坚主编：《公司法修改纵横谈》，法律出版社2000年版，第190页。

② 崔勤之：“对我国公司治理结构的法理分析”，《法制与社会发展》1999年第2期。

③ 刘股东：“推进国有企业公司制改革的法学思考”，《中国法学》2000年第1期。

上来解释公司治理的内涵”[1]。而且，有的学者更是尖锐地指出，我国正在实施的法人治理结构“在国际上已经被抛弃了”，现在国际上所说的法人治理结构主要指两种资本的关系怎么界定清楚的问题。“哪两种资本呢？第一种是出资人的资本，出资人的资本我们叫货币资本。另外一种资本叫人力资本”。[2] 该学者进一步指出：“法人治理结构的核心是契约制，其内容包括三个方面。首先是经济契约，即在所有者和经营者之间形成责、权、利内在统一的相关关系。……法人治理结构还有另外两个派生的内容，一个是道德契约，就是指所有者与经营者之间的经济契约贯彻到所有者与经营者的道德规范中，其主要内容是指在没有任何外在监督的条件下，双方都不会索取不该归自己的利益和权利。另一个是环境契约，就是指经济契约贯彻到所有者与经营者的整个社会交往中，即所有者与经营者都不会在外部交往中索取不属于自己的利益。”[3] 因此，法人治理结构在我国的发展任重而道远。

3. 经济学观点与法学观点的不同与基本争论

法学意义上的法人治理结构虽然受到了经济学的影响，但毕竟不同于经济学的研究，二者存在着较大的差异：

首先，经济学上的治理结构概念着重于为保护股东或者利益相关者的利益，而采取的一系列措施、程序、规则或者机制，并不过问这些规则、程序、机制究竟是否属于法律规制的范围；从法律视角审视公司治理结构，无疑是着重于法律对公司治理结构的规制。例如梅慎实先生就将“公司治理”界定为“现代公司赖以平衡公司利益相关者之权益的基本规范”[4]。这里的规范主

---

① 高明华：《公司治理：理论演进与实证分析——兼论中国公司治理改革》，经济科学出版社 2001 年版，第 19 页。

② 魏杰：“新经济与公司治理结构”，www. cei. gov. cn。

③ 魏杰：“公司治理结构的调整”，www. e－works. net. cn。

④ 梅慎实：《现代公司机关权力构造论》，中国政法大学出版社 2000 年版，第 163 页。

要是法律规范，是公司法对于公司治理结构问题在制度层面上所作出的回应。

其次，如果说经济学上的公司治理结构主要关注通过治理达到股东权益最大化的目标，强调效益与效率；那么法学上的治理结构则是以责任的归属为必要，强调的是公司规制的底线，在价值目标上追求各方利益的协调和均衡。因此有学者认为，法学意义上的公司治理结构“是一组调整公司内外各相关利益主体的法律关系、法律规范的总称，其根本目标在于试图通过这种法律制度安排，以达到相关利益主体之间的权力、责任和利益的相互制衡，实现效率和公平的合理统一”①。

但是不论是从经济学还是从法学的角度看，都存在着一个基本出发点的争论问题，即在法人治理结构中，法人设计存在着是基于所有者至上还是兼考虑到经营者和其他利益相关者的权利基础上的制度设计和运行机制设计的选择问题。不同的出发点会形成不同的法人治理结构，也会导致不同的委托代理问题，并由此会产生不同的规避委托代理问题的制度和机制设计。事实上，这方面的研究成果主要体现在经济学领域，包括所有制形式、股权结构形式、融资结构、产权机构、法人结构、激励机制、对法人治理结构的影响等问题都有相当数量的研究成果。法学领域的研究成果则主要从不同类型法人的定位和法人权利制衡的角度来讨论问题，相对于经济学研究成果而言，从法学角度研究法人治理结构显得比较单薄。

我国法人治理结构的研究主要集中在国有企业的公司治理结构领域，源自于20世纪90年代初国有企业改革的一个重要举措——建立现代企业制度。早期有代表性的学者认为国有企业改革的关键在于对国有企业进行公司制改组，而公司制改组的核心

① 周林彬、任先行:《比较商法导论》，北京大学出版社2000年版，第330页。

是建立合理的公司治理结构。合理的公司治理结构就是要界定好所有者、董事会和总经理的关系。他们认为，组建由全国人民代表大会负责的国有控股公司，是重构国有企业所有权框架的一种可选思路，周小川等还较早地提出“债转股”的思路，并且建议应培育资本市场。[①]

也有的学者用西方经济学的工具论证了资本雇佣劳动而不是劳动雇佣资本的必然性，对所有制问题以及国有企业占主导的经济中经理市场的形成等领域的研究中提出了旗帜鲜明的观点。[②]也有学者提出了内部人控制的问题，对转轨经济这种独特的经济形态中的公司治理进行了探讨。[③] 还有学者结合中国的国企改革，深入研究了内部人控制现象，提出了控制内部人控制的一些措施。[④]

（二）关于“非营利法人治理结构”

一般意义上来讲，法人治理结构的对象是针对企业而言的，故法人治理结构有时又称为“公司治理结构”、“企业治理机构”等。从我国《民法通则》中关于法人分类来看，法人有企业法人与非企业法人之分。那么，非企业法人是否适用“法人治理结构”呢？从近几年的研究来看，学界关于非企业法人的治理结构问题也有所涉猎。目前的研究更多地是从非营利法人入手，通过与企业法人相比，来体现非营利法人治理结构的特殊性。

---

① 周小川、王林、肖梦、银温泉：《企业改革：模式选择与配套设计》，中国经济出版社 1994 年版。

② 张维迎：《企业的企业家——契约理论》，上海三联书店、上海人民出版社 1995 年版。

③ 青木昌彦、钱颖一：《转轨经济中的公司治理结构》，中国经济出版社 1995 年版。

④ 本部分参考了孙永祥：《公司治理结构：理论与实证研究》，上海三联书店、上海人民出版社 2002 年版，第 12 页。

1. 非营利法人（Nonprofit Legal Person）

（1）相关概念综述

从目前的研究来看，与非营利法人相关的概念很多，如非政府组织、第三部门、非营利组织等。

所谓“非政府组织”（Non - government Organization，简称NGO）是指在特定法律系统中不被视为政府部门一部分的协会、社团、基金会、慈善信托、非营利公司或其他法人，且其不以营利为目的。即使赚取利润，也不可以将此利润在其成员中作任何分配。工会、商会、政党、利润共享的合作社或教会均属于非政府组织。从严格意义上讲，“非政府组织”不是一个法律术语，而且在使用“非政府组织”时，一般更为强调其相对于政府的独立性。但是这个概念比较容易产生误解，因为所有私营机构包括营利性公司也是广义上的非政府组织。

“第三部门（The Third Sector）组织”也是最近非常时髦的词汇。在现代社会中，所有的政府组织构成它的“第一部门”或者“政府部门”，所有的营利性组织构成它的“第二部门”或者“经济部门”，“第三部门”主要指和公共部门、私人部门相对而言的另一个部门，包括非政府性、非营利性的民间组织。这些概念的提出是与学者将社会划分为“社会——经济——国家”的三元结构框架相联系的。应该说，“第三部门”只是一个学术概念。

“非营利组织（Nonprofit Organization，简称NPO）”则是目前在此领域使用最为频繁的概念，而且在法学研究中也得到采用。对于非营利组织的定义也有很多方式[①]，具体包括有：法律定义的方式，例如美国《国内税法典》第501条对取得免税资

① 王绍光：《多元——统一——第三部门国际比较研究》，浙江人民出版社1999年版，第6—7页。

格的组织有明确的规定；而联合国的国民收入统计系统则依据组织资金的来源来定义非营利组织：指收入主要不是来自以市场价格出售的商品和服务，而是来自其成员缴纳的会费和支持者的捐款的组织；也有从组织的目的和功能来进行定义：指促进“公众利益”或“团体”利益的私人组织。但是目前为学界普遍推崇的是美国约翰—霍布金斯大学非营利组织比较研究中心推荐的“结构——运作定义”：指具有组织性、私人性（或者民间性）、非营利性、自治性和志愿性特征的社会组织。其中，组织性是指这些机构都有一定的制度和结构；民间性是指这些机构在制度上与国家相分离；非营利性是指这些机构不向他们的经营者或者“所有者”提供利润；自治性是指这些机构基本上都是独立处理各自的事务；志愿性是指这些机构的成员不是被法律要求参加的，这些机构接受一定程度的时间和金钱的自愿捐款。[①]

在近现代社会，非营利组织逐渐发展成为与国家（政府）、市场相提并论的“第三部门”，其兴起的社会背景主要有：经济普遍增长导致的社会多元化需求；国家危机引发的对国家能力的思考；非营利组织在社会经济发展中的非凡表现；科技、信息等新技术为非政府组织的发展提供了技术保障；国际社会的普遍支持与鼓励。[②]

但是我们为什么需要非营利组织，其存在的合理性何在？对此赛拉蒙教授认为五个因素可以解释我们需要非营利组织的原因。[③] 第一，历史的原因。非营利组织的存在能够从历史的角度来解释。例如美国政府成立之前，在殖民地就已经出现了志愿性

---

① ［美］莱斯特·M. 赛拉蒙等，贾西津等译：《全球公民社会——非营利部门视界》，社会科学文献出版社 2002 年版，第 3—4 页。

② 王建芹：《第三种力量——中国后市场经济论》，中国政法大学出版社 2003 年版，第 77—79 页。

③ See James J. Fishman & Stephen Schwarz: *Nonprofit Organization: Case and Materials* (*Second Edition*), Foundation Press 2000. p. 37.

组织。正如哈耶克所说："我们应当牢记的是，早在政府介入那些领域之前，在今天被公认为是集体需求的那些需求当中，有许多需求在过去都是凭靠那些具有公益精神的个人或群体所做的努力（亦即为他们认为重要的公共事业提供资助）而得到满足的。公共教育、公共医院、图书馆、博物馆、剧院和公园，最初都不是政府创建的。"① 第二，市场失灵。非营利组织的出现是为了弥补市场机制的缺陷。由于"搭便车"现象的存在，市场机制无法有效提供公共物品。第三，政府失灵。由于政府失灵导致了充满活力的非营利组织的出现。因为政府提供公共物品需要得到大多数人的支持，而非营利组织由较小的团体组成，能够提供政府不愿提供或者不能提供的公共物品。② 第四，多元或者自由的价值。非营利组织的出现在促进价值多元化和自由方面扮演了重要角色。第五，团结。非营利组织为个人主义的民主社会通过共同行动表达集体意志提供了有效机制。

有的学者也从其他的角度论证了非营利组织存在的合理性。如汉斯曼提出的合约失灵理论③、王绍光提出的供给面理

---

① ［英］弗里德里希·冯·哈耶克：《法律、立法与自由》，邓正来等译，中国大百科全书出版社 2000 年版，第 342—343 页。

② 市场失灵和政府失灵理论是美国经济学家 Burton Weisbrod 最早于 1947 年提出来的。他认为，市场制度的缺陷在于无法提供公共物品，所以政府就有义务提供公共物品。但是政府在提供公共物品的时候，倾向于反映中位选民的偏好。这样一来，部分人对公共物品的过度需求和另一部分人对公共物品的特殊需求就得不到满足，第三部门应运而生。参见王绍光：《多元——统一——第三部门国际比较研究》，浙江人民出版社 1999 年版，第 31—33 页。

③ 汉斯曼认为，在有些领域，消费者往往缺少足够的信息来评估服务的质量。要么是因为服务购买者并不是最终消费者，要么是由于接受服务的人本身只是契约的受益人，而非缔约者。例如托儿所、养老院中接受服务的是孩子和老人，而作为缔约者的孩子的父母或者老人的子女自身不接受服务，也就无从评估服务质量。因此在这些领域，如果是由非营利组织来经营，就比较容易获得信赖，因为既然营利不是其目的，消费者所享受到的服务质量应该比营利性机构要好得多。亨利·汉斯曼："非营利组织的角色"，《耶鲁法学》1980 年第 89 期。

论[①]等。

其实，在西方研究视野中，对于非营利组织的研究，其中治理的概念主要萌芽于1960年的高等教育先例中。当时，治理意味着教授团与行政人员二元一体的组织。在此结构中，教授团享有安排课程的控制权，而行政人员则负责行政事务。当行政政策或决定可能触及教育方案的精神时，行政人员便应向教授团协商咨询。根据伍德（Wood）的研究，当学校的行政人员未能解决其与教授团、学生或其他利益相关者之纷争时，学校的治理董事会通常有权介入其中，并以最后仲裁者的身份解决纠纷。由此推知，治理所隐含的意味远超过行政、管理以及执行。今日治理的概念更扩展为行政人员及治理董事会与各类利益相关者将决定权保留给治理董事会，并由其充任重要的角色。[②]

（2）从非营利组织到非营利法人

在此之所以对非营利组织进行了较为详细的论述与说明，是因为在上述概念中，“非营利组织”的概念不仅早于非营利法人的概念，而且其应该包含着非营利法人，况且非营利组织的形式多种多样，可以采用法人的组织形式，也可以采用公益信托的方式，甚至可以是未经登记的“草根组织”。

只不过非营利法人是非营利组织中组织最为健全、发挥作用最大、对社会产生的影响最广从而也最受公众关注的部分。非营利法人首先必须是法人。非营利法人是与营利法人相对而言的，

---

① 供给面理论认为之所以有那么多人愿意花费时间、金钱和精力致力于非营利组织，是因为：其一，这些组织名义上不以营利为目的，实际上其负责人能够通过各种合法的和非法的途径获取物质利益。其二，参与非营利活动的人可以从中谋取私利，只不过这种私利不是金钱，而是社会地位、荣誉和权力。还有宗教信仰也是一种理由，利他主义成为他们解释的工具。总之，非营利组织可以供给从事这一事业的人以一种满足。王绍光：《多元——统一——第三部门国际比较研究》，浙江人民出版社1999年版，第36—41页。

② 陈林、徐伟宣：“从‘非国有化’到‘非营利化’：NPO的法人治理问题”，《中国研究（香港）》2002年第8期。

营利法人是以营利为目的并将其所获利益分配给成员的法人，而非营利法人则是不以营利为目的的法人。二者存在着很大的差异：其一，设立准则不同。营利法人依特别法如公司法的规定设立；而非营利法人除有特别法外，一般依民法的规定而设立。其二，设立程序不同。营利法人的设立，采取准则主义，除有特别规定外，一般不需要得到主管机关的许可；非营利法人则采取许可主义，必须得到主管机关的许可才能成立。其三，法律形式不同。营利法人只能采取社团法人的形式；非营利法人既可采取社团法人形式又可采取财团法人形式。其四，行为能力不同。营利法人可从事各种营利性事业；非营利法人无权从事以向其成员分配赢利为目的的营利性事业，否则构成违法。[①] 同时，在法人目的究竟属于“营利”还是“非营利”的认定上，是以最终目的而言的。

2. 关于“非营利法人治理结构”

从治理结构来看，非营利法人治理结构不同于公司法人治理结构，非营利法人缺乏与经济利益相关的机制，表现为：非营利法人缺少市场测试机制、非营利法人中缺乏个人利益的存在即“所有者缺位”、非营利法人缺乏高效率的竞争机制。因此，在非营利法人的治理中，首先必须明确非营利法人的使命，将使命转化为明确的任务和目标，再具体化为可操作的目标和可实施的方案——这些都是非营利法人治理的关键。与营利法人相比，非营利法人担负着更重的社会职能——启迪心智、升华灵魂、保护健康和安全。显然，治理问题对非营利法人尤为重要，如果治理不善，其所辜负的将是社会公众的信任和支持。

在西方国家，各国非营利法人治理结构的模式不尽相同。美

---

① 参见魏振瀛主编：《民法》，北京大学出版社、高等教育出版社 2000 年版，第 79 页。

国非营利法人的治理结构是由成员大会、董事会和高层经营人员组成的执行管理机构和独立会计师三部分组成。德国非营利法人的治理结构模式在内部治理结构问题上，主要依据《德国民法典》的相关规定，如要求社团法人必须具备两个机关：社团总会和董事会，而且在法人的章程中必须如此规定。而对于财团法人，只规定一个必设机关——董事会。日本非营利法人的治理结构模式与其公司治理结构非常相似，即内部设有社团总会、理事会和监事会。

基于西方国家非营利法人治理机构的分析，我们认为，从理论与实践的两个方面来看，非营利法人的治理结构应该包括非营利法人内外部组织机构的设置以及组织机构的运行规范两方面。首先，要在非营利法人内、外部的权力机关、经营决策和执行管理机关以及监察机关之间形成权责明确、相互制约、运转协调和决策科学的统一机制，并依照法律、法规和法人章程等予以制度化；其次，要接受外在的监督，包括来自非营利法人的捐赠者和受益人以及公共利益的代表者——政府的监督。也就是说，非营利法人的治理结构就是在法人内部合理分配权力，使法人内、外部机关权责分明，形成互相协调、互相制衡的关系，同时要向各方利益相关者负责，接受外来监督，以保证非营利法人平稳、健康地运行，使各方利益得到平衡和保护，最终实现非营利法人的宗旨。

更进一步来讲，诚如有学者提出如何对我国非营利组织法人进行治理的研究论纲，即非营利法人治理结构的基础是所有权、控制权与收益权的分离；非营利法人治理结构的主线是委托—代理关系；非营利法人治理结构的重心是利害相关者协同；非营利法人治理结构的依归是公共责任。即所有权、控制权与收益权的分离必然引出委托—代理关系，多重委托—代理关系要求利害相关者协同，而不特定的利害相关者意味着更多的公共责任。[①]

（三）现代大学制度法人治理结构的内涵

由于法人治理结构的研究更多地集中于企业、公司法人之中，而对非企业法人能否引入法人治理结构的问题上还有待于进一步论述，加之目前国内对非营利法人治理结构的研究又非常的薄弱，在一定层面还处于概念的阐明与解释上，更谈不上对非营利组织的法人治理问题。

而且我国《民法通则》关于法人的分类体系中，没有非营利法人的概念。其依照法人是否营利为标志，把法人划分为企业法人和非企业法人。非企业法人是不以营利为目的的，包括机关法人、事业单位法人、社团法人。从表面上来看，事业单位与非营利组织很相似，但实质上二者存在着本质的区别。非营利组织的概念是以市场经济为当然背景的，而事业单位作为计划经济的产物，具有“中国特色”。国务院 1998 年 10 月颁布的《事业单位登记管理暂行条例》仍然规定：事业单位指“国家”为了“社会公益事业目的”，由国家机关或者其他组织利用“国有资产”举办的，从事教育、科技、文化、卫生等活动的社会服务组织。但如前所述，非营利法人中一个最主要的特点就是“私人性（或民间性）”而非“国家性（政府性或国有化）”。即使高校属于事业单位法人，但高校作为事业单位法人与其他事业单位法人既有共性，也有差异。其共性在于都属于从事某种社会公益活动的组织。然而，由于我国事业单位法人种类繁多，高校与其他事业单位法人也具有一些差异。首先事业单位法人种类比较多。我国的事业单位按其所属部门的不同主要分为：农林、水

① 陈林、徐伟宣：“从‘非国有化’到‘非营利化’：NPO 的法人治理问题”，《中国研究（香港）》2002 年第 8 期。

利、气象事业单位；工业交通、商业事业单位；文教、科学、卫生事业单位；城市维护和其他事业单位。显然，公立高校属于文教事业大单位。按所有制性质，事业单位可分为：全民所有制事业单位、集体所有制事业单位和民办事业单位。显然，公立高校属于全民所有制事业单位。按预算形式，事业单位可分为：全额预算事业单位——也称统收统支单位，即把事业单位的各项预算和支出，全部纳入国家预算，其支出全部由国家拨款；其收入全部上交国家；差额预算事业单位——也称差额补助或差额上交单位，即全面核算收入，以收抵支，收入不敷支出或收入大于支出的差额列入国家预算，不足由国家补足，多余的上交国家；事业单位企业化管理——也称全收全支单位，即按企业办法实行管理，实行独立核算，自负盈亏；民办事业、国家补助——即国家对集体或民办的城乡文教卫生事业单位，给予一定的财力补助。显然，公立高校应该属于全额预算事业单位，但是实践中高校多数属于差额预算事业单位。事业单位法人的分类与事业单位的分类和划分基本一致，大多数事业单位都具有法人资格，只有少数的事业单位依附于某个行政机关或其他组织，因而不具有法人资格。确定事业单位是否具有法人资格的依据和立法机关是相同的。①

同时，随着我国社会主义市场经济的不断完善与成熟，“事业单位法人中有一种实行企业化管理，即使未实行企业化管理的事业单位，国家也在提倡和要求其逐步向企业化管理的形式转化。这对于调动事业单位积极性，促使其改善经营管理，减少国家财政负担，扩大和发展各项事业具有重要意义，但这种事业单位仍与办企业不同，其主要任务仍是完成其从事的事业。不得只片面地追求利润，不得改变其业务内容，而只是在管理方式上按

① 江平：《法人制度论》，中国政法大学出版社 1994 年版，第 69 页。

企业对待。"[①] 而在高等教育改革过程中，有学者不无担忧地指出：尽管当前教育改革也有市场化倾向，但是学校市场化改革是有限度的改革。由于市场的驱动机制是私益而不是公益，如果缺少对教育市场必要的限制，则对于私益的追逐就会演变成为一种无序状态，甚至改变教育的公益性质。因此教育不能简单地等同于一般的商品，单纯依赖市场渠道不能平衡社会对教育的供求关系。为了保证教育的公益性质，必须对市场的介入作出必要的限制。[②] 这为我们深入地理解企业法人与非企业法人提供了一个很好的思路，企业法人与非企业法人的治理应该有很大的不同，二者尽管都是社会中最常见的组织之一，但各自的性质是迥异的、承担的社会使命是不同的、调节机制是有差异的、经费来源渠道是有差别的、运行机制是背道而驰的……

在此我们之所以引入现代大学制度法人治理结构的概念，不仅是为了使现代大学制度能够更快、更强地成长与发展，少一些人为因素的干涉，更重要的是法人治理结构"所包含的法人财产权、决策、执行、激励与约束机制等核心问题，实际上已经成为法人制度中带有普遍性的问题，对任何一种类别的法人都是有意义的"[③]。而且，"在重新定位学校法人地位的马来西亚、日本等国家，一般用'公司法人'（corporate），而不是英文中其他较为中性的法人概念，如 Leagal entity 或 Judicial person 等，以明确大学法人可以从事一切合理商业行为的含义，并同象牙塔式的传统大学法人概念划清界限"[④]。据美国约翰·霍布金斯公民社会

---

① 江平：《法人制度论》，中国政法大学出版社 1994 年版，第 71 页。

② 劳凯声："教育市场的可能性及其限度"，《北京师范大学学报（社会科学版）》2005 年第 1 期。

③ 彭宇文：《中国高校法人治理结构研究》，中国社会科学出版社 2006 年版，第 53 页。

④ 王一兵："大学自主与大学法人化的新诉求——全球化知识经济带来的挑战"，《高等教育研究》2001 年第 3 期。

研究中心（CCSS）在20世纪90年代进行的研究，教育在全球的非营利部门中占有重要的地位，“在美国和日本，仅卫生保健领域就占非营利总就业的近一半（分别是46%和47%），而教育主要集中在高等教育，又占了22%”①。现代大学制度可以依照法人治理结构的模式与原则进行运行，从而确保我国高等教育事业改革的成效。

然而，高校法人尽管可以纳入到非营利法人治理范畴之中，但高校法人治理又有其自身的特征。因此，高校法人治理结构不仅与企业法人治理结构有异，而且与其他非营利法人治理结构也应该有所区别。这种区别主要是由于高校法人其存在之价值以及高校法人关涉到国民素质、进而影响提升国家综合国力之民族大业，而且高校法人也对一个人的一生成长和发展意义重大。所以高校法人治理问题不仅非常重要，而且如何体现高校法人存在之价值，更好发挥学校法人治理之效果，就必须要研究高校法人治理结构问题。

高校法人治理结构是高校法人治理的核心问题，健全而又完善的法人治理结构是实现法人治理的关键和前提。高校法人治理结构与公司治理结构有着重要的区别，这种区别主要体现在高校法人与公司法人存在之根本目标与终极价值追求的差异。高校是非营利法人，不以追求资本利润为目的，更关注的是人身心的和谐发展和国民整体素质的提升，是提升国家综合国力的重要途径，是引领人们幸福生活的一种有效方式。因此，高校治理比公司治理要复杂得多，因为其不仅关涉个人福祉，而且惠及国家和民族大业的发展；不仅关涉个人利益，还更多涉及公共利益。因此，高校治理过程不可能像公司法人治理过程那样更多关注的公

---

① ［美］莱斯特·M. 萨拉蒙，贾西津、魏玉等译：《全球公民社会——非营利部门视界》，社会科学文献出版社2002年版，第23页。

司内部各权利主体之间的利益均衡问题，更多体现出资人的股权利益，更多关注公司法人的发展目标。高校在发展过程中，不仅需要考虑到举办人的利益，也需要考虑到高校发展过程中诸如教师和学生等其他利益相关者的利益，以及国家的整体利益。因此，高校法人治理结构到目前为止并没有一个非常明确的界定，应该说是高等教育法学研究中一个非常新鲜并值得研究和分析的概念。对高校法人治理结构的界定既需要借鉴公司法人治理结构概念的精髓，但是又必须体现出高校法人治理过程中的权力冲突和价值整合，体现出高校法人治理过程中的独特机制和内在规律。

我们认为，所谓现代大学制度法人治理结构是指现代大学在运行与发展中，为了落实大学法人的主体地位，应以达到法人治理结构内外部权力机制的构造与配置为核心内容与运行机制，从而实现大学与政府、社会之间以及大学内部诸要素之间关系的双重构建，最终完成大学的责任与使命。

为了更加清晰地认识现代大学制度的法人治理结构。我们可以对现代大学制度的法人治理结构作进一步的分析。

首先，现代大学制度法人治理结构的基础与前提是落实大学法人主体地位。

现代大学制度要进行法人治理，首要前提与基础必须承认与落实大学法人主体地位。从我国现有的法律规定来看，大学是法人，享有民事权利并承担民事义务。但关于大学法人的性质，依然是一个亟待深入研究的问题。从现代大学制度的法人治理结构来看，落实大学法人的主体地位，是现代大学制度法人治理结构的基础与前提。根基不稳，法人晃荡；前提悬置，法人可有可无。因此，落实大学法人的主体地位，明确大学法人的性质及其权利与义务，是现代大学制度法人治理结构的基础与前提。

其次，现代大学制度法人治理结构的核心与主线是达成大学内外部权力机制的构造与配置。

对于现代大学制度法人治理结构来讲，在落实大学法人主体地位的前提下，就必然意味着要对大学内外部权力机制进行构造与配置，以实现权责利的融通，即要达成决策权、执行权、监督权的构造与配置。

传统意义上，政府集大学的决策权、执行权、监督权于一身，政府既是裁判员，也是运动员，既是政策的制定者，也是政策的执行者，还是政策的监督者。如此的权力构造与配置是典型的计划经济时代的产物，大学沦为政府的附属机构。然而随着近几年我国政治、经济、文化体制的改革，政事分开、事企分开的改革已悄然拉开了帷幕。高等教育体制的改革也刻不容缓，其核心就是围绕权力机制的配置与构造而展开，高校有什么样的权力，其权力的性质是什么，如何真正地落实其权力，其主线就是教育分权化运动。在此基础上，实现大学内外权力机制的构造与配置。

显然，现代大学在发展过程中，需要对其在发展过程中的各个利益相关者的权利进行配置，并规范其权力运行机制。因此，高校法人治理结构不仅包括高校法人内部的治理，而且也包括高校法人外部的治理。高校法人内部治理结构，就是要对高校法人的内部运行机制做出全面的界定，使其内部能够达到一种相互的制约和平衡，高校法人内部治理结构应该包括内部组织机构的设置以及组织机构的运行规范。高校法人外部治理结构侧重在协调和规范高校与政府、社会之间的权利配置关系。通过高校法人内外部治理结构来完善高校法人中各权利主体在高校发展过程中的权、责、利，实施法人治理，进而理顺高校与政府、社会之间的关系，落实与扩大高校办学自主权，促进高校自主发展。

再次，现代大学制度法人治理结构的重心是实现大学内外部诸要素之间法律关系的构建。

现代大学制度的法人治理在进行内外部权力机制的构造与配置中，必然要求实现对大学内外部诸要素法律关系的构建。大学内外权力机制的构造与配置，是基于不同的法律关系主体、类型而言的，也会造成法律关系主体的内容与客体的不同，如教育行政法律关系与教育民事法律关系、内部行政行为与外部行政行为、羁束性的行政行为与裁量性的行政行为等都是不同的。在不同的法律关系之中，需要对不同的法律关系主体作严格的分析与确认，主体位置不同，权利义务的表现形式也不同，其载体即客体也迥异。

最后，现代大学制度法人治理结构的依归是完成大学的责任与使命。

大学是有别于其他社会组织而存在的集合体，大学是文化传承、民族振兴与创新、人才聚集、科学研究、服务社会的机构，国家投入经费大力发展高等教育事业，一方面，国家的投资为大学的发展提供了必要的经费，更重要的是通过大学培养合格的人才，期待大学完成国家、社会、民众等预想的责任与使命。其中，培养人才是大学最大的责任，大学必须要思考，自己所培养的人才，在未来几十年，能否应对社会的需求与挑战。大学的品牌，应当体现在所培养的每个人才身上。同时，大学研究为人类提供前沿的、基础的、核心的财富，企业和社会通过大学的研究实现对未来技术的渴求，因此，大学不能谋求自己的私利，大学具有公共性，必须为国家发展作贡献，实现知识外溢的功能，打造出技术为社会服务，去攻克难关。

现代大学制度法人治理结构，乃以落实大学法人地位为基础与前提，以达成大学内外部权力机制的构造与配置为核心与主线，以大学内外部诸要素之间法律关系的构建为重心，以完成大学的责任与使命为依归。大学法人地位的落实必然引出大学内外部权力机制的构造与配置，内外部权力机制的构造与配置就必然要求对大学内外部诸要素法律关系的构建，不同的法律关系主体以其特殊的责任与使命为依归。

二 现代大学制度法人治理结构的依据

现代大学制度法人治理结构不仅要对高校的内部运行机制做出全面的界定，使其内部能够达到一种相互制约和平衡，而且要规范和协调高校与其外部权利主体的关系及其管理机制。为此，我国相关的法律法规以及高校章程对此作了一些原则性的规定。这些规定正是现代大学制度法人治理结构的依据和基础。

（一）以法律法规为依据

目前，我国已形成了以教育基本法律——《教育法》为母法，多部单项教育法律为主线，几十部教育行政法规为基础，上百部教育规章辅之的教育法体系。在较为完善的教育法体系中，在“走向权利”与“以权利为本”的世纪中，法律法规对权利主体权益的配置与规定是必不可少的。现代大学制度法人内部治理结构中，不同权利主体的权益获取应该在法律法规中有明确规定，否则是不完善的、不健全的。

我国《教育法》、《高等教育法》等法律法规中，对高校的权利与义务、高校的管理体制、校长、校长办公室、学术委员会、教职工代表大会等的基本权限已有所规定。这些法律法规不仅是高校应该推行法人治理的法律依据，也是高校如何建构治理结构的法律基础。在构建高校法人治理结构的过程中，不仅要依据《教育法》和《高等教育法》等相关法律法规对高校法人的性质进行定位，而且要依据法律法规保障高校内外部权力主体的权利和义务得到合理配置和均衡，促进高校协调健康发展。

尤其是《高等教育法》中对高等学校校长、学术委员会、教职工代表大会的职权作了初步的分工，此外，也对中国共产党在高校中的地位以及行政部门和社会监督的权力作了相应的规范。在《高等教育法》以及《教育法》中也相应地对教师、学生、行政管理、社会监督等方面的权利作出了规范。例如：

《高等教育法》第39条规定：“国家举办的高等学校实行中国共产党高等学校基层委员会领导下的校长负责制。中国共产党高等学校基层委员会按照中国共产党章程和有关规定，统一领导学校工作，支持校长独立负责地行使职权，其领导职责主要是：执行中国共产党的路线、方针、政策，坚持社会主义办学方向，领导学校的思想政治工作和德育工作，讨论决定学校内部组织机构的设置和内部组织机构负责人的人选，讨论决定学校的改革、发展和基本管理制度等重大事项，保证以培养人才为中心的各项任务的完成。”“社会力量举办的高等学校的内部管理体制按照国家有关社会力量办学的规定确定。”

《高等教育法》第40、41条规定：“高等学校的校长，由符合教育法规定的任职条件的公民担任。高等学校的校长、副校长按照国家有关规定任免。”“高等学校的校长全面负责本学校的教学、科学研究和其他行政管理工作，行使下列职权：（一）拟订发展规划，制定具体规章制度和年度工作计划并组织实施；（二）组织教学活动、科学研究和思想品德教育；（三）拟订内部组织机构的设置方案，推荐副校长人选，任免内部组织机构的负责人；（四）聘任与解聘教师以及内部其他工作人员，对学生进行学籍管理并实施奖励或者处分；（五）拟订和执行年度经费预算方案，保护和管理校产，维护学校的合法权益；（六）章程规定的其他职权。”“高等学校和校长办公会议或者校务会议，处理前款规定的有关事项。”

《高等教育法》第42条规定：“高等学校设立学术委员会，审议学科、专业的设置，教学、科学研究计划方案，评定教学、科学研究成果等有关学术事项。”

《高等教育法》第43条规定：“高等学校通过以教师为主体的教职工代表大会等组织形式，依法保障教职工参与民主管理和监督，维护教职工合法权益。”

从以上教育法律法规的规定来看，我国高等学校采取的是党委领导下的校长负责制。其中党委主要负责执行共产党的政策方针，并管理学校的思想政治和德育工作，在机构设置、人员聘用方面具有决定权，对学校发展重大事项居于决策权。实际上，党委履行着类似于民办学校董事会或西方公立高等学校理事会的职责，掌握着学校重要人事任免和学校发展决策权。校长主要负责实施党委的决策，并具体开展学校教学、科学研究和行政管理工作，为学校的实际经营者，行使行政权。

同时，高等学校还需要设立学术委员会，履行“学术事务”的管理职责，这是高等学校特有的“学术自由”在法人治理结构中的表现形式，从规定看，学校的学术事务管理职权不受其他外部势力的侵害，仅受到校长职权的制约。

教职工代表大会是维护教师合法权利、保障教师参与管理的重要组织，在学校行政事务中具有参政权、监督权，但是没有规定具有决策权。在具体操作中，教职工代表大会主要依据学校章程授权在规定的权限内履行监督权和参政权。

同时，关于教师、学生、行政管理、社会监督等方面权利的配置与规定，我们在之前已有所论述，在此不再赘述。

然而，正如我们前面所分析的，我国相关的法律法规并不是很完善，立法技术上存在着很大的缺陷，对高校内外部的权利主体在高校发展过程中的具体法律职责和义务并不明确，仅仅是一些原则性、高度概括性的规定，非常笼统。同时，这些规定还称不上对高校法人组织形式的规定，其并未对高校法人的组织成员、机构设置和权力配置以及高效的运行机制做出规定。

（二）以高校章程为依据

高校法人治理结构很大程度上应该是在法律法规划定的框架内由章程来自由架构。这一方面可以弥补法律刚性规定之不足，一方面可以体现不同高校的办学特色和管理风格。尽管我国教育法律法规中对高校章程都在不同方面做出了规定，但是由于这些规定总的来说还是比较概括的。对于一所高校来说，到底如何制定高校章程，来规范高校内部管理体制和运行机制，规范高校发展过程各权利主体的权利和义务，都需要根据高校法人性质、发展定位以及高校客观情况来制定。

章程是非营利性法人建立时必须具备的法律文件，它是在法律规定范围内对其成员有约束力的内部规范。除了确定的宗旨和名称外，章程尤其还要规定在法人内部形成决议和对外以法人名义进行活动的规范。关于法人章程的性质，理论上还存在着争论。大陆法系国家一般把章程视为法人内部的自治法规，而英美法系则倾向于将章程认定为设立人之间的契约。同样，关于大学章程的法律性质，也存在着同样的争论，目前主要有两种观点，即契约说和自治法说。契约说认为，大学章程是大学举办者在协商的基础上就如何举办学校达成一致意见而订立的文件，是全体举办者共同的意思表示，对每一个举办者都有约束力。自治法说的主要观点是，大学章程是根据国家法律赋予大学自治立法权而制定的、规范大学组织及其内部活动的自治法，是大学的“宪法”，大学的教育教学和管理活动都必须以大学章程为依据，大学的其他规章制度都不得与大学章程相抵触，学校中的所有成员都必须遵守学校章程的规定。[①] 我们认为，无论是自治规则还是

① 劳凯声主编：《中国教育法制评论（第2辑）》，教育科学出版社2003年版，第181页。

私法契约，章程本质上都是法人设立者就法人的主要事务所做的长期性的和规范性的安排，这种安排体现了很强的自治色彩。因为法人章程适用于不特定的多数人，对成员具有拘束力，也是法人实现自治的必备条件，从这个意义上讲，章程更多的是一种自治法规，关系到法人治理结构以及外部利益相关者。它“属于低于公司法的、约束所有公司参与人的规则，它的产生是出于经济效益上的考虑”①。

非营利性法人的章程规定着法人内部组织机构的设置以及权、利、责，是确定组织内部运行机制和外部负责机制的依据。在大陆法系国家，法人章程由一份单一的文件构成；在英美法系国家，章程则由两个文件组成：其一是章程大纲——是规范法人对外关系的法律文件，其二是法人内部规章——是调整法人内部关系的文件。虽然大陆法系与英美法系在立法体制、法律效力上有所不同，但一般都规定在非营利性法人设立登记时需要提交法人的章程。在具体的立法例中，章程的制定有三种方式：第一种是通过制定的方式，即只要全体发起人签字即可使章程通过生效；第二种是委托制定的方式，章程制定的每个发起人和董事必须签署章程；第三种是共同制定的方式，即由全体发起人共同制定。

依据我国相关法律法规的规定，社团法人章程的起草无疑是发起人的任务，因为在申请筹备成立社会团体时，发起人应当向登记管理机关提交的文件包括“章程草案”，同时要求社团法人自登记管理机关批准筹备之日起6个月内召开会员大会或者会员代表大会，通过章程。② 而非营利性的财团法人的章程一般由举办者拟定。比如《民办非企业单位登记管理暂行条例》规

---

① 王保树主编：《商事法论集（第6卷）》，法律出版社2002年版，第11页。

② 参见《社会团体登记管理条例》第11、14条的规定。

定，举办者应当向登记管理机关提交包括“章程草案”在内的文件。显然，无论是社团法人还是财团法人的设立，有关的登记主管机关都要求设立人提交法人的章程，并根据法律的有关规定对章程进行审查。依据我国《社会团体登记管理条例》第16条、《基金会管理条例》第11条和《民办非企业单位登记管理暂行条例》第12条等的规定，作为非营利性法人的章程，其登记事项一般包括：名称、住所和业务范围、法定代表人或者负责人、活动资金、原始基金数额或者开办资金、业务主管单位等。

非营利性法人的章程是一种自治规则，且任何非营利性法人都是以公共利益为目的，服务于公益目的，为了实现公益目标，需要在自治与社会责任之间达成平衡。平衡机制的安排与实现需要法律的规制。但是法律的规制仅仅能够对非营利性法人的内部治理结构作出原则性、概括性的规定，这些规定大多是以强制性规范的内容出现，例如明确非营利性法人的最高决策机构、非营利法人管理者的角色和功能以及法人的权利与义务等事项。其他事务则由章程来规定，在达到法律强制性要求的前提下，非营利性法人的章程可以根据各非营利法人的目的和形式来制定出适合本法人的相对灵活的规则。也就是说，法律与章程的关系主要表现为：法律会对某些事项作出保留性的规定，这些事项只能由法律来规定，而不属于章程规定的范畴；即使法律允许非营利性法人的章程规定其内部治理问题，一般而言法律仍然会对非营利性法人的章程提出最低要求，这种最低要求是章程必须包含的某些特定条文，称为绝对应当记载事项（如法人的目的、名称、内部组织机构等）；法律将某些事项作为非营利性法人章程规定的范围，但是在章程没有规定的情况下，并不影响非营利性法人的设立，只是应该适用法律的相关规定，称为相对必要记载事项；法律在具体规定有关事项或者要求章程规定绝对应该记载事项之后，往往会将较大的自由空间该留给营利性法人的章程去规定，也就是说，只要不违反法律的条款，章程可以规定任意记载事项。①

也就是说，大学章程与法律的关系是下位法规与上位法律的关系一样，大学章程作为自治规则，在制定的过程中，不得随意扩大，也不得与上位法律相冲突，否则无效。

西方国家将大学章程作为建校的一个重要条件，任何大学都有自己的章程，这些章程具有高度的权威性和严肃性，是高校制定各种规章制度的基础，而且对章程的内容有较为具体的规范。《日本学校教育法施行规则》规定学校章程至少必须记载下列事项："一、有关修业年限、学年、学期和停止授课（以下称'停课日'）的事项。二、有关部、科和课程的组织事项。三、有关教育课程和授课时数的事项。四、有关学习的评价和课程修订的认定的事项。五、有关学生定额和职员组织的事项。六、有关入学、退学、转学、休学和毕业的事项。七、有关学费、入学费及其他费用征收的事项。八、有关赏罚的事项。九、有关宿舍的事项。"《俄罗斯联邦教育法》规定教育机构的章程必须注明："一、名称、地点；二、教育机构创办人；三、教育机构的组织—法律形式；四、教育过程的目标，所实施的教学大纲类型；五、组织教育过程的主要特点；六、财务、经营活动的内容；七、教育机构的管理程序；八、教育过程参加者的权利和义务；九、旨在规定教育机构活动细则的局部性决定（命令、指示等）目录。"②《法国高等教育方向法》（1968 年 11 月 12 日第 68—978 号法律）第 11 条规定："公立科学文化性机构及其所属教学与科研单位，依据本法及其实施法令的规定，确定各自的章

① 金锦萍：《非营利法人治理结构研究》，北京大学出版社 2005 年版，第 77—78 页。

② 陈立鹏编著：《学校章程》，光明日报出版社 1999 年版。

程。”“章程方面的决定，须由理事会成员 2/3 多数通过”。①

在中国，《高等教育法》第 29 条对学校章程作了比较具体的规范，而且要求学校章程必须经过审批机关的核准。具体而言，高等学校的章程应当规定以下事项：“（一）学校名称、校址；（二）办学宗旨；（三）办学规模；（四）学科门类的设置；（五）教育形式；（六）内部管理体制；（七）经费来源、财产和财务制度；（八）举办者与学校之间的权利、义务；（九）章程修改程序；（十）其他必须由章程规定的事项。”

三　现代大学制度法人治理结构的使命

之所以要从法人治理结构的视角来观照现代大学制度，一个最基本的考量就是实现人们对现代大学的期待，履行现代大学自身所蕴涵的使命。从功能论的视角来看，现代大学制度法人治理结构的使命是实现公益与权衡利益，因为，现代大学法人治理结构实质上就是通过制度设计对高校不同权利主体的利益加以均衡，并保障高校自主发展的一种运行机制。

（一）大学法人治理中的公益实现使命

1. “公益”的内涵

“公共利益”最早可以追溯到公元前 6—前 5 世纪的古希腊。古希腊人把公共利益看作是一个社会存在所必需的一元的、抽象的价值，是全体社会成员的共同目标。亚里士多德把国家看作是最高的社团，其目的是实现“最高的善”，这种最高的善在现实社会中的物化形式就是公共利益。② 在中国，“公益”一词是明

① 金建陵：“国外制订学校章程的实践经验和法律规定”，《教学与管理》2001 年第 7 期。

② 胡建森、刑益精：“公共利益概念透析”，《法学》2004 年第 10 期。

治时期由日本学者转译引入的。在《现代汉语词典》中，“公益”被解释为“公共的利益”，与此相对应，在英文中有“public benefit”（公共利益或公共收益）和“public welfare”（公共福利）等概念。

在我国诸多的法律文本中，常常使用“社会公益目的”或者“公共利益”作为维护公共利益的法律文本意思表示。有学者对我国现行的法律文本进行了统计，发现我国法律、法规、规章和规范性文件中使用“公共利益”这一概念的共有1259件（次），其中宪法2次，法律72件（次），国务院行政法规87件（次），规章、地方性法规及其他规范性文件1098件（次）。由于同一部法律使用“公共利益”一般只出现一次，最多两次，因此，可以理解为我国现行法律除宪法外有60多部法律、80余部行政法规使用了“公共利益”概念。但是，没有一部法律或者行政法规对什么是公共利益作出了解释。只有极少数法律、法规试图指出“公共利益”的范围，也是点到为止。例如《测绘法》第31条规定：测绘成果实行有偿使用，但有关国家机关“因防灾、减灾、国防建设等公共利益的需要，可以无偿使用”。在这里，法律将“公共利益”的主要范围界定为防灾、减灾和国防建设。当然，后面还有一个“等”字。

除此之外，我国法律使用“公共利益”概念基本上是以下三种情况：

第一，大多数法律是要求有关行为不得损害“公共利益”，或者说不得违背“公共利益”，属于义务性规范。如《合同法》第6条规定：当事人订立、履行合同，不得损害社会公共利益。《行政处罚法》第62条规定，“执法人员玩忽职守，对应当予以制止和处罚的违法行为不予制止、处罚，致使公民、法人或者其他组织的合法权益、公共利益和社会秩序遭到损害的，对直接负责的主管人员和其他直接责任人员依法给予行政处分；情节严重构成犯罪的，依法追究刑事责任。”

第二，也有不少法律是授权公共权力机关为了“公共利益”可以对私人权利进行适当的限制甚至剥夺，我国宪法仅有的两处关于“公共利益”的明文规定（第10条第3款、第13条第3款)。《刑法》、《民法通则》、《法官法》、《检察官法》、《城市房地产管理法》等近20部法律就属于这一类。

第三，还有一些法律是为了说明立法的宗旨，或者规定国家机关及其工作人员的职责。前者如《行政许可法》第1条规定：“为了……维护公共利益和社会秩序，……根据宪法，制定本法”，1996年的《行政处罚法》第1条规定，“为了规范行政处罚的设立和实施，保障和监督行政机关实施行政管理，维护公共利益和社会秩序，保护公民、法人或者其他组织的合法权益，根据宪法，制定本法。”开宗明义提出维护公共利益和社会秩序，保护公民、法人和其他组织合法权益是制定《行政处罚法》的根本出发点。后者如《法官法》第7条、《检察官法》第8条。

我国现行的法律对“公共利益”表述，将其与“公共利益”和“国家安全”、“国家利益”、“集体利益”、“社会公德”等本属于公共利益范畴以内的概念并列使用。而且，在使用中存在着类推或公共秩序保留的问题。如《著作权法》第4条规定：“不得违反宪法和法律，不得损害公共利益”；《信托法》第11条规定：“违反法律、行政法规或者损害社会公共利益”的行为无效。显然，这样的法律用语，暗含着这样一个规定：即使你的行为符合全部的法律、法规要求，但如果违反“公共利益”，也是不合法的。这相当于刑法上的类推和国际私法的“公共秩序保留”。但刑法上类推也好，国际私法中的“公共秩序保留”也好，其适用是有非常严格的限制的。由于类推制度的种种弊端，我国新刑法已经取消了类推。我们不反对公法上保留“公共利益”作为具体法律规定的补充，但应当是在非常特定的场合使用，并需要作出非常严格的限制。

因此观之，“公共利益”在法律文本中是一个比较常用的词语，也是政府在制定公共政策时必须予以充分考虑的重要出发点。但具体对公共利益内涵的揭示，却没有达成共识或形成结论。

关于“公共利益”的内涵与特征，《公共政策词典》在关于公共利益的词条中指出，公共利益是指社会或国家占绝对地位的集体利益而不是某个狭隘或专门行业的利益。公共利益表示构成一个政体的大多数人的共同利益，它基于这样一种思想，即公共政策应该最终提高大家的福利而不只是几个人的福利。[①] 这是典型的新古典主义经济学关于公共利益的观点，也是目前对于公共利益概念的主流观点。

林德布洛姆认为，“公共利益”并不表示一致同意的利益，而仅表示某些人看来对公众有利的事物。[②]

周树志认为，所谓公共利益就是公众利益，表现为公民个人或团体向公共权力机关提出并被认可的利益要求。这就是说，不仅公共权力机关是公共利益的代表，而且个人或团体的利益被公共权力机关认可时也会转化为公共利益。[③]

基于以上综述，人们对公共利益的理解主要表现为三种：一是把公共利益和自然法则、正义、正当性等这一类价值标准和规范联系在一起；二是把公共利益和个别人的特殊利益联结在一

① ［美］E. R. 克鲁斯克、B. M. 杰克逊主编：《公共政策词典》，上海远东出版社 1992 年版，第 930 页。

② ［美］林德布洛姆，竺乾威、胡君芳等译：《决策过程》，上海译文出版社 1988 年版，第 27 页。

③ 周树志：《公共政策学》，西北大学出版社 2000 年版，第 526 页。

起，或和多数派的特殊利益联结在一起；三是把公共利益和个人之间竞争过程或集团之间的竞争过程的结果联系在一起。[①] 对公共利益的不同理解将影响达成公共利益解决方案目标取向的不同选择。

2. 教育的公益性

关于教育公益性问题，在我国引起争论是从20世纪90年代初期开始的。20世纪90年代初期，在教育本质大讨论中，兴起了“教育产业化”、“学校商品化、市场化”的观点，从而引发了教育公益性与教育产业性之争。关于这一问题主要有三种观点：第一，教育作为一项“伟大的公益事业”，是不允许营利的，更不允许以营利为目的，否则教育的公益性就得不到保证。[②] 第二，教育是可以营利的，但不得以营利为目的。前者体现了教育的产业性，后者体现了教育的公益性，二者因此是不矛盾的，可以共存。[③] 第三，教育能够营利，而且应当允许其营利，营利与不以营利为目的的区分是没有意义的。[④]

我们认为，是否承认教育的产业性，并不影响教育的公益性，教育的公益性是教育的本质属性，是教育所具有的一种客观属性。按照我国现行法律法规的规定，教育的公益性的内涵主要是：第一、办教育必须符合社会公共利益，满足全体公民受教育的愿望，即教育能使国家、社会和公众受益；第二、教育不得以营利为目的；第三、发展教育是国家或政府的最主要的社会事务，国家实行相对稳定、统一和完整的学校教育制度，为教育真

---

① ［美］亨廷顿，王冠华、刘为等译：《变化社会中的政治秩序》，三联书店1989年版，第23页。

② 刘长明：“教育是永恒而崇高的育人事业——兼评教育产业化种种”，转引自人大复印报刊资料《教育学》2001年第5期。

③ 吴开华：“论我国私立学校的法律性质”，《教育科学》2001年第2期。

④ 何农、姬焕芳：“论民办教育盈利的可行性”，转引自人大复印报刊资料《教育学》2001年第12期。

正面对全体社会成员、保障社会公共利益和国家利益提供基础，“在美国，教育是国家福利的一种手段”[①]；第四、追求平等是教育公益性的最终社会目标之一；第五、强调非经济价值取向；第六、实行教育必须与宗教相分离。

3. 大学公益性的实现

大学是否应该坚守公益性？我国《教育法》第 8 条规定，“教育活动必须符合国家和社会公共利益。国家实行教育与宗教相分离。任何组织和个人不得利用宗教进行妨碍国家教育制度的活动”。第 67 条规定：“国家鼓励开展教育对外交流与合作。教育对外交流与合作坚持独立自主、平等互利、相互尊重的原则，不得违反中国法律，不得损害国家主权、安全和社会公共利益。”《高等教育法》第 24 条规定：“设立高等学校，应当符合国家高等教育发展规划，符合国家利益和社会公共利益，不得以营利为目的。”

大学的公益性是大学的固有属性与客观属性，是大学作为社会系统的一个组成部分，大学所提供的服务最终能为所有社会成员共享，满足社会的公共需求，实现社会的公共利益。

设立高校是政府公共政策行为的重要形式之一，大学主要的举办主体是国家，也是基于公共利益做出的一种支付行政行为。大学法人的使命就是实现公共利益，包括国家和社会在高等教育领域的公共利益，而并不单纯是政府利益或者某一团体的特殊利益，更不是某个个人的利益。由此，各国都将大学定位为公益性机构。那么，如何实现大学的公益性呢？

大学以服务于公共利益为基本目标，这种公共利益并不是针对特定的个人和团体，而是以最终提高公众（社会）的整体福

① 艾萨克·康德尔，王承绪译：《教育的新时代——比较研究》，人民教育出版社 2001 年版，第 11 页。

利为目标的，是通过大学的职能发挥来实现的。

第一，大学的培养人才的职能。大学作为高等教育机构，在人力资源开发方面具有极大的正外部性。大学人力资源开发具有较强的公益性，高等学校通过培养高层次人才，并通过人才的创造力来提高社会的财富，促进社会文明和进步。

第二，大学的科学研究的职能。科学研究意味着知识创新，知识创新是指通过科学研究获得或创造新知识和技术的过程。通过科学研究促进人文科学的发展和自然科学、技术科学的发展来提升人类社会的整体素质和认识、改造（顺应）自然和社会的能力。通过科学研究而创造的知识成果具有公益性。首先，科学知识的发现者要获得承认，就必须把成果公开。一旦公开，知识就脱离了它的创造者，独立于他们的意志之外，成为“自主的”、“纯粹观念的作用”，为所有人共享，具有外部性。其次，科学知识对经济增长具有积极作用。如在二战后，美国联邦政府与研究型大学形成了合作关系，这种合作创新了许多科学知识，从国家利益出发，联邦政府为研究型大学提供了大量的资金以保证基础研究和人才培养。作为回报，这些大学为美国提供了国家安全、公共卫生和经济强盛相关的种种知识，促进了美国的稳定与繁荣。①

第三，大学的社会服务的职能。通过服务拓展科学的应用范围、促进社会服务向更深层次发展。服务社会是公益性实现的过程，大学服务社会的功能在某种意义上是大学知识创新功能的延伸与发展，这就要求大学的重心“从只侧重生产和传播知识，转向技术转让和组建公司”②。大学部分功能直接产业化、市场

---

① ［美］詹姆斯·杜德斯达，刘彤主译：《21世纪的大学》，北京大学出版社2005年版，第40页。

② ［美］亨利·埃兹科维茨等，夏道源等译：《大学与全球知识经济》，江西教育出版社1999年版，第1页。

化，使大学服务社会免去了产品和最终用户之间的中介，成了直接的服务者。作为高新技术以及知识产业的孵化器，大学吸引着越来越多的创业风险资金，各种知识型企业都在大学周边诞生。①

同时，由政府设立的高等学校还能够为学生接受高等教育提供便利，也为诸多涉及国家利益和公众利益的科学研究的顺利开展提供便利。如基础研究、国防科技研究、高新技术研究、政策研究等领域的科学研究都需要大量人力、物力和财力的支持，大学作为国家事业机构，可以便利地利用公共资源来进行相关研究和实验，为提升国力提供保障。这些都说明大学设立是以提高公众的福利为目标的。

大学服务于公共利益，这就意味着大学法人在法人机制上与其他的营利性机构是非常不同的，主要表现为法人的目标是外在的，而非为法人自身这一特定的利益集团服务，用经济学话语来表示，就是法人的基本出发点不是传统意义上的理性人假设，即大学法人并不是为法人自身利益最大化服务的，而应当具有公共理性的特征，是一个利益相关者组织。②

而且，大学公益性的实现离不开诸多要素的发生。由于“公共利益”是一种属性概念，在客观世界中不能独立存在。就像“红色”是个属性概念，在客观世界中不能独立存在一样。我们只能看见红色的物体而看不见脱离物体的“红色”。所以，当我们指称公共利益时，离不开三个要素：第一、公共事件；第二、利益主体；第三、法律规定。同理，大学公益性的实现，也离不开这三个要素。

---

①　中共中央文献研究室编：《十五大以来重要文献选编（上）》，人民出版社 2000 年版，第 734 页。

②　覃壮才：“我国公立高等学校法人治理结构研究”，北京师范大学研究生院 2005 年，第 66 页。

如果没有公共事件发生，公民在私权领域中自由、自主的生活，这种状态与公共利益一致，公共权力不得介入，这就是公共利益。

只有发生了公共事件，涉及此事件的不同利益主体产生了利益冲突，或者合法利益的实现受到阻碍，或者合法利益受到侵害，公共权力必须介入，否则为渎职，是对公共利益的消极侵害。当公共权力介入时，指称判断公共利益具有现实意义。

公共权力判断公共利益的尺度只能是法律，包括宪法精神、法律原则、法律规定。凡是合法的公民私人利益都符合公共利益，公共权力应当保障；凡非法的公民私人利益都不符合公共利益（无论是自然人还是法人；是官员还是平民；是政府机关还是社会公众），公共权力不应当保障。公共权力的行使符合法律规定的权限和程序就是保障公共利益，反之就是侵害公共利益。①

（二）大学法人治理中的利益权衡使命

利益问题是关涉到人的生存和发展的根本性问题。法国哲学家爱尔维修说："如同物质世界为运动规律所支配，精神世界为利益规律所统治。""河水不会向河源倒流，人们不会逆着利益的浪头走。"② 马克思指出："每一个社会的经济关系首先是作为利益表现出来"。③ "人们所奋斗的一切，都同他们的利益有关"。④ 制度经济学的创始人康芒斯打了一个生动比方："如果说

---

① "什么是公共利益"，www. c2000. cn/printpage. asp? BoardID = 1&ID = 438613。

② 转引自赵振江主编：《法律社会学》，北京大学出版社1998年版，第244页。

③ 《马克思恩格斯全集》第18卷，人民出版社1964年版，第8页。

④ 《马克思恩格斯全集》第1卷，人民出版社1995年版，第187页。

支配人类活动的利益是‘蒸汽能源’的话，那么引导动力的便是制度这架发动机。”

那么，如何来理解利益？大学如何来实现利益的权衡？

从一般意义上来讲，“利益”的核心内容是使人受益。这种“受益”，可以是财产方面的，也可以是精神方面的，也可以是其他方面的。一个事项是不是属于“利益”，应该由、也只能由当事人自己去判断。依据不同标准可以对利益进行不同划分：依据对人的价值划分，有生命利益、财产利益、政治利益、精神利益；依据社会属性划分，有公民利益和公共利益；依据利益主体划分，有个人利益、法人利益（包括企业法人、社团法人、国家机关法人）、国家利益；依据法律评价划分，有合法利益和非法利益。还有其他划分，如基本利益和派生利益；局部利益和整体利益；现时利益和长远利益等等。

从哲学的角度来看，利益表现为某个特定的（精神或者物质）客体对主体具有意义，并且为主体自己或者其他评价者直接认为、合理地假定或者承认对有关主体的存在有价值（有用、必要、值得追求）。[①] 由此可以看出，利益具有以下特性：

第一，客观性。这也是马克思主义哲学所认为的利益的最大特性。即客体对主体的意义是真实存在的，是客观的，是不以人的意志为转移的。

第二，主体性。西方学者比较强调这一点，比如，耶林内克就认为，利益是一种离不开主体对客体之间所存在的某种关系的价值形成，是被主体所获得或肯定的积极的价值。如此，利益即和主体的价值（感觉）产生密切的关联。价值的被认为有无存在，可直接形成利益的感觉，这一切，又必须系乎利益者（即

---

① 汉斯·J. 沃尔夫、奥托·巴霍夫、罗尔夫·施托贝尔，高家伟译：《行政法》第1卷，商务印书馆2002年版，第324页。

主体）之有无兴趣的感觉。[①]

第三，社会性或者称为环境性。即客体对主体的有意义，并非一成不变的，而是为当时的社会客观事实所左右，过去有意义，并不代表现在也一定有意义，现在没有意义，也不代表着将来就一定没有意义。因此，利益的判定往往必须根据个案的实际情况来进行，无法一以贯之而予以测定，是弹性的、浮动的，受到一些判断利益的要素所决定。

然而，人们在追求各自利益的过程中不可避免地存在着这样或那样的利益矛盾与冲突。“由于社会合作，存在着一种利益的一致，它使所有人有可能过着比他们仅靠自己的努力独自生存所过的生活更好的生活；另一方面，由于这些人对由他们协力产生的较大利益怎样分配并不是无动于衷的（因为为了追求他们的目的，他们每个人都喜欢较大的份额而非较小的份额），这样就产生了一种利益冲突，就需要一系列原则来指导在各种不同的决定利益分配的社会安排之间的选择”[②]。

我们认为，法律正是作为调控利益矛盾与冲突和权衡利益的制度安排而登上了社会历史的舞台。法律应当发挥其“定分止争”的作用，居中评判双方的利益的客观性。正如德国法学家赫克认为，法律是对各种利益的平衡。法的最高任务是平衡利益。社会法学派杰出代表庞德指出：“法律的作用和任务就是在于确认、实现和保障利益，以最小限度的阻碍和浪费尽可能满足相互冲突的利益。……在调节、调和与调节各种错杂和冲突的利益时……使各种利益中大部分或我们文化中最重要的利益得到满

① 陈新民：《德国公法学基础理论》上，山东人民出版社2001年版，第182—183页。

② ［美］约翰·罗尔斯，何怀宏等译：《正义论》，中国社会科学出版社1988年版，第2页。

足，而使其他的利益最少地牺牲。”①

大学要实现服务于公共利益的基本目标，就必然涉及利益的权衡问题，现代大学制度法人治理结构的使命就是权衡利益，通过法律的手段权衡利益，达到公共利益的实现。

四 现代大学制度法人治理结构的实现

现代大学制度法人治理结构的实现，应当由现代大学法人制度来统摄，通过一系列制度安排与设计来实现现代大学的法人治理。

法人制度是世界各国规范社会秩序的一项重要法律制度。自从1896年颁布、1900年施行的《德国民法典》首次以法律形式规定了系统、完整的法人制度以后，其他大陆法系国家民法典纷纷效仿德国民法典，英美法系国家通过制定单行的法律和条例建立法人制度，各国法人制度具有共同的特征，但其内容不尽相同。不同的法人制度形成了不同的法人制度理论，法人制度理论成为世界各国建立和完善法人制度、规范社会秩序的理论基础。

（一）现代大学法人治理制度的特殊性

在现代大学制度的法人治理中，法人治理制度是核心与关键，完善的法人治理制度，有助于现代大学有序、健康、快速地运转与发展，有助于大学内外部事务的处理，有助于平衡不同主体的权益关系。那么如何对现代大学法人进行系列制度安排与设计？

罗尔斯指出，制度明确规定“职务和地位及它们的权利、义务、权力、豁免等。这些规范指定某些行为类型为能允许的，

---

① 马斯福：《法律社会学原理》，吉林大学出版社1999年版，第65页。

另一些则为禁止的，并在违反出现时，给出某些惩罚和保护措施。”① 因此，现代大学法人治理制度的安排与设计，实质上是对大学内外部成员在有关权利、义务和职责上的重新分配。现代大学法人治理制度的安排与设计应当以效率和公平为基础，对各相关利益方的责、权、利进行相互制衡的一种制度安排与设计。只有建立在公平与效率基础上的现代大学法人制度才能够体现大学的价值追求，缺乏了公平与效率，制度的合法性就不能得到保障。相互制衡的制度安排与设计理念不仅适用于高校权力的制度安排与具体运作，也适用于高校权力合法性的法理构成与根本内涵。

同时，现代大学制度法人治理结构是通过诸多的“法律关系”的形成而实现的。没有具体的法律关系，不可能实现现代大学制度的法人治理，在不同的法律关系之中，现代大学法人治理的模式是不同的，权利机制的构造也是迥异的。因此，现代大学制度的法人治理结构是通过现代大学法人治理的内外部权利机制的构造来展开的。

大学作为法人，是由法律赋予了人格的团体人、实体人，需要有与法人相适应的组织体制和管理机构，使之具有决策能力、管理能力，行使权利，承担责任。这种体制和机构即为法人治理结构，这种结构使大学法人能有效地活动起来，是现代大学制度的核心。

如前所述，大学是非营利法人，非营利法人的治理结构应该包括非营利法人内部组织机构的设置以及组织机构的运行规范两方面。非营利法人的治理结构就是在法人内部合理分配权力，使法人内部机关权责分明，形成互相协调、互相制衡的关系，同时

① ［美］约翰·罗尔斯，何怀宏等译：《正义论》，中国社会科学出版社 1988 年版，第 54 页。

要向各方利益相关者负责，接受外来监督，以保证非营利法人平稳、健康地运行，使各方利益得到平衡和保护，最终实现非营利法人的宗旨。而且，作为非营利法人的大学，法人治理结构的建立应当遵循法定、职责明确、有效制衡、协调运转等原则。非营利法人治理结构的基础是所有权、控制权与收益权的分离；非营利法人治理结构的主线是委托—代理关系；非营利法人治理结构的重心是利害相关者协同；非营利法人治理结构的依归是公共责任。即所有权、控制权与收益权的分离必然引出委托—代理关系，多重委托—代理关系要求利害相关者协同，而不特定的利害相关者意味着更多的公共责任。要实现非营利法人治理结构的基础、主线、重心、依归，需有健全的、完善的非营利法人治理制度。

（二）现代大学法人治理制度的类型

要进行制度的安排与设计，我们需要对制度的类型有逐步的了解。关于制度的类型从不同的角度有不同的划分。

有的学者从逻辑的角度对制度进行划分，根据制度所涉及社会生活领域的不同，把制度分为三种基本类型，即政治制度、经济制度、文化制度；根据制度所规范内容的大小不同，把制度分为基本制度、具体制度和规章制度；根据制度的适用范围，把制度分为内部制度和外在制度。有的学者从历史的演进角度对制度进行划分，把制度分为三种历史类型：习俗、道德和法律。①

也有学者从制度的产生方式来讲，把制度分为内在制度和外在制度，把内在制度看成特定群体内（一般是小群体）随经验而演化的规则，其中习惯、道德规范是典型的内在制度，而外在制度是人为设计出来、并由政治行动强加于社会的规则。其中法

① 邹吉忠：《自由与秩序》，北京师范大学出版社2003年版，第93—102页。

律、政策、经济规则和合约等则是典型的外在制度。①

还有学者依据制度在形式上是否为正式机构支持和确认，把制度分为正式制度和非正式制度。非正式制度是人们在长期的交往中无意识形成的；正式制度则是指人们在非正式制度的基础上有意识地设计和供给的一系列规则，以及由这些规则构成的等级结构，其中有政治规则、经济规则、契约等，正式制度具有强制力。

在现代大学的法人制度中，我们既要承认内在制度、非正式制度等的重要性，也要大力进行外在制度、正式制度的建设。从法律的角度来看，外在制度、正式制度更加的重要，因为内在制度、非正式制度更多的属于学校精神文化建设层面的内容，是“软制度”，而外在制度、正式制度则更多的属于学校制度文化建设层面的内容，没有制度文化的文明，就没有精神文化的文明，在制度文化的基础上，才能生长出精神文化，通过精神文化的潜移默化才能凸显制度文化的重要性。所以，在现代大学制度中，我们只侧重于讨论外在制度、正式制度。

我国学者褚宏启教授认为，从形式上看，按照制度理论和法学理论，作为止式制度的现代学校制度可以分为两部分。（1）实体性制度，又分为两种：一是调整性规则，规定关系主体的权利和义务，即规定应该做什么、不得做什么和可以做什么，一方的权利就意味着另一方的义务；二是制裁性规则，规定违反调整性规则所伴随的惩罚性后果，即应该承担的责任。（2）程序性制度，规定追究责任的程序和进行法律救济的途径。例如，校内申诉制度就属于程序性制度，它规定，当学生认为个人合法权益受到教师的侵害时，可以向学校提出申诉。从内容上看，可以把

① ［德］柯武刚、史漫飞，韩朝华译：《制度经济学——社会秩序与公共政策》，商务印书馆 2000 年版，第 119 页。

现代学校制度分为核心制度和外围制度两类。学生的发展、教师的教和学生的学是现代学校制度最应该关注的问题，其他的制度都是为其服务的。从这个意义上看，现代学校制度的核心制度指的是对学生的发展、对学生的学和教师的教有直接影响的制度（如教学制度、考试制度、学生评价制度、校本教研制度、校本培训制度、教师评价制度、教育督导制度等），以及与其相近的制度（如与校本管理相关的学校内部管理制度，包括校长负责制、教师聘任制、教职工代表大会制度等）。而教育投入制度、教育行政管理制度、学校产权制度、办学体制（学校举办制度）、学校后勤管理制度、社区参与制度、教育问责制度等，都属于学校制度的外围制度，它们都是为核心制度服务的。核心制度的运行和发展需要外围制度做保障。外围制度必须服从教育内在的需要，而不是相反。[①]

在上述分类中，实体性制度与程序性制度内含在核心制度与外围制度中，基于这样的认识，我们在承认上述观点合理性的基础上，需要反思的是：既然核心制度的运行和发展需要外围制度做保障，在外围制度没有建立健全的基础上，核心制度能否健康地运行，能否满足与适应教师的教与学生的学的需要，而且，核心制度与外围制度的分类标准也存在着模糊性。我们认为，核心制度与外围制度同等重要，没有外围制度作保障，核心制度也不可能取得良好的效果，外围制度的健全，是核心制度的制度性保障，有助于核心制度良好地运转。

从法人制度理论的角度来观照现代大学制度，其核心内容就是完善现代大学的法人治理制度。依照法学理论，现代大学法人制度的安排与设计主要围绕大学产权制度、大学决策制度、大学

① 褚宏启主编：《中国教育管理评论》第2卷，教育科学出版社2004年版，第77页。

管理制度、大学的制衡与监督制度、大学的利益相关者治理制度等来展开。不同的制度包含着不同的权利主体，不同的权利主体都是大学法人治理结构中的重要组成部分，目的是确保大学法人治理结构运行机制的协调运转。

（三）现代大学法人治理制度中的制度安排与设计

现代大学法人治理中的系列制度安排与设计，围绕大学产权制度、大学决策制度、大学管理制度、大学的制衡与监督制度、大学的利益相关者治理制度等来展开，不同的制度框架，都要解决高校法人治理结构中的某一个特定问题，高校作为一个法人组织，通过一系列的制度安排与设计，促使高校自主办学，满足不同利益主体的利益诉求与利益表达，实现高校法人利益的最大化，同时，制度的健全，可以确保现代大学法人内外部治理结构的完善。

1. 大学产权制度解决的是高校法人的财产权问题

高校法人财产权的核心问题是解决国家所有权、出资人财产所有权与高等学校法人财产权之间的分离。对公立高校而言，出资人主要是国家。

关于财产权的内涵，经济学一般称为产权，认为产权是指关于财产的所有权以及由此而衍生的相关权利。法学上一般将财产权作为与人身权相对应的概念，认为“财产权是指以财产为客体、以财产利益为内容的民事权利，如物权、债权、继承权等。财产权一般可以用金钱计算其价值，并且可以自由转让”[①]。同时，我国 2003 年 10 月 14 日通过的《中共中央关于完善社会主义市场经济体制若干问题的决定》中明确指出：“产权是所有制

---

① 余能斌、马骏驹主编：《现代民法学》，武汉大学出版社 1995 年版，第 309 页。

的核心和主要内容，包括物权、债权、股权和知识产权等各类财产权。”即产权就是财产权的简称。

高校作为具有法律地位的法人，也应当享有高校各种财产权利。但问题的焦点在于法人财产权的性质依然存在着争论。有学者认为法人财产权实质上就是法人财产所有权，提出：“从理论上说，用‘企业法人所有权’更为准确，更能反映现代企业制度的特征。不过，只要我们把财产权与所有权视为同一，财产权是财产所有权，所有权也是指财产所有权，那么无论用‘企业法人所有权’，还是用‘企业法人财产权’，都是指‘企业法人财产所有权’，都是一个意思，反正都是优于以往的企业财产经营权或企业财产支配权。”① 也有学者认为法人财产权是一种经营权，国家享有财产权，而企业的财产权利在法律上只能表现为经营权。还有学者认为，“法人财产权是指公司依法对全部法人财产的占有、使用、收益和依法处分等权利。它不仅包括由股东投资以及经营过程中形成的全部财产物权（含他物权），而且包括公司享有的债权以及无形财产权等。它不是指单一的、特定的、具有的一种民事权利，而是包含有现代民法意义上的多项权能的综合性民事权利。”② 同时，关于法人财产权的性质，还存在着法人财产信托所有权说、法人财产经济所有权说、法人财产占有权说、法人财产物权说、法人财产股东按份共有说等不同观点。③

那么，何谓高校产权？高校产权的性质又是什么呢？有学者认为：“高校产权指的是高校的财产权利，它是由高校财产所有

---

① 厉以宁：“确立企业法人财产权的意义”，《金融时报》1994 年 2 月 2 日。

② 梅慎实：《现代公司治理结构规范运作论（修订版）》，中国法制出版社 2002 年版，第 161—175 页。

③ 彭宇文：《中国高校法人治理结构研究》，中国社会科学出版社 2006 年版，第 138 页。

权、使用权、收益权以及与财产所有权有关的其他财产权利所构成的一组权利，其基本内容包括产权主体对财产的权力或职能以及产权对产权主体的效用或带来的好处，即权能和利益两个部分。它们分别回答了产权主体必须干什么、能干什么，以及产权主体必须和能够得到什么，从而使高校各产权主体经济行为的外在效应内在化。”① 也有学者认为：“学校产权是在一定国家教育权指导下，学校为履行教育职能而形成的一种财产权利。”② 学校产权是对学校的“财产所有权以及由此而产生的对这些财产的占有权、使用权、收益权和处分权”。高校法人财产权，是指学校所拥有的，为实现高等教育职能所必需的，而根据国家法律规定或者合同约定，对高校各类财产进行占有、使用、收益和依法处分的各项权能的总和。③

我们认为，所谓高校法人财产权是高校法人所享有的具有一定物质内容或直接体现某种物质利益的权利，是高校法人对各类财产进行占有、使用、收益和依法处分的各项权能的权利，包括物权、债权、知识产权等。

物权是高校法人权利主体依法享有的直接支配特定的物实现利益的权利。④《民法通则》没有使用物权这一名词，但第5章第1节“财产所有权和与财产所有权有关的财产权”，实际上就是关于物权的规定。物权按性质与作用的不同，可分为自物权与他物权。

自物权即财产所有权，是指所有人依法对自己的财产享有占有、使用、收益和处分的权利。占有权是指所有人享有的对自己

---

① 史秋衡、宁顺兰：“高等学校产权分析”，《教育与经济》2002年第4期。

② 潘懋元：“教育主权与教育产权关系辨析”，《中国高等教育》2003年第6期。

③ 彭宇文：《中国高校法人治理结构研究》，中国社会科学出版社2006年版，第139页。

④ 孙国华主编：《法学概论》，高等教育出版社1998年版，第187页。

的财产进行实际控制的权利；使用权是指所有人享有的按照自有财产的性能和用途加以利用的权利；收益权是指所有人享有的收取自有财产所产生的经济利益的权利；处分权是指所有人享有的在法律上或事实上最终处置自有财产的权利。它是所有权的核心权能，是所有权最根本的权利。因此，一般由所有人行使，但所有人也可授权他人行使。

他物权是指权利人依照法律或者合同对他人的物所享有的物权，包括土地权、地役权、使用权、典权、抵押权等。他物权是指非所有人依照法律或合同，对所有人的财产享有的占有与支配权。其主要特征有：第一，它是所有权派生的物权，是在所有权基础上产生的；第二，权利人非所有人；第三，依照法律的规定或合同的约定而发生。非所有人只有按照法律或合同，对所有人的财产进行占有、使用、收益、处分等，才能取得占有权、使用权或者其他形式的他物权；第四，权利的行使受到所有权的限制。①

高等学校享有的他物权具体包括：

①地上权（基地使用权），是指在他人土地上建造并所有建筑物或其他附着物而使用他人土地的权利。

②地役权（邻地利用权），是指为了自己便于使用土地而使用他人土地的权利，是一种为增加自己土地的利用价值而支配他人土地的他物权。

③永佃权（农地使用权），指以种植、养殖、畜牧等农业目的，对国家或集体所有的农用土地占有、使用、收益的权利。

④典权，指支付典价，占有他人不动产而使用、收益的权利。

⑤抵押权，是担保物权的一种。债务人或第三人向债权人提供财产，以此作为清偿债务的保证；当债务人逾期不履行债务

① 孙国华主编：《法学概论》，高等教育出版社1998年版，第191—192页。

时，债权人有权从该财产的变卖价值中优先受偿。

⑥质权，以动产或不动产占有的转移或者其他权利证书的占有的转移为条件而成立的担保物权。出质的债务人或者第三人对出质的财产享有完全的处分权。

⑦留置权，债权人按照合同约定占有债务人的财产，债务人不按照合同给付应付款项超过一定期限时，可以留置该财产，依照法律规定以留置财产折价或者以变卖该财产的价款，优先接受清偿的担保物权。[①]

高校法人另一项主要的财产权是债权。债权是指自然人、法人享有的请求特定的义务人按照合同约定或法律规定履行义务的权利。它是一种与所有权、知识产权不同的民事财产权利。《民法通则》第84条规定："债权是按照合同约定或者法律的规定，在当事人之间产生的特定的权利义务关系。享有权利的人是债权人，负有义务的人是债务人。债权人有权要求债务人按照合同或者法律的规定履行义务"。可见，债权是根据合同的约定和法律规定而发生，具体是：

①因合同约定发生的债权。合同是高等学校与其他当事人之间设立、变更、终止民事关系的协议。依法成立的合同，受法律保护。合同之债是最典型、最基本、最普遍的债权类型，合同是发生债权的主要原因。

②因侵权行为发生的债权。行为人不法侵害了高等学校的财产权或人身权，使高等学校受到损失时，高等学校与侵害人之间依据法律的直接规定发生债权关系，高等学校享有债权，有权要求侵害人依照法律的规定赔偿损失。

③因不当得利发生的债权。不当得利是指没有合法的根据，

① 申素平："中国公立高等学校法律地位研究"，北京师范大学教育学院2001年，第23—24页。

有损他人取得不当的利益。利益受损的高等学校可以依照法律的规定，对不当得利人享有债权，有权要求返还不当得利。

同时，知识产权也是高校法人较为重要的财产权。高等学校作为知识传授、创新的场所，云集众多的学者、专家，这些学者、专家不仅是知识的传授者，而且是知识的创造者，他们的研究成果是我国社会科学、人文科学、自然科学重要的组成部分，应受到法律的保护。

知识产权是指自然人、法人对自己的智力成果依法享有专有权。主要包括著作权、专利权、商标权、发现权、发明权、科技成果权。我国《民法通则》第118条规定："公民、法人的著作权、专利权、商标专用权、发现权、发明权和其他科技成果权受到剽窃、篡改、假冒等侵害的，有权要求停止侵害、消除影响、赔偿损失。"

随着我国高等教育体制改革的深入，高校法人财产权已经呈现出表现形式、来源、投资主体、形成方式等的多元化特征，这不仅意味着利益主体的多元化，而且对维护教育主权、实现教育公益提出了更高的要求，更是加剧了校际之间的竞争、动摇了政府对高校的严格管制、赋予了高校所有权与办学权相分离更加深刻而复杂的内涵。在现有条件下，明晰高校法人财产权，建立相对完善的高校现代产权制度，对高校法人治理结构的构建具有重要的现实的意义。我们"要在全社会以树立教育投资消费观、教育产业观、教育服务观为先导，以建立教育多元化共同投入体制和多元化办学体制为主要突破口，形成产权多元化、形式多元化、发展模式多元化的适应我国经济与教育多元格局的现代新型现代化教育发展大体系"①。

① 甘德安、万玲莉："高等教育产权体制变革与政府职能转变"，中国人民大学书报资料中心，《高等教育》2005年第6期。

2. 大学决策制度解决的是高校法人的决策权和领导权问题

大学决策制度的核心问题是解决高校法人权力的决策机制，由谁来决策高校具体事务，由谁来行使对高校的控制权。由于我国公立高校是由国家投资举办的，国家通过以各级教育行政部门为主的党政部门来行使对高校的控制权。按照《教育法》、《高等教育法》等相关法律法规的规定来看，我国现行的高校决策权实际上是由各级党组织、以各级教育行政部门为主的行政机关、学校党委、校长办公会议或者校务会议等来行使的。但这种模式，经过实践的检验既有成功的经验，也有失败的教训。从目前的改革趋势来看，设立高校董事会制度的呼声很高。加强高校董事会制度建设，“有利于实现所有权与办学权的合理分离，增强学校办学自主权，提高教育质量和办学效益；有利于调动社会各方面捐（集）资办学的积极性，使高校能够筹集到办学所需的更多资金，增强办学实力；有利于高校内部管理体制改革的进一步深入；有利于促进产学研结合，加强高校与社会的互动联系，实现高等教育的可持续发展。”[①] 而且南京师范大学、西北大学、暨南大学、华北电力大学、中国人民大学等高校都相继成立董事会，并制定了《大学董事会章程》。

高校作为非营利法人，其与营利法人的董事会之间存在着很大的差异。营利法人的董事会必须让他们的股东满意，而所有的股东只有同一个要求：投资回报。非营利法人的董事会必须满足不同相关利益者群体的要求，不同的相关利益者群体拥有不同的（甚至是冲突的）利益。[②] 所以，营利法人董事会致力于为达到

---

① 彭宇文：《中国高校法人治理结构研究》，中国社会科学出版社 2006 年，第 157—158 页。

② See Dennis D. Pointer、James E. Orlikoff: *The High - performance Board*: *Principles of Nonprofit Organization Governance*, The Jossey - Bass Nonprofit and Public Management Series 2002. p. 1—2.

投资者（股东）利益的最大化而提出和实施董事会的战略，而非营利法人董事会更关注于实现组织使命。营利法人的董事会一般不从事无利可图的活动（也有例外，例如为了公司的形象而进行捐赠），而非营利法人董事会在其组织使命的驱动下则有义务将非营利活动坚持到底。有些功能则是非营利法人董事会所独具的，例如募集资金、作为法人的形象代表向社区做宣传、动员和关怀志愿者。资金募集包括了董事自己本人的捐献、从董事会成员和其他个人那里获得捐赠、从政府、公司和基金会获得资金或者以低于市场价格获得物品和服务等。[①] 而且非营利法人董事会的成员大多是志愿性的，并不能从非营利法人的成功中获得直接的经济利益。他们不拥有非营利法人的股份，而且基本上不能获得报酬。所以，在研究非营利法人的董事会时，尽管可以借鉴营利法人的具体规定，但是也应该注意到两者之间的差异。[②] 在法律制度上，无论是大陆法系还是英美法系，各国基本上都规定非营利法人应该设立董事会或者理事会。

在西方国家，高校董事会制度由来已久。高校"董事会是站在大学和广大社会的中间，一方面扮演'桥梁'的角色，以确保大学能重视社会的需要；另一方面，则扮演'缓冲者'的角色，阻挡任何对大学自主权的不当干预，以确保学术自由等等"[③]。

在美国，高校董事会是个独立的机构，脱离于政府部门。理论上学校董事会是决策机构，事实上学校董事会有权为学校制度

① See James J. Fishman & Stephen Schwarz: *Nonprofit Organization: Case and Materials* (*Second Edition*), Foundation Press 2000. p. 146.

② See Dennis D. Pointer、James E. Orlikoff: *The High – performance Board: Principles of Nonprofit Organization Governance*, The Jossey – Bass Nonprofit and Public Management Series 2002. p. 1—2.

③ 黄政杰、欧阳教主编：《大学教育的革新》，台北师大书苑 1995 年发行，第 307 页。

提出战略性的计划和决策。独立的学校董事会成员由市长（经议会同意）或县级督学任命。某些情况下，董事会成员也可由该区域内的居民选举产生。必须选举出独立自主的董事，董事会的职权包括法规明确允许的职权、公正且必须隐含在已明确允许的职权中的职权、为实现学区目标而必不可少的职权。此外，董事会只要发现州的法规并没有代表学区的最佳利益，便可以通过既定的立法渠道修正、变更或废除法规。所有董事会都有决定学区内薪水和工作条件的合法权。他们有权聘任和解聘学校领导，有权批准解聘其他所有的教职工。学校董事会参与确定校址、选择建筑设计和建筑商、决定入学者的范围、参与合同签订以及与雇员团体进行谈判等。[①] 董事会制度是美国高等教育最具特色的治理制度安排之一，它具有如下几个核心的特征：首先，董事会是高校的法定代表机关，单个董事不具有法律上可以代表高校的任何地位。法律上对董事会与董事个人权威之间的明确区分有助于确立董事会的集体权威，防止董事滥用职权。其次，美国高校董事会制度是一种集体决策制度，由整个董事会而不是董事会主席代表高校的最高决策权威。集体决策相对于个体决策来讲，更容易集中多方的智慧，更容易避免一个人的独断专行、刚愎自用。但由于决策过程和决策行为受决策者个性、才能等因素的影响，仅靠这种集体决策制度并不能从根本上杜绝这些问题。一个被校长俘获的董事会很容易成为橡皮图章、乡村俱乐部，一个由各方利益代表组成的董事会也可能成为利益的角逐场。第三，董事需要为决策负个人责任。当董事必须为决策负个人责任时，他们就必须更加审慎地运用自己手中的投票权，以避免受到来自法律的惩罚。但如果缺乏相应的监督机制，或者法律惩罚力度不

① ［美］威廉·G. 坎贝宁、保拉·A. 卡尔代罗，赵中建主译：《教育管理：基于问题的方法》，江苏教育出版社2002年版，第125—130页。

当，都会导致个人负责制度的功能失调。有效的监督机制需要以健全的信息披露制度为前提，合理的法律惩罚力度需要以理性的研究为基础。第四，董事会是由外部人士组成的治理机构。这有效地避免了高校内部利益群体对高校事务的控制，使高校成为对社会而不是仅仅对内部人利益负责的机构。第五，强调治理结构的清晰性，尤其强调避免权力的重叠和集中，以及对于权力的问责。美国高校董事会只负责“治理”（govern），管理权交给以校长为首的管理层。校长和董事会主席两职合一普遍受到限制。清晰的治理结构有助于对权力的问责。第六，美国高校董事会制度不是一个简单的概念，也不仅仅是一种高等教育管理机构设置，它是一系列制度安排包括法律制度、私人制度等等形成的一个复杂的系统。系统的各个要素之间相互联结，强化了董事会制度的真正功能，提高了董事会治理的效率。①

在英国，高校董事会是高校的决策机构，高校董事会的地位、构成以及职责都有明确的法律规定。英国教育与科学部、威尔士事务部在 1985 年 3 月向议会提交的《把学校办得更好》白皮书中提到：政府相信，根据现行立法，可以采取一些重要行动来提高质量。但是，要改革学校董事会的构成，明确学校董事会、地方教育当局和校长的职责，需要改革法律。② 学校董事会的组成根据下列原则：任何一种利益的代表均不占优势；家长与地方教育当局的代表数相等；保留校长、其他教师、基金会董事及其他次要单位的现行法定权利；要使董事会成员的代表性广泛一些，就要增加董事的类型，并一般由原董事们增选；董事会成员数（9—19人）取决于在校学生数；如果愿当董事的家长太少，地方教育当

① 王绽蕊：“中国能否借鉴美国高校的董事会制度?”，《董事会》2007 年第 8 期。

② 吕达、周满生主编：《当代外国教育改革著名文献》英国卷·第一册，人民教育出版社 2004 年版，第 15—16 页。

局将被要求用适当任命的办法来填补家长董事的空缺；为减少董事会成员的变动，董事会成员将任期四年，家长董事在自己的孩子离校以后，仍允许任职到期满。[①]《2002 年的英国教育法》更是以法律的形式对学校董事会的地位、构成和职责等一系列问题做出了明确的法律规定。《2002 年英国教育法》第三部分第一章“公立学校的管理”中，对公立学校的董事会、董事会组成、董事会在提供社区服务等方面的职权、提供社区服务方面的权力限制、董事会的其他职能等做出了具体的规定。《2002 年英国教育法》第 19 条“董事会”中，第一款规定：每所公立学校都必须要有一个董事会，它必须是一个符合法律规定的法人团体。第二款规定：法律规章必须规定董事会的人员构成——包括选择产生或任命的家长代表人士；包括选举产生或任命的教师代表人士；包括地方教育当局的管理人员；包括本社区管理人员（除志愿者资助学校外）；包括经任命的基金会管理人员（就基金学校、基金会特殊学校和自愿学校而言）；其他可能的指派人员。第三款规定：通过法律可以在下列方面做出规定——董事会成员的人数限制；谁有资格当选，有谁来选，以及以何种方式选举或任命董事会成员；选任代表各种利益的董事会成员或者以投票形式选举的合法性；董事会管理人员的任期；董事会成员的辞职和免职；董事会成员的津贴支付；董事会的会议和议事流程；董事会成员选举产生主席和副主席；董事会执行委员会的建立；董事会执行成员的任命；董事会的授权；与董事会章程相关的其他事宜。[②]

在我国，自 1987 年 2 月汕头大学成立国内高校第一个董事会以来，据不完全统计，目前已经有上百所高校设立了不同形式的董事会，中国高等教育学会 2000 年 8 月还成立了校董会研究会，

---

① 吕达、周满生主编：《当代外国教育改革著名文献》英国卷·第一册，人民教育出版社 2004 年版，第 16 页。

② 同上书，第 250—251 页。

使得高校董事会制度问题引起了学界的广泛关注。高校董事会制度的研究主题，从法律地位的角度来看，应该涉及高校董事会的类型、定位、产生、职权、运行方式及其权利与义务等问题。然而，上述问题的研究在我国开展的时间晚、力度小、缺乏深度，在高校董事会的运行机制、定位、类型等方面都存在着不同的认识，而且从成立高校董事会的高校来看，也存在着极大的差异。如1997年《南京师范大学董事会章程》将董事会定位为“为南京师范大学筹集办学资金、提供管理决策咨询、评议学校工作，以及通过提供办学水准为董事单位提供所需人才或其他服务的常设机构”。1997年《西北大学董事会章程》规定：“西北大学董事会对学校的办学方向、发展规划、人才培养以及教学、科研等重大问题进行咨询、审议、指导和监督，并以广泛争取办学资金，增加有效投入，积极参与管理，加快科技成果的转化与推广等方式，推动学校的改革与发展，促进社会各界与西北大学在各种领域的广泛合作。”1985年通过、1994年修订的《暨南大学董事会章程》中明确规定：“实行董事会领导下的校长负责制”，规定了董事会在学校办学活动中的最高领导地位，确立了董事会的最高决策机构地位。2003年6月，经国务院批准的首家高校董事会在华北电力大学正式成立，这是我国高校董事会制度建设中出现的一种新的形式，该董事会由国家电网公司、中国华能集团公司等7家电力企业组成，并创建了由董事会与教育部共建华北电力大学的全新管理体制。根据《华北电力大学董事会章程》规定，董事会主要职能为：一、对学校的发展建设提供经费支持；二、根据电力工业发展的需求，对学校的学科建设、人才培养规格和整体规划提出建议；三、管理董事会出资建设的项目计划；四、为学校的科学研究、人才培养提供必要的条件支持。根据规定，董事单位享有的权利主要有：优先挑选各类优秀毕业生，优惠获得学校提供的各类人才开发和培训项目；利用大学的优势，开展国际学术交流合作与高层次人才培养；优先获得大学新技术、新产品、新工艺的转让权，共同进行技术攻关和创新；要求学校提供长期、稳定的科技服务与支持。董事单位承担的义务主要有：参与校董事会的工作，通过校董事会与教育部共建华北电力大学；为学校教学、科研工作提供方便，有限和优惠向学校提供学生实习、社会实践、科技项目实验、教学科研设备加工及调试基地；有限向学校提供科研及开发项目，筹措资金，支持学校建设与发展；支持学校建立以本校教师为主，董事单位高科技专家为辅的，体现产、学、研相结合的新兴师资队伍。华北电力大学董事会的成立，极大地加强了校企合作，促进了双方的共同发展。

依照我国现有的法律规定来看，高校董事会在办学实践与运行过程中，最大的困难与困境来自于制度上的缺失，主要表现为：一是立法缺乏，法律依据不足。最早为我国高校董事会的建立和发展提供政策环境的一个文件是1994年原国家教委颁布的《关于加快教育改革和发展的若干意见》，该文件指出："要进一步贯彻落实教育与生产劳动相结合的方针，采取多种形式，大力加强学校与科研部门、企事业单位的密切合作，争取社会各方面更多地参与高校学校人才培养工作。"并明确要求："条件成熟的学校，还应积极组建由地方政府、企业集体、科研单位及社会各界参加的学校事业发展基金，院一级董事会或建立校董事会，逐步探索面向社会办学的路子。"然而，我国《教育法》、《高等教育法》等都无明确的规定，致使高校董事会制度的建设缺乏法律权威性。二是高校董事会定位模糊不清。有学者认为，高校董事会角色定位应该是高校的改革者、执行者、培育者、协调者和服务者，体现其管理、服务、协调的功能。[①]"现在最重要的

---

① 吴景松："论高校董事会角色定位"，《江苏大学学报（高教研究版）》2003年第1期。

是把董事会定位于管理层次上，明确它在高校内部管理中的权限和地位。把董事会引入高校管理机制，建立社会主义高校董事会管理模式”①。而且还分别从产权组织形式、高校法人地位、系统整合以及教学资源的重新配置、社会心理四个方面对我国公立高校设立校董会体制的可行性进行了论证。也有学者认为，“我国的大学是共产党领导下的社会主义大学，学校内部实行党委领导下的校长分工负责制。大学成立董事会，是高校现有管理体制的一个补充。它同国外的大学董事会有本质的区别”②。在当前领导体制下“应当把董事会定位在为学校决策提供咨询、指导，为学校拓展对外联系空间、筹集办学资金、密切产学研合作而设立的一种组织。就其性质而言，高校董事会是校长工作的一个辅助机构”③。我国公立高校董事会中有很大一部分体现了上述定位。还有学者认为可以把党对高校的领导与事业法人治理结构很好地结合起来。“将目前学校党委在学校管理方面的决策职权移交董事会或理事会”，“使其成为真正意义上的高校重大问题决策机构”，“党委为学校的政治领导核心，设置必要程序，保证党委政治核心作用的发挥，保证党委对学校的办学方向以及稳定等重大问题负责”④。我国汕头大学和暨南大学董事会体现了这种定位特点。三是高校董事会的运行机制存在着错位。董事会运行机制涉及董事的构成、选举、议事程序、决策监督机制、人事财务等方方面面，但学界讨论的焦点主要集中在校董会的决策监督机制上。围绕着对上述定位问题的争论，校董会的决策监督机

① 车海云：“中美高校董事会的比较研究”，《江苏高教》2001年第3期。

② 崇学文、武常山：“关于高等院校建立董事会的思考”，《山东工业大学学报（社科版）》1997年第4期。

③ 张佑祥：“高校董事会在高校内部的运行模式探索”，《建材高教理论与实践》2001年第6期。

④ 龙宗智：“依法治校与高校领导体制的改革完善”，《北京大学学报（哲学社会科学版）》2005年第1期。

制也在三种定位假设下，被理论界大致给予了设定。其一，作为领导决策机构，实行董事会领导下的职业校长负责制。“校董会（或董事长）是高校的法人代表……职业校长由董事会聘请并对其负责……校董事会成员主要由中央或地方政府委派人员、党代表、教育专家、教师代表以及社会知名人士等人员组成，以保证高校资产的国有性和党对高校的领导。”① 朱小蔓认为，董事会对国家及代表国家的政府负责，同时还应设立监事会，“对国家及代表国家的政府监察部门负责，依照法律和章程对董事和学校校长行使职权的活动进行监督”②。其二，作为指导咨询机构，董事会对学校的管理是有限参与。对学校的管理主要限定在以下几个方面：听取校长关于学校工作的报告，对学校工作进行评议，提出改进意见和建议；对学校的办学方向、培养目标、体制改革及董事单位之间的合作事项进行监督、指导和咨询；审议董事会基金的使用和管理状况，有权对基金的使用提出质询和批评；参与学校大型基建项目及其他重要工程的咨询、审议等。其三，实行党的领导与事业法人治理相结合的运行机制。校董事会“在管理形式上是学校的最高决策机构，但它与校党委不是纵向的领导关系。不应排斥、抵制校党委在政治上的领导和监督作用”③。“重大事务决策的提出先由校长、书记联席会议讨论后再提交校董会审议决定……校董会（通过校董会属下的各委员）对学校的各项行政事务实行宏观管理”④。

因此，如何从决策权制度方面完善高校法人治理结构，是现

---

① 潘燕：“美国高校董事会制度及其启示”，《教育科学》2004 年第 2 期。

② 朱小蔓：《教育的问题与挑战——思想的回应》，南京师范大学出版社 2000 年版，第 421 页。

③ 赵伟建：“建立高等学校董事会初探”，《上海海运学院学报》1995 年第 3 期。

④ 林贞和、方壮友：“关于高校董事会地位与作用问题的探讨——兼谈汕大校董会在学校发展中的地位和作用”，《中国高教研究》2001 年第 10 期。

代大学制度能否实现法制化的核心问题之一，我们需要在借鉴西方高校与我国目前高校试点董事会制度等成功经验的基础上，有步骤地、有计划地进行高校决策制度的改革，逐渐设立中国特色的高校董事会制度。从高校董事会的产生（包括人员的组成、成为董事的资格、董事的任免、董事的登记、董事的数目、董事的任期等）、董事会的职权（主要包括对外代表法人和对内执行事务两个方面）、董事会的议事规则即运行方式、董事的权利与义务（如从义务层面来看，按照大陆法系关于董事义务的规定，主要有：信义义务、注意义务、忠实义务、顺从义务等）等方面不断完善我国高校董事会制度，从而不至于使高校董事会成为摆设，流于形式。

3. 大学管理制度解决的是高校法人的执行权、经营权和办学权问题

大学管理制度的核心问题是解决高校法人权力的执行权、经营权、办学权，由谁来具体负责行使与落实决策者的决策，从而确保决策者的决策能够具体落实到高校发展过程中。

一方面，从高校管理的角度来看，管理者既包括政府所享有与行使的管理权，也包括高校内部的办学权。在这里，大学管理制度是侧重于高校内部管理制度而言的，是从高校法人执行权、经营权、办学权层面来讲的。从我国现行法律法规的规定来看，高校管理制度的权力配置主要涉及校长负责制、学术委员会制等。

我国《高等教育法》第 41 条明确规定：“高等学校的校长全面负责本学校的教学、科学研究和其他行政管理工作”，校长是学校的法定代表人。但是，在我国高校管理制度的运作中，如何处理党政关系是当务之急。党委领导下的校长负责制既有其现实合理性，又有其实际的问题。现实合理性表现在：这种体制体现了我国高等教育的社会主义办学特色，有利于保证高校坚持社

会主义办学方向；党委的领导，是坚持民主集中制基础上的集体领导；党委领导和校长负责之间关系的相对明确，有利于实现党政分工，各行其职；这种体制符合我国现行政治体制，体现了党管干部、管方向、管大事等方面的基本要求。实际问题表现在：党委、校长两者的权力内涵有欠清晰，影响了各自职权的履行；两者之间的权力界限不够明确，容易导致出现相互越权、越位的现象；在对外代表学校及承担法律责任等方面，两者之间存在领导不负责、负责不领导的矛盾，形成学校内部权力结构一定程度的混乱；由于存在前述矛盾，党委书记与校长之间的关系常常被认为是一种微妙的权力互动关系，在相当大的程度上受到两者人格的影响，有时候客观上容易形成此强彼弱、此弱彼强、两弱无为或两强冲突的局面；这种体制缺乏对学术权力的必要尊重，制约了学术权力作用的发挥，不利于学术权力与行政权力的有机动态平衡。[①] 为了避免上述问题的存在，我们需要从校长的产生、校长对职权等方面完善校长负责制。

在美国，大学校长是具有最高行政权力的行政负责人，"向董事会负责并掌握着受董事会委托的权威、权限和责任"[②]。大学校长的选拔一般需要几个月到一年的时间，董事会制定选拔的程序规范，并成立专门性的选拔委员会。选拔委员会有时由董事会成员组成，但更多的情况是吸收教师、学生、职员、社区代表参加。选拔委员会只负责最初的筛选工作，最终的决定由董事会作出。大学校长多数来自于本校以外的学术管理人员，而很少直接从内部人员或者教师中选拔产生。且在选拔的过程中，政府始终不介入。一般来讲，美国大学校长的职权主要有：学校长期发

① 彭宇文：《中国高校法人治理结构研究》，中国社会科学出版社 2006 年，第 182—184 页。

② ［加］约翰·范德格拉芙等，王承绪等译：《学术权力——七国高等教育管理体制比较》，浙江教育出版社 2001 年版，第 118 页。

展的规划者、学校任务和目标的掌握者、学校品质的控制者、学校公共关系的建筑师和自由竞争的调停者、社会公共政策的参与者、董事会的教师和朋友、教授们的领袖、学术的辅助者。

在英国，大学校长系终身荣誉职位，具有实际领导权力的性质负责人是副校长，“根据大学特许状，大学副校长是‘首席学术和行政官员’”[①]。大学校长的选拔通常由理事会和评议会组成的联合委员会组织，通过向社会发布广告、个人申请、第三方推荐等形式产生一批候选人，联合委员会从中筛选少数人作为考察对象，由校内和校外人士反复斟酌，最后确定唯一人选由理事会任命。整个选拔过程，大约需要一年以上的时间。和美国一样，英国大学在选拔校长的过程中，政府也是不介入的。英国副校长的职权并没有详细规定，但副校长被授权检查和过问学校的任何事务，解决其他行政负责人解决不了的问题。同时，他是评议会与校务委员会的主要联系人，也是与校外中介和协商机构——大学基金委员会、大学校长委员会等的联系人。

我国高校校长的选拔按照党管干部的原则，由各级党委组织部、统战部等负责选拔，一般需经过民主推荐、考察、审批等程序，体现出较强的政治性和组织性。同时，依据《高等教育法》第 41 条规定：“高等学校的校长全面负责本学校的教学、科学研究和其他行政管理工作，行使下列职权：（1）拟订发展规划，制定具体规章制度和年度工作计划并组织实施；（2）组织教学活动、科学研究和思想品德教育；（3）拟订内部组织机构的设置方案，推荐副校长人选，任免内部组织机构的负责人；（4）聘任与解聘教师以及内部其他工作人员，对学生进行学籍管理并实施奖励或者处分；（5）拟订和执行年度经费预算方案，保护

---

① ［加］约翰·范德格拉芙等，王承绪等译：《学术权力——七国高等教育管理体制比较》，浙江教育出版社 2001 年版，第 97 页。

和管理校产，维护学校的合法权益；（6）章程规定的其他职权。高等学校和校长办公会议或者校务会议，处理前款规定的有关事项。”

另一方面，由于高校管理的特殊性，不仅存在着行政权力，也存在着学术权力。那么，如何对学术事务进行管理呢？西方大多数高校都设有以教授为主体的评议会、教授会等委员会制度，来影响和参与高校的管理。

在美国，高校设立了评议会，或称为教授会，拥有制定学术政策与规章制度和管理学术事务的全权，具体包括确定校历、决定课程计划、确定学生录取标准和授予学位标准、确定专业人员聘任及晋升的有关人事政策等。评议会的主要成员是教授，但一般性质教师、管理人员、学生和其他非教学科研人员的数量在增加，体现出更广泛的代表性。

在英国，高校的评议会由全体教授和部分非教授的教职工代表组成，规模较大。评议会是学校一级管理机构中，除副校长外惟一直接与各学部和系打交道的机构。该机构实际上享有制定大学学术政策的全部权力，包括任用教授、批准学位及其他学术称号授予、执行教学纪律、制订教学计划等方面学术事务的处理。

在法国，高校一般设立有科学委员会、学习和大学生活委员会，其职能主要是就学术事务方面的问题向校务委员会等提出建议，享有的是建议权。

在日本，实行校长领导下的评议会和教授会体制，校长管理本校的一切事务，评议会和教授会都是校长的咨询机构，同时也具有审议和某种程度上的管理职能。大学校长由大学自行选定候选人，提请政府主管部门——文部省任命批准即可。教授会由学部长及本学部全体教授、助教授及其他职员组成。审议事项包括：（1）本学部长、教授、助教授候补人的选定；（2）本学部各科课程的有关事项；（3）学生考试有关事项；（4）有关本学部的其他重要事项。

从以上国家来看，大学委员会与校长为主的行政系统的关系，约有三种类型：一种是以教授会为中心，教授会是主要决策机构，校长执行其决议，即二元权力渗透学术权力主导型，此种类型以英国古典大学和日本大学为代表；一种是以校长为中心，教授会作为审议、咨询、参与学术管理等的辅助性机构，即二元权力渗透行政权力主导型，以法国和德国的大学为代表；一种是教授会代表的学术权力和校长、董事会代表的行政权力相互制衡、两者并立，分管学术和行政，校长主持行政事务，教授会主持学术事务。教授会主要设在院系一级，在学术问题的处理上可与行政权力相抗衡，即二元权力分离适度渗透型，以美国大学为代表。①

我国相关的教育法律法规中，也对设立学术委员会等有所规定，如《高等教育法》第42条规定："高等学校设立学术委员会，审议学科、专业的设置，教学、科学研究计划方案，评定教学、科学研究成果等有关学术事项。"而且有的高校根据办学的需要，设立了教学指导委员会、职称评审委员会等机构，但是我国现行的委员会制度建设尚较为薄弱，没有得到足够的重视，作用难以充分发挥，同时，委员会与校长的关系问题也没有理顺，更多地变成了校长的咨询、服务机构，我国现行的"学术委员会并不是学术同行自己组成的学术社团，而是为学校行政管理服务的一个咨询和评审机构，是学校行政权力在学术领域的延伸。"② 因此，参照西方大学管理制度的先进经验，我国当前高校管理制度的核心是建立健全和完善教授委员会制度，只有实行健全的教授委员会制度（教授治学）基础上的校长负责制（校

① 韩骅：《学术自治——大学之魂》，中国文史出版社2005年版。

② 金顶兵、闵维方："研究型大学组织整合机制的案例研究"，《北京大学教育评论》2003年第2期。

长治校),才真正符合现代大学制度法人治理结构的基本内涵,使学术权力与行政权力分离并适度渗透,达到教授会代表的学术权力和校长、董事会代表的行政权力相互制衡。

2003年7月9日教育部部长周济在向全国政协"科教兴国"专题组作《关于教育事业发展和改革思路》的汇报时,特别指出要"建立和完善现代高等学校制度,努力推进'党委领导、校长管理、教授治学'的治校体制,逐步完善高校内部议事和决策机制。学校党委和行政要接受教授们的监督,在高校内部管理体制改革过程中推进教授参与'治学、治教、治校'的新模式。建立规范性的高等学校规章制度。"这为我们研究"教授委员会"的机制有重大的指导意义。

在中国,率先成立教授委员会并付诸实施的是东北师范大学。该校于2000年5月开始,实施的教授委员会制度主要是在院系一级,即院系实行教授委员会集体决策基础上的院长(系主任)负责制。大学教授委员会制度的建立使高校实现了学术管理重心下移,实现了从行政本位向学术本位的转变,实现了教授对学术事务的管理权,实现了由少数人建设转变为由多数学者共同参与的集体行为,构建起了教授委员会制度的本质——"教授治学"的平台和保障。"教授治学"的内涵包括:"治学科"、"治学术"、"治学风"、"治教学"。[①] 而后,浙江大学、复旦大学、苏州大学、四川大学等高校也相继实施了这一制度。到目前为止,全国有23所高校在全校或部分院系成立了教授委员会,其中以国家重点建设高校为主。[②]

从我国各高校所成立的教授委员会制度的功能来看,有很大

---

① 张君辉:"中国大学教授委员会制度的本质论析",《教育研究》2007年第1期。

② 姚剑英:"我国大学教授委员会现状分析及实践构想",《现代教育科学》2007年第2期。

的不同。在处理学术事务方面，各校对教授委员会有三种定位：一是决策机构，二是咨询、评估机构，三是贯彻执行机构。在处理学院重大事项方面，其定位也有三种：一是决策，二是咨询、评估，三是不参与学院除学术事务以外的工作。各校在对学术事务进行处理的功能上的三种定位是有所交叉的，如浙江大学医学院的教授委员会“是学院有关业务咨询、商讨、审议的机构，也是业务工作开展和落实的机构”，其章程中“职权”条款也兼顾了咨询、执行两项功能。但从各高校教授委员会章程来看，大多数高校赋予了教授委员会的决策职权，如在《东北师范大学教授委员会章程（试行）》中有以下条款：“第二条 教授委员会是院（系）改革、建设与发展中重大事项的决策机构，是学校建立‘党委领导、行政管理、教授治学’新型高校管理模式的重要基础，是保证教授依法履行学术职责，建立院（系）民主管理与自主发展、自我完善机制的必要组织形式。”“第六条 院（系）实行教授委员会集体决策基础上的院长（系主任）负责制。”并在“教授委员会职责”的条款中予以了细化。“第七条 教授委员会对院（系）的重大事项行使决策权，并支持院（系）行政班子在其职责范围内独立负责地开展工作。”“第八条 院（系）行政班子是院（系）的行政管理机构，对院（系）的教学、科研、人事、财务、社会服务等行政工作行使管理权。教授委员会作出的决策，由院长（系主任）负责组织实施。”上海财经大学认为：“教授委员会通过的决议，由学院行政班子负责组织实施。教授委员会对学院行政班子的执行情况进行督促和检查。”目前，我国要建设的大学教授委员制度的当务之急是：尽快明确大学教授委员会的角色定位、理顺教授委员会与同级行政组织、党组织的关系、规范教授委员会与其他学术组织的关系、完善教授委员会的组织机构、健全教授委员会的规章制度（如章程，应包括议事规则、岗位职责、委员组成及产生办法、任期及考核等内容；磋商程序和质询程序；民主监督制度；培训机制等）、营造良好的外部环境（如加强立法，确保教授委员会制度的合法性；建立保障机制；完善评价机制等）等。

建立健全教授委员会制度是现代大学制度法人治理结构中的核心内容之一，教授委员会制度的确立，有利于凸显大学的学术生命的本真，有利于发挥高校教师的集体智慧，有利于形成科学的、合理的决策制度，有利于确保大学成为学术的中心，有利于大学学科的长足进步与发展，符合当代高等教育的发展趋势，符合现代大学的办学规律，真正实现“教授治学、校长治校”的二元权力分离适度渗透的高校决策模式。

4. 大学制衡与监督制度解决的是高校法人的权力分离、监督和协调问题

大学制衡与监督制度的核心问题是解决高校法人权力的分离与监督，由谁来负责监督执行权、决策权是否合法实施，决策、管理与监督是相互制约的。有决策，无管理与监督，决策是空的；有决策、管理，无监督，决策与管理不能落到实处；有效的监督，可以确保合法的决策与有效的执行。孟德斯鸠认为：“一切有权力的人都容易滥用权力，这是万古不易的一条经验。”“一切有权力的人们使用权力一直到遇有界线为止。”[①] 如果高等学校及其高等学校的校长的权力不受监督，他们的权力行使也逃不出这一条“万古不易”的经验。“要防止滥用权力，就必须以权力制约权力”。不受制约的权力必然产生腐败，通过权力间的相互制衡，发挥监督部门的监督职能。

非营利法人治理结构的基础是所有权、控制权与收益权的分离，高校法人治理结构，需要形成所有权、决策权、办学权等方

① 孟德斯鸠，张雁深译：《论法的精神》，商务印书馆1962年版，第154页。

面权力的相互制衡，构建以权力制衡权力的合理权力架构。这不仅需要合理地分权，而且需要监督机构的制约。“分权是实现制衡的前提和基础，没有分权这个前提，就不能形成制衡的格局，制衡是分权的目的和结局，分权的目的就在于通过分权而形成一个以权力制约权力的制衡格局”①。在分权的基础上，需要完善监督机构对高校权力进行制约。

按照我国《教育法》、《高等教育法》等的规定，高校教职工代表大会、工会等组织是高校开展民主监督的重要形式。关于教代会与学校党政、董事会的关系，有学者认为，“学校党组织与教代会是领导与被领导的关系。”“教代会与同级行政领导之间的关系，是相互依赖、相互合作的关系，监督与被监督的关系，两者各司其职，各负其责”。② 然而，从权力隶属关系讲，高校党委是在高校党的代表大会基础上由上级党委任命的，它只对党代会和上级党委负责，并不对教职工代表大会负责。而且依据《高等学校教职工代表大会暂行条例》的第 3 条、第 18 条的规定：“教代会应坚持四项基本原则，遵照党的方针、政策和国家的法律、指令，在学校党委的领导下行使职权。”“学校工会委员会承担教代会工作机构的任务，在党委领导下，会同有关部门做好下列工作：（一）做好大会的筹备工作会会务工作，组织选举教职工代表，征集和整理提案，提出大会方案和主席团人选提议名单，经党委批准后，召开大会……”所以，依靠教职工代表大会和学校工会无法行使对高校党委的监督。虽然高校党委有上级党委的垂直监督和党内监督，但这些监督不是高等学校法人内部各权力主体之间的监督，它与其他

---

① 赵宝云：《西方五国宪法通论》，中国人民公安大学出版社 1994 年版，第 62 页。

② 转引自武汉大学工会委员会编：《工会工作文件汇编》，武汉大学 2001 年 5 月内部印发，第 187 页。

权力主体之间构不成权力制衡。一个健全的高等学校法人制度，需要各权力主体之间形成一个相互制衡的治理结构，不允许不受制约的权力主体存在。那么，在健全我国高等学校法人制度过程中，谁来监督高等学校的决策者的行为就成为十分难以解决的问题。一方面我们要加强高校党的领导，以保障高校的社会主义方向，另一方面，高校党委决策权难以制约，容易导致权力腐败，这种两难境地的确需要我们在深化改革过程中不断研究与创新。

因此，我们在继续完善教代会制度的基础上，可以借鉴公司法人治理结构的经验，探索建立高校监事会制度。

监事会是现代公司治理结构的一个重要组成部分，在我国公司立法之初，监事会制度就被明确地写入 1993 年《公司法》。在我国，公司治理的结构为“三会一制”，即股东大会、董事会、监事会和在董事会领导下的总经理负责制。监事会制度是公司内部重要的制约机制。

如前所述，现代大学制度法人治理结构中，存在着严重的监督权弱化的现象，在现有的体制下，教职工代表大会、工会、纪检、监察、审计等机构与部门，都不能充分地实行监督权，从而造成决策、执行走样，导致利益主体利益的表达与整合过程中，弱势群体权利成为牺牲品、替罪羊。

从权力制衡的角度来看，不受制约的权力必然会产生腐败，对权力进行制约是必要的。那么，高校法人的决策权、执行权如何才能得到制衡呢？从企业监事会制度的成效来看，效果是鲜明的、成绩是有目共睹的。在必要的时候，高校建立监事会制度是规范法人治理结构行之有效的一种可行方式。

监事会是高校法人的监督机构，其在法律地位上应与高校董事会、校长、教授委员会等是平等的、平衡的，没有从属关系，监事会拥有事先的监察权。在监督内容方面应是综合和全面的，不应局限于纪律或者财务某个单一方面。监事会成员一般由董事会推选、教代会选举产生，举办者代表、办学者代表、教职工代表、学生代表和其他利益相关者代表均应占一定比例，要充分体现监事会成员的代表性、广泛性、多样性。同时，为了提高监事会的工作成效，应该有一定的激励和约束机制，加强监事会工作业绩的评估，促使监事会履行职责。而且，还应当对监事会的主要职责有一个明确的界定，以增强其工作的独立性、科学性。一般来讲，高校法人的监事会职责包括：①对董事会、校长等人员职务行为进行监督。②检查单位财务。③提出人员罢免建议。④对董事会、校长等管理人员不当行为要求纠正。⑤提出召开临时董事会。

高校法人监事会的监督机制，不仅有内部的监督，而且也应该有外部监督。内部监督主要是教代会、监事会的监督，外部监督主要通过教育中介组织、行业、同行、社会等来强化对高校办学活动的监督与监管，从而形成一个复杂的、多层次的、系统的网状结构。

同时，在高校监督机制中，我们应该区分专业监督与法律监督。所谓法律监督，是指“国家仅审查大学在完成自治事务时所制颁之规章，或所为之决定或行为是否抵触现行法律。至于大学所为之行为，除了合法性，是否具有稳定性、合目的性，国家则不能审查。”① 这就是说，国家对高校的监督，只有当高校的行为违法时，政府才能干预。所谓专业监督，是指政府“以专业的观点来观察监督，不但对自治团体之行为作合法性而且对合目的性作审查。”② 显然，专业监督不同于法律监督在于其不受法律保留原则的拘束。

---

① 董保城：《教育法与学术自由》初版，台湾月旦出版社股份有限公司 1997 年版，第 150 页。

② 同上书，第 155 页。

5. 大学利益相关者治理制度解决的是法人治理中的多利益主体参与问题

大学利益相关者治理制度的核心问题是解决高校法人治理中不同利益主体的权力表达与行使问题。高校作为非营利法人，需要强调利益相关者参与学校管理，构建利益相关者治理机制。那么，何谓利益相关者？大学利益相关者包括哪些主体呢？

利益相关者的研究始于经济学领域的公司治理结构研究，尤其在美国、英国等具有通过外部市场来控制公司传统的国家中，相关研究更为普遍而深入。利益相关者理论（Stakeholder Theory）认为公司的发展离不开利益相关者的投入或参与，公司应当为利益相关者服务，甚至有学者提出应当改变现有的股东所有权模式，将所有权扩展到所有利益相关者。利益相关者理论的提出是对传统治理结构的一种扩展，是基于公司长远考虑的一种权利安排模式，它强调共同治理的重要性。

第一次提出公司应该为利益相关者服务的想法可以追溯到1929年通用电器公司一位经理所作的就职演说。而潘罗斯被认为是“企业利益相关者理论的先行者”，她在1959年出版的《企业成长理论》一书中提出了“企业是人力资产和人际关系的集合”的观念，从而构建了利益相关者理论的“知识基础”。

真正给出利益相关者的定义则是1963年斯坦福研究院的一些学者，他们用利益相关者来表示与企业有密切关系的所有人，他们认为，对企业来说，存在着这样一些利益群体，如果没有他们的支持，企业就无法生存（Clark，1998）。

1984年，美国经济学家弗里曼给出了一个广义的利益相关者定义。他认为，利益相关者是“那些能够影响企业目标实现，或者能够被企业实现目标的过程影响的任何个人和群体”（Freeman，1984）。该定义成为了20世纪80年代后期、90年代初期关于利益相关者界定的一个标准范式。①

1995年OECD制定的《公司治理原则》中，将公司治理内容规定为五方面：（1）股东的权利；（2）对股东的平等待遇；（3）利害相关者的作用；（4）信息披露和透明度；（5）董事会责任。其中在“利害相关者的作用”的专门条款中，指出：“公司治理框架应当确立利益相关者的法定权利，并鼓励公司与利益相关者在创造财富、就业机会和维持财务健全的企业方面进行积极的合作。A. 公司治理框架应保证利益相关者受法律保护的权利受到尊重。B. 由于利益相关者的利益受到法律保护，因此，当他们的权利被侵害时，他们有机会获得有效的补偿。C. 公司治理框架应当允许利益相关者参与提高经营绩效机制的建立。D. 由于利益相关者参与公司治理的过程，他们有权获得相关信息。”

自1980年之后，在“谁是利益相关者”的问题上日益成为学者关注的焦点，尤其是如何将利益相关者群体进行量化的问题尤为受到关注。1990年之后，人们主要是从多维角度来对谁是利益相关者进行研究。例如：

查克汉姆（Charkham，1992）按照相关群体与企业是否存在交易性合同关系，将利益相关者分为契约型利益相关者（Contractual Stakeholders）和公众型利益相关者（Community Stakeholders）。前者包括股东、雇员、顾客、分销商、供应商、贷款人；后者包括全体消费者、监管者、政府部门、压力集团、媒体、当地社区。

克拉克逊（Clarkson，1995）提出了两种有代表性的分类方

① 有关利益相关者理论历史脉络更详细的论述请参见贾生华、陈宏辉：“利益相关者的界定方法述评”，《外国经济与管理》2002年第5期。

法：（1）根据相关群体在企业经营活动中承担的风险种类，可以将利益相关者分为自愿利益相关者（Voluntary Stakeholders）和非自愿利益相关者（Involuntary Stakeholders）。（2）根据相关者群体与企业联系的紧密性，可以将利益相关者分为首要的利益相关者（Primary Stakeholders）和次要的利益相关者（Secondary Stakeholders）（Clarkson，1994）。

米切尔（Mitchell，1997）则根据对利益相关者的身份识别和利益相关者所具有的属性①两个维度的评分来确定利益相关者的分类，他认为企业的利益相关者可以被细分为以下三类：（1）确定型利益相关者（Definitive Stakeholders）；（2）预期型利益相关者（Expectant Stakeholders）；（3）潜在的利益相关者（Latent Stakeholders）。②

威勒根据社会维度的紧密性差别，将利益相关者分为四种：一级社会利益相关者，指与企业有直接关系的，如顾客、雇员等；二级社会利益相关者，指通过社会性活动与企业形成间接关系的，如居民、相关团体等；一级非社会利益相关者，指与企业有直接关系但不与具体人发生联系的，如自然环境等；二级非社会利益相关者，指与企业有间接关系但不与具体人发生联系的，如人类物种等。

卡罗提出了两种分类方法，一种是根据利益相关者与公司关系的正式性，分为直接利益相关者和间接利益相关者，另一种是将利益相关者分为核心利益相关者、战略利益相关者和环境利益

① 包括三个属性：（1）合法性（Legitimacy），即某一群体是否被赋有法律和道义上的或者特定的对于企业的索取权；（2）权力性（Power），即某一群体是否拥有影响企业决策的地位、能力和相应的手段；（3）紧急性（Urgency），即某一群体的要求能否立即引起企业管理层的关注。转引自贾生华、陈宏辉："利益相关者的界定方法述评"，《外国经济与管理》2002 年第 5 期。

② 转引自贾生华、陈宏辉："利益相关者的界定方法述评"，《外国经济与管理》2002 年第 5 期。

相关者。①

就大学而言，大学是一种典型的利益相关者组织。因为与企业不同，大学是一种非营利组织，没有严格意义上的股东，没有人能够获得大学的剩余利润，每一个人或每一类人都不能对大学行使独立控制权，大学只能由利益相关者共同控制。因此，如何看待大学办学活动中的利益相关者，是大学法人治理结构中的一个基本问题之一。

大学法人为实现其公共利益的目标，仅仅依靠法人内部机构实施治理是远远无法满足人们对大学本来应当提供的公平的环境和具有效率的运营机制的渴望的。因此，除了保障内部法人机构自治权之外，政府、公众、投资者的权利也是不容忽视的。此外，作为与学校发展直接关联的教师、员工、学生及其家长、校友等利益主体如何在大学法人治理结构中寻求到合理的权利，也是大学公益目标得以实现的重要保障。

我们可以利用利益相关者理论对大学的利益相关者进行更细致的区分，例如根据法律是否存在直接规定（即法律的确定性）来区分，可以将所有的利益相关者划分为法定的利益相关者（即依据法律规定应当取得对大学的特定权利，即经济学中的广义的索取权）和非法定的利益相关者（即仅基于道义上应当获得的特定权利）；又如根据利益相关者与大学法人之间的关系紧密程度作区分，可以划分为首要（直接）的利益相关者和次要（间接）的利益相关者；也有学者依据紧密程度，把大学的利益相关者分为四个层次：第一层次是核心利益相关者，包括教师、学生和管理人员。第二层次是重要利益相关者，包括校友和财政拨款者。第三层次是间接利益相关者，包括与学校有契约关系的

① 李洋、王辉："利益相关者理论的动态发展与启示"，《现代财经》2004年第7期。

当事人，如科研经费提供者、产学研合作者、贷款提供者等。第四层次是边缘利益相关者，包括当地社区和社会公众等。但是，无论怎么讲，只要存在相应的制度安排，这些利益相关者权利或直接或间接地会对法人权利构成制约。如果制度安排是有效的，则利益相关者权利将会正面促进大学的稳定和发展，反之，即使是潜在的利益相关者也可能会对法人权利构成威胁，妨碍法人目标的实现。

作为教职员工、学生等直接的、内在的利益相关者的共同治理问题，我们将在大学与教师、学生的法律关系中有明确的论述，主旨是强调教师、学生对学校事务的有限参与。而间接的、外在的利益相关者的共同治理问题，如校友、用人单位、家长等利益相关者，由于高校的特殊性，更多的是对社会责任、公共利益的追求，作为外部利益相关者的参与就显得更为重要。

大学利益相关者共同治理制度，是大学的利益相关者参与高校法人治理，共同维护与促进高校繁荣与发展的一项治理制度，是寻求一种利益相关者参与共同决策和相互制衡的机制。大学的发展离不开利益相关者的投入或参与，大学应当为利益相关者服务，法人治理结构的核心问题是如何构建良性治理结构，促进利益相关者之间的合作。大学的利益相关者与大学存在着程度不同的利益关系，通过法律法规和高校内部规章制度的完善，使大学利益相关者共同治理机制制度化、法制化，强化利益相关者权利意识、责任意识，避免“搭便车”的心理效应，形成有效的大学治理机制，构成对高校办学活动制衡的一股新力量，实现大学与利益相关者的共同治理制度，逐渐建立健全和完善利益相关者的沟通、指导、监督、救济等制度，从而使大学与利益相关者的利益都得到良好的、适度的、合理的、理性的实现。

五　现代大学制度法人治理结构体系的整体架构

一般来讲，现代大学制度法人治理结构包括外部治理结构与内部治理结构两大块内容。所谓高校法人内部治理结构主要是指高校法人内部如何进行权力配置，保障高校内部利益相关者的权利与义务问题；所谓高校法人外部治理结构则侧重于在高校法人与外部利益相关者之间如何进行权力制衡，并保障高校自主发展的运行机制。在设计高校法人治理结构的过程中，不仅要保障高校独立法人地位和学术自由，还应该有一个权利机制来保障高校学术权利和相关利益团体的利益。

在西方发达国家，高校法人治理结构模式依据不同的标准有不同的划分。

对高校法人外部治理结构模式的划分主要反映在高校外部权力结构上。依据高校法人外部权力结构的不同，高校法人外部治理结构分成三种治理模式：集中治理模式、分散治理模式和复合型治理模式。集中治理模式的特征是高校教育活动的决策权在中央政府，由中央政府通过计划、命令、法律、拨款和监督直接调节高校教育活动，法国等欧洲国家的公立高等学校属于这种治理模式；分散治理模式反映出高校教育活动的决策权和管理权不在中央政府，而在地方政府或者其他利益集团手中，各种分散力量按照自己的意愿和方式治理高校教育的运行，美国公立高等学校属于这种治理模式；复合型治理模式是介于集中治理模式和分散治理模式之间，决策与管理的权力部分在中央政府，部分属于其他组织或利益集团，实行这种模式的典型国家是德国、英国和日本。①

① 张弛、韩强：《学校法律治理研究》，上海交通大学出版社2005年版，第10—11页。

高校法人内部治理结构主要反映在高校内部权力结构、执行结构和监督机制等几个方面。如果依据这几个要素加以划分，西方发达国家高校法人内部治理结构可以分成外部治理结构模式和内部治理结构模式。如英国和美国学校是实行董事会领导，依据相关教育法律和学校章程，董事会构成是由州政府官员、社区代表、家长代表和教师代表以及学生代表组成，如英国还要求学校董事会成员中家长代表的人数要超过半数以上。这种领导体制和董事会人员组成的法律要求就体现出高校法人内部治理结构的一个重要特征是高校行政权力和学术权力分离，高校直接相关利益者控制高校的发展方向和运行机制。[①] 法国和日本高校法人内部治理结构不仅与英国、美国和德国学校治理结构不同，它们各自的治理结构也迥然不同，各有千秋。法国教育属于典型的集权制，大学是“具有法人资格和财政自主权的公立科学、文化、职业性事业单位”，是一种特殊的公立事业单位。日本高校的法人内部治理结构正在试图寻求一种平衡。根据日本《学校教育法》第一章总则部分的第五条规定：“学校的设立者管理其设立的学校，除法令中有特殊规定的情况外，应负担其学校的经费”。2002 年末，日本文部科学省发表了国立大学结构改革方案，推行大学法人化改革。日本大学法人化改革从权力结构来看是国家教育管理权与国立大学自主权之间的一种平衡，其最初意图试图形成像欧美先进国家那样受公共财政支撑的多数大学具有法人资格的状态，以解决和平衡国家性规则制度与学校自主权之间的冲突。2003 年 7 月日本国立大学法人法案成立，2004 年 4 月起各大学开始实行。[②]

当然，也有学者对学校内部治理和外部治理结构中涉及的

---

① 梁忠义主编：《比较教育专题》，东北师范大学出版社 2002 年版，第 131 页。

② 吕可红：“日本新一代大学启动——当前日本大学改革初探”，《外国教育研究》2004 年第 9 期。

相关利益主体的权力配置和义务承担机制，从学校投资者、办学者和经营者以及利益相关者等学校治理结构的关键要素方面加以分析，如图1所示。从这个图中可看出，公立高校内部治理结构存在如下几个权利主体，即举办者权利、经营者权利等。大学的举办者和经营者之间的关系并不是简单的利益关系。公立高校具有强烈的外部特征，因此作为法人治理结构的核心内容之一的举办者权利与经营者权利之间的关系并不仅仅表现为内部关系。在市场经济条件下，其他投资人也可以通过法定或契约的途径介入公立高校经营，从而构成新的外部制衡关系。在权力的运行中，外部的管理和监督显得尤为重要，这就也构成了法人的外部治理结构关系。学校的外部治理结构主要包括政府管理权、投资者权利、利益相关者权利、公众监督权。①

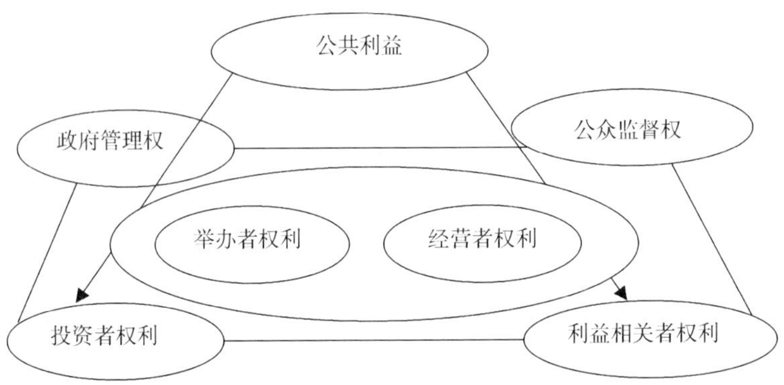

图1 大学投资者、办学者和经营者以及利益相关者之间的相互关系

在此，我们对现代大学制度法人治理结构将从法人内外部治理结构两个方面加以剖析，从而勾勒出现代大学制度法人治理结构体系的整体架构。高校法人内部治理结构，就是要对高校法人

① 覃壮才："我国公立高等学校法人治理结构的基本模型探析"，《教育学报》2005年第4期。

的内部运行机制做出全面的界定，使其内部能够达到一种相互的制约和平衡，主要包括内部组织机构的设置以及组织机构的运行规范。高校法人外部治理结构，就是要协调和规范高校与政府、社会之间的权力配置关系。通过高校法人内外部治理结构的完善，来平衡高校法人中各权利主体在高校发展过程中的责、权、利，实施法人治理，从而理顺高校与政府、社会之间的法律关系，最终扩大与落实高校办学自主权，促进高校法人自主发展。如图 2 所示。

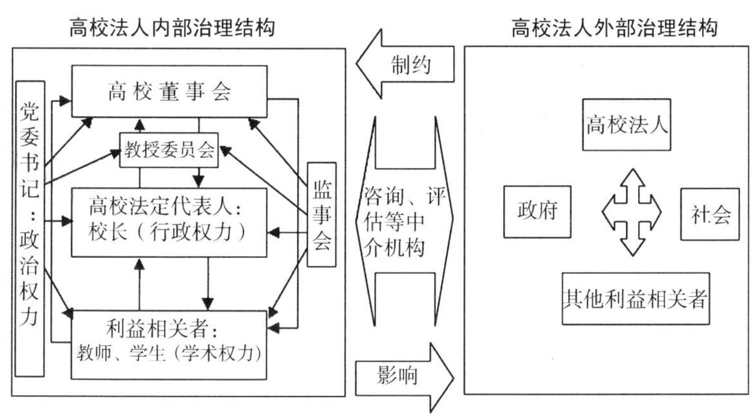

图 2　高校法人内外部治理结构

在高校法人内部治理结构中，权力主体主要有政治、行政、学术、监督等权力资源场域。政治权力的行使者是党组织，决策权力的行使者是高校董事会，行政权力的行使者是高校的法定代表者，学术权力的行使者是教授委员会以及教师、学生等利益相关者，监督权力的行使者是高校监事会等机构与部门。

在高校法人外部治理结构中，权力主体主要有政府、社会、其他利益相关者等多种权力资源场域。在高校法人外部治理结构中，政府占有先天的、绝对的优势地位，在某种程度上，政府不仅是高校的投资者、举办者，也是高校的管理者，其与高校的关系甚为密切。但二者毕竟是两个不同的组织，从法学的角度来讲，政府是机关法人，高校是事业单位法人，政府与高校的性质、经费投入、治理机制都有很大的不同，更为关键的是高校与政府的追求是大相径庭的。因此，高校不能完全受政府力量的摆布与约束，还受到社会、市场的影响，同时，在高校法人外部治理中，我们不应该忽视其他利益相关者的话语权，如家长、社区、校友等。而且，在高校法人内外部治理结构的关系中，法人外部治理结构制约、监督着内部法人治理结构，法人内部治理结构影响、监督着法人外部治理结构。同时，在高校法人内外部治理结构中，咨询、评估等非政府组织或中介机构、第三部门在双方之间起到了桥梁、中介和纽带的作用，为调和双方的利益关系发挥着缓冲的功能，从而使高校的功能得以正常发挥，其他利益主体的利益表达与整合得到应有的重视。

基于在法律视野下对现代大学制度进行本质规定的基础上，现代大学制度法人治理结构，乃以落实大学法人地位为基础与前提，以达成大学内外部权力机制的构造与配置为核心与主线，以大学内外部诸要素之间法律关系的构建为重心，以完成大学的责任与使命为依归。大学法人地位的落实必然引出大学内外部权力机制的构造与配置，内外部权力机制的构造与配置就必然要求对大学内外部诸要素的法律关系进行构建，而不同的法律关系主体又应以其特殊的责任与使命为依归。

现代大学制度法人治理结构的使命是实现公益与权衡利益，大学的公益性是大学的固有属性与客观属性，是大学作为社会系统的一个组成部分。大学所提供的服务最终应为所有社会成员共享，满足社会的公共需求，实现社会的公共利益。大学要实现服务于公共利益的基本目标，就必然涉及利益的权衡问题，现代大学制度法人治理结构的使命就是权衡利益，通过法律的手段权衡利益，达到公共利益的实现。

同时，现代大学制度法人治理结构的实现则有待于系列制度的安排与设计。依照法学理论，现代大学法人制度的安排与设计主要围绕大学产权制度、大学决策制度、大学管理制度、大学的制衡与监督制度、大学的利益相关者治理制度等展开。

结语　寻找现代大学制度法律建构中的生长点

建立适合中国国情的、有中国特色的现代大学制度，是当前我国高等教育面临的重要制度创新，是对现代大学重新进行制度变迁与制度设计的再造，也是高等教育领域的重建运动。现代大学制度的建设是一个长期的、复杂的、动态的、持续的系统工程，是对高等教育领域内权力利益再分割与权利资源再确认的解构与建构。

在当前现代大学制度研究中，对现代大学法人制度、法人治理、法人治理结构等问题还缺乏共性与共识的研究。本研究基于理性指导、制度重构与法规制约等的多重标准，从法理学和制度分析的视角对现代大学制度法律重构中的权力制衡与权利保障问题进行研究，旨在使中国高校的改革能够尽量克服体制性障碍之患。

在现代大学制度的法律重构中，权力制衡是前提，权利保障是核心，通过权力制衡来保障高校成员的权利，通过高校自治实现学术自由。

对现代大学制度法律重构的研究，不仅可以弥补我国高等教育制度法学中现有研究的不足，而且通过积极探索走向高校法人治理过程中的主要法律问题，建构促进当前高校发展的法人治理模式，指导现代大学内外部权力的配置，通过权力制衡达到权利保障的目标，以此来强化高校“大学自治、学术自由”为本的治理理念；同时，该研究有助于加快我国现代大学制度的构建进程，通过研究现代大学制度的法人价值取向与法人治理目标，促进现代大学制度良性、健康、快速地运转，以此来加快现代大学从行政治理转向法人治理的速度；更为重要的是，该研究以制度障碍是当前高校改革与发展的瓶颈问题为前提，认为消除障碍的关键是理顺政府、高校、社会在学校发展过程中各自的责、权、利，积极审视大学与政府、市场、社会以及与大学成员的法律关系，为实践中如何更好走向法人治理、促进学校发展提供理论支撑，探讨大学自治、学术自由与政府干预、社会干预以及大学的公共性的关系，进而向现代大学成为人人受益的公益性本质的方向努力；此外，该研究试图解决高校司法实践的困境，对我国的依法治教贡献绵薄之力，以此为保障高校成员的权利救济铺平法治化的道路。

具体来讲，本研究得出如下结论：

1. 基于“以制度建设为中心”的时代背景，对制度对于现代大学的适切性进行了分析。制度之于现代大学，不仅有利于克服现代大学所遇到的体制性障碍，从而获得制度性文化支撑，而且有利于发挥制度的激励、约束、宽容、妥协与奖惩的功能，更有利于体现制度的有效性并实现法治社会中的制度范式与设计。

2. 从历史的维度在法律视野下对中西现代大学制度生成与变迁的基本特征进行了抽象概括。在西方，自中世纪大学以来，高等教育法制建设已有七百余年的历史，其间虽有起伏，但通过法律手段对高等教育进行治理是各国的共识。在高等教育立法方面，发达国家都拥有较为完备的现代大学法律制度，不仅重视成文法的建设和判例法的收集，而且根据形势的改变，对高等教育法进行了适时的修改；在现代大学治理制度的价值理念上，依循学术自由、大学自治的治道逻辑；在现代大学制度外部利益主体的协调层面，试图建立一种由政府、市场、学校三者共同协调发展的外控与自治相结合的张力模式，体现多方参与的原则；在现代大学制度内部利益主体的共享层面，确保教师、学生利益的优先性，通过教授委员会、学生代表等制度影响高校的决策与发展，体现民主的原则。

在中国，现代大学制度的建设起步晚、时间短，但经过一百余年高等教育的法制建设，已形成了初步的高等教育法律制度。在现代大学制度的价值秉持层面，我国高等教育法制更多地强调国家主义至上，缺乏大学自治、学术自由的传统；在现代大学制度外部利益主体的协调层面，从政府与高校的单一关系开始向政府、市场、高校三者共同协调发展模式演进，从强化社会本位向社会本位与个人本位并重的方向发展；在现代大学制度内部利益主体的共享层面，大学内部权力的配置是一种不均衡的发展模式，教师、学生等利益相关者的权利表达依然很微弱。

基于对现代大学制度的法律透视，发现大学的治理展现为两个维度：在高校法人外部治理结构中，核心是基于大学自治来处理外部不同利益主体的权力制衡问题。在高校法人内部治理结构中，核心是基于学术自由来保障内部不同利益主体的权利保障问题。权力制衡是前提，权利保障是核心，通过权力制衡来保障高校自主权。现代大学制度法律重构的目的与归宿是通过高校自治实现学术自由，在权力制衡的基础上，实现对高校成员权利的保障。

3. 从现实的维度对中国现代大学制度遭遇的“法治化危机”进行了较为详细的分析、梳理与诠释。中国高校的法治化危机主要表现为：大学法律地位定位面临的问题、大学法人地位模糊化、大学法人权力配置非均衡、大学法人运行机制不顺畅、大学法人主体地位失落、大学在办学活动中法律观念不强等几个方面。在此基础上，对高校的法律地位、法人地位等高校法人治理的前提性问题进行了创造性的研究。

研究认为，根据已有的立法积累，可以在事业单位法人和行政主体的基础上，整合我国公立高等学校法人的制度安排。其一，事业单位法人可以完全解决公立高等学校法人在民事权利、民事行为和民事责任方面的问题，因此不必再另行设立新的法人制度专门规范公立高等学校法人。其二，由于公立高等学校法人也承担着部分政府公务，为解决其主体地位问题，可以采用的立法概念主要有两个，行政主体和行政机关。但将公立高等学校视为行政机关显然不符合目前世界高校法人化改革的浪潮，不利于我国政府改革，而使用行政主体则可以解决此问题。因为，行政主体包括行政机关和法律、法规授权的组织，我国法律、法规对公立高等学校也有相应的授权条款，则公立高等学校实际上具有法律、法规授权组织的地位，为行政主体的有机组成部分，承担着部分政府公务。其三，当政府与高校形成行政法律关系时，高校居于行政相对人的角色。

因此，我国高校的法律地位具有多重性。具体来看，其具有三重法律身份：事业单位法人、法律法规授权组织、行政相对人。

4. 从世界范围内兴起的“高等学校法人化运动”入手，提出了中国现代大学改革的核心在法律层面应是赋予大学的法人地位。大学法人化运动的创建性在于大学主体地位的回归与大学本体危机的克服与重塑，实现大学办学效率与效益相统一的效能，消除大学的制度性或体制性障碍，提高大学的社会适应能力，调和有关大学“内在自由”与“外部干预”的关系，建立适当的预警机制，达到“自在”与“自为”的和谐统一，使其拥有独立的法人资格，从而进行自主办学。

研究认为，所谓法律视野下的现代大学制度指的是在落实大学法人地位的基础上，以“法人治理结构”为运行机制，建立以“大学自治、学术自由、科学治理、公益为本”为根本特性的一系列规则体系。从法学的角度来讲，大学法人治理结构是指为维护各利益主体以及社会公共利益，保证大学正常有效地发展，由法律和大学章程规定的有关组织结构间权力分配与制衡的制度体系。显然，法人治理结构的核心是形成一个有效的权力分配与制衡的制度体系，体现大学法人治理的原则。

5. 在法律视野下对现代大学制度进行本质规定的基础上，研究认为，现代大学制度法人治理结构，乃以落实大学法人地位为基础与前提，以达成大学内外部权力机制的构造与配置为核心与主线，以大学内外部诸要素之间法律关系的构建为重心，以完成大学的责任与使命为依归。大学法人地位的落实必然引出大学内外部权力机制的构造与配置，内外部权力机制的构造与配置就必然要求对大学内外部诸要素的法律关系进行构建，而不同的法律关系主体又应以其特殊的责任与使命为依归。

现代大学制度法人治理结构的使命是实现公益与权衡利益，大学的公益性是大学的固有属性与客观属性，是大学作为社会系统的一个组成部分。大学所提供的服务最终应为所有社会成员共享，满足社会的公共需求，实现社会的公共利益。大学要实现服务于公共利益的基本目标，就必然涉及利益的权衡问题，现代大学制度法人治理结构的使命就是权衡利益，通过法律的手段权衡利益，达到公共利益的实现。

现代大学制度法人治理结构的实现则有待于系列制度的安排与设计。依照法学理论，现代大学法人制度的安排与设计主要围绕大学产权制度、大学决策制度、大学管理制度、大学的制衡与监督制度、大学的利益相关者治理制度等展开。

总之，现代大学制度的法律重构，应在权力制衡的基础上实现对权利的保障，遵循“志于学术自由，据于大学自治，依于公益为本，游于科学治理”的办学理念。

参考文献

著述类

1. ［美］伯顿·R. 克拉克，王承绪等译：《高等教育新论》，浙江教育出版社 1987 年版。

2. ［美］斯蒂芬·J. 鲍尔，侯定凯译：《教育改革——批判和后结构主义的视角》，华东师范大学出版社 2002 年版。

3. ［法］埃德加·莫兰，陈一壮译：《复杂性理论与教育问题》，北京大学出版社 2004 年版。

4. ［美］伯顿·克拉克，王承绪等译：《建立创业型大学：组织上转型的途径》，人民教育出版社 2003 年版。

5. ［美］埃里克·古尔德，吕博等译：《公司文化中的大学》，北京大学出版社 2005 年版。

6. ［美］亨利·罗索夫斯基，谢宗仙等译：《美国校园文化：学生·教授·管理》，山东人民出版社 1996 年版。

7. ［美］刘易斯·科塞，郭方等译：《理念人——一项社会学的考察》，中央编译出版社 2004 年版。

8. ［美］帕森斯，梁向阳译：《现代社会的结构与过程》，光明日报出版社 1988 年版。

9. ［美］博登海默，邓正来译：《法理学——法律哲学与法律方法》，中国政法大学出版社 1999 年版。

10. ［西班牙］奥尔特加·加塞特，徐小洲等译：《大学的使命》，浙江教育出版社 2001 年版。

11. ［美］德里克·博克，徐小洲等译：《走出象牙塔——现代大学的社会责任》，浙江教育出版社 2001 年版。

12. ［英］弗里德里希·冯·哈耶克，邓正来等译：《法律、立法与自由》，中国大百科全书出版社 2000 年版。

13. ［美］莱斯特·M. 赛拉蒙等，贾西津等译：《全球公民社会——非营利部门视界》，社会科学文献出版社 2002 年版。

14. ［加］许美德，许洁英主译：《中国大学 1895—1995：一个文化冲突的世纪》，教育科学出版社 2000 年版。

15. ［美］克拉克·克尔，陈学飞译：《大学的功用》，江西教育出版社 1993 年版。

16. ［奥］凯尔森，沈宗灵译：《法与国家的一般理论》，中国大百科全书出版社 1996 年版。

17. ［荷兰］弗兰斯·F. 范富格特，王承绪等译：《国际高等教育政策比较研究》，浙江教育出版社 2001 年版。

18. ［德］哈特穆特·毛雷尔，高家伟译：《行政法学总论》，法律出版社 2000 年版。

19. ［法］莫里斯·奥利乌，龚觅等译：《行政法与公法精要》，辽海出版社 1999 年版。

20. ［美］罗尔斯，何怀宏等译：《正义论》，中国社会科学出版社 1988 年版。

21. ［美］科恩，聂崇信等译：《论民主》，商务印书馆 1994 年版。

22. ［美］李普塞特，张绍宗译：《政治人——政治的社会基础》，上海人民出版社 1997 年版。

23. ［美］丹尼尔·贝尔，赵一凡等译：《资本主义文化矛盾》，生活·读书·新知三联书店 1989 年版。

24. ［德］哈贝马斯，曹卫东等译：《公共领域的结构转型》，学林出版社 1999 年版。

25. ［德］柯武刚、史漫飞：《制度经济学——社会秩序与公共政策》，商务印书馆2000年版。

26. ［德］卡尔·曼海姆，艾颜译：《意识形态和乌托邦》，华夏出版社2001年版。

27. ［美］亚伯拉罕·弗莱克斯纳，王承绪等译：《现代大学论——美、英、德大学研究》，浙江教育出版社2001年版。

28. 周光礼：《学术自由与社会干预——大学学术自由的制度分析》，华中科技大学出版社2003年版。

29. 周远清：《21世纪中国的高等教育》，高等教育出版社2001年版。

30. 甘阳、李猛主编：《中国大学改革之道》，上海人民出版社2004年版。

31. 张宇燕：《经济发展与制度选择》，中国人民大学出版社1992年版。

32. 汪丁丁：《制度分析基础》，社会科学文献出版社2002年版。

33. 邹吉忠：《自由与秩序》，北京师范大学出版社2003年版。

34. 卢现祥：《西方新制度经济学》，中国发展出版社2003年版。

35. 施惠玲：《制度伦理研究论纲》，北京师范大学出版社2003年版。

36. 任钟印：《夸美纽斯教育论著选》，人民教育出版社1990年版。

37. 张俊宗：《现代大学制度——高等教育改革与发展的时代回应》，中国社会科学出版社2004年版。

38. 张维迎：《大学的逻辑》，北京大学出版社2004年版。

39. 劳凯声、郑新蓉等：《规矩方圆——教育管理与法律》，中国铁道出版社 1997 年版。

40. 马怀德：《行政制度建构与判例研究》，中国政法大学出版社 2000 年版。

41. 劳凯声主编：《中国教育法制评论（第 1 辑）》，教育科学出版社 2002 年版。

42. 劳凯声主编：《变革社会中的教育权与受教育权：教育法学基本问题研究》，教育科学出版社 2003 年版。

43. 江平主编：《法人制度论》，中国政法大学出版社 1994 年版。

44. 湛中乐主编：《高等教育与行政诉讼》，北京大学出版社 2003 年版。

45. 周志宏：《学术自由与大学法》，蔚理法律出版社 1989 年版。

46. 金锦萍：《非营利法人治理结构研究》，北京大学出版社 2005 年版。

47. 周光礼：《教育与法律——中国教育关系的变革》，社会科学文献出版社 2005 年版。

48. 陈鹏、祁占勇：《教育法学的理论与实践》，中国社会科学出版社 2005 年版。

49. 陈鹏：《公立高等学校法律关系研究》，高等教育出版社 2006 年版。

50. 彭宇文：《中国高校法人治理结构研究》，中国社会科学出版社 2006 年版。

51. 陈向明：《质的研究方法与社会科学研究》，教育科学出版社 2002 年版。

52. 谢维和：《教育活动的社会学分析：一种教育社会学的研究》，教育科学出版社 2000 年版。

53. 刘复兴：《教育政策的价值分析》，教育科学出版社 2003

年版。

54. 刘李胜：《制度文明论》，中共中央党校出版社 1993 年版。

55. 康永久：《教育制度的生成与变革——新制度教育学论纲》，教育科学出版社 2003 年版。

56. 张文显：《二十世纪西方法哲学思潮研究》，法律出版社 1996 年版。

57. 樊纲：《渐进改革的政治经济学》，上海远东出版社 1996 年版。

58. 杨光武：《制度的形式与国家的兴衰——比较政治发展的理论与经验研究》，北京大学出版社 2005 年版。

59. 沈宗灵主编：《法理学》，北京大学出版社 2001 年版。

60. 吴庚：《行政法治理论与实务》，三民书局 1998 年版。

61. 乔育彬：《行政组织法》，高等教育出版社 1994 年版。

62. 夏之莲：《外国教育发展史资料选粹》，北京师范大学出版社 1999 年版。

63. 王名扬：《法国行政法》，中国政法大学出版社 1988 年版。

64. 郝维谦、李连宁主编：《各国教育制度比较研究》，人民教育出版社 1999 年版。

65. 王名扬：《英国行政法学》，中国政法大学出版社 1987 年版。

66. 林准主编：《行政案例选编》，法律出版社 1995 年版。

67. 中国教育与人力资源问题报告课题组：《从人口大国迈向人力资源大国》，高等教育出版社 2003 年版。

68. 金锦萍：《非营利法人治理结构研究》，北京大学出版社 2005 年版。

69. 刘新科：《国外教育发展史纲》，中国社会科学出版社

2002 年版。

70. 刘宝存：《大学理念的传统与变革》，教育科学出版社 2004 年版。

71. 陈学飞主编：《美国、德国、法国、日本当代高等教育思想研究》，上海教育出版社 1998 年版。

72. 贺国庆主编：《外国高等教育史》，人民教育出版社 2003 年版。

73. 陈永明：《教育行政新论》，华东师范大学出版社 2003 年版。

74. 李华兴：《民国教育史》，上海教育出版社 1998 年版。

75. 霍益萍：《近代中国的高等教育》，华东师范大学出版社 1999 年版。

76. 李露：《中国近代教育立法研究》，广西师范大学出版社 2001 年版。

77. 别敦荣：《中美大学学术管理》，华中理工大学出版社 2000 年版。

78. 劳凯声主编：《教育法学》，辽宁大学出版社 2000 年版。

79. 王锐生等：《社会哲学导论》，人民出版社 1994 年版。

80. 魏振瀛主编：《民法》，北京大学出版社、高等教育出版社 2000 年版。

81. 陈立鹏编著：《学校章程》，光明日报出版社 1999 年版。

82. 朱小蔓：《教育的问题与挑战——思想的回应》，南京师范大学出版社 2000 年版。

83. 韩骅：《学术自治——大学之魂》，中国文史出版社 2005 年版。

84. 赵宝云：《西方五国宪法通论》，中国人民公安大学出版社 1994 年版。

85. 董保城：《教育法与学术自由（初版）》，月旦出版社股份有限公司 1997 年版。

86. 张弛、韩强：《学校法律治理研究》，上海交通大学出版社 2005 年版。

87. 梁忠义主编：《比较教育专题》，东北师范大学出版社 2002 年版。

88. 转型期中国重大教育政策案例研究课题组：《缩小差距——中国教育政策的重大命题》，人民教育出版社 2005 年版。

89. 张静：《法团主义》，中国社会科学出版社 1998 年版。

90. 马万华：《从伯克利到北大、清华——中美公立研究型大学建设与运行》，教育科学出版社 2004 年版。

91. 周志宏：《学术自由与大学法》，蔚理法律出版社 1989 年版。

92. 王英杰：《美国高等教育的发展与变革》，人民教育出版社 2001 年版。

93. 姚金菊：《转型期的大学法治——简论我国大学法的制定》，中国法制出版社 2007 年版。

94. 张德祥：《高等学校的学术权力与行政权力》，南京师范大学出版社 2002 年版。

95. 陈永明等：《比较教育行政》，华东师范大学出版社 2005 年版。

96. 杨汉平：《教师与学校权益法律保护》，西苑出版社 2001 年版。

97. 傅维利、刘民：《文化变迁与教育发展》，四川教育出版社 1988 年版。

98. 陈孝彬主编：《外国教育管理史》，人民教育出版社 1996 年版。

99. 张文显主编：《法理学》，高等教育出版社、北京大学出版社 1999 年版。

100. 黄葳主编：《教育法学》，广东高等教育出版社 2002 年版。

101. 关保英：《行政法的价值定位》，中国政法大学出版社 1997 年版。

102. 沈岿：《平衡论：一种行政法认知模式》，北京大学出版社 1999 年版。

103. 韩大元主编：《外国宪法》，中国人民大学出版社 2000 年版。

104. 金耀基：《大学之理念》，生活·读书·新知三联书店 2001 年版。

105. 林纪东：《比较宪法》，五南图书出版公司 1980 年版。

106. 易运升：《西学东渐与自由意识》，湖南人民出版社 1998 年版。

107. 毕宪顺：《权力整合与体制创新——中国高等学校内部管理体制改革研究》，教育科学出版社 2006 年版。

108. 闵维方主编：《中国高等教育运行机制》，人民教育出版社 2002 年版。

论文类

1. 卢乃桂、陈霜叶："20 世纪 90 年代以来中国高等教育改革中市场角色的研究"，《教育研究》2004 年第 10 期。

2. 汪丁丁："知识经济的制度背景"，《战略与管理》2000 年第 2 期。

3. 陈颐："简论以制度为学科对象的社会学"，《社会科学研究》1988 年第 3 期。

4. 高桂娟："论建立现代大学制度的时机与紧迫性"，《教育与现代化》2003 年第 2 期。

5. 邬大光："现代大学制度的根基"，《现代大学教育》2001

年第 1 期。

6. 张俊宗：“现代大学制度——内涵、主题及内容”，《江苏高教》2004 年第 4 期。

7. 吴松：“我们离现代大学制度有多远?”，《中国大学教学》2005 年第 1 期。

8. 陈颖：“论传统大学精神与我国现代大学制度的构建”，《江苏高教》2006 年第 1 期。

9. 宋旭红：“我国现代大学制度建构的三个层次”，《辽宁教育研究》2004 年第 10 期。

10. 别敦荣：“我国现代大学制度探析”，《江苏高教》2004 年第 3 期。

11. 王冀生：“现代大学制度的基本特征”，《高教探索》2002 年第 1 期。

12. 杨东平：“现代大学制度的精神特质”，《中国高等教育》2003 年第 23 期。

13. 周光礼：“大学的自主性与现代大学制度”，《大学教育科学》2003 年第 4 期。

14. 李晓波：“以股份制为契机建立现代大学制度”，《中国高教研究》2002 年第 6 期。

15. 王冀生：“建立有中国特色的现代大学制度——攻坚阶段我国高教体制改革的重点”，《高教探索》2000 年第 1 期。

16. 张应强、高桂娟：“论现代大学制度建设的文化取向”，《高等教育研究》2002 年第 6 期。

17. 潘懋元：“走向社会中心的大学需要建设现代制度”，《现代大学教育》2001 年第 1 期。

18. 黄永军：“现代大学制度的本质是自组织”，《国家教育行政学院学报》2005 年第 5 期。

19. 陈颖：“论传统大学精神与我国现代大学制度的构建”，

《江苏高教》2006 年第 1 期。

20. 张应强：“高等教育创新与现代大学制度的建设”，《深圳职业技术学院学报》2002 年第 3 期。

21. 康乃美：“‘两个转换’是现代大学制度确立的关键”，《现代大学教育》2001 年第 1 期。

22. 袁贵仁：“建立现代大学制度，推进高教改革和发展”，《光明日报》2000 年 2 月 23 日。

23. 高新发：“从第一部门到第三部门——论我国公办高等学校转型的制度选择”，《教育研究》2002 年第 10 期。

24. 叶信治：“刚柔相济的现代大学制度浅议”，《现代大学教育》2001 年第 1 期。

25. 马怀德：“公务法人问题研究”，《中国法学》2000 年第 4 期。

26. 陈鹏：“论高校自主权的司法审查”，《陕西师范大学学报》2004 年第 1 期。

27. 王建华：“走向第三部门的高等教育”，《比较教育研究》2004 年第 6 期。

28. 劳凯声：“社会转型与教育的重新定位”，《教育研究》2002 年第 2 期。

29. 邬大光、王建华：“第三部门视野中的高等教育”，《高等教育研究》2002 年第 2 期。

30. 胡国铭：“制度性文化建设——中国建立现代大学制度的基本途径”，《鄂州大学学报》2004 年第 1 期。

31. 熊跃根：“转型经济国家中‘第三部门’的发展：对中国现实的解释”，《社会学研究》2001 年第 1 期。

32. 高德步：“诺斯的制度变迁理论与中国社会变革评说”，《学习与探索》1996 年第 4 期。

33. “中国社会发展研究”课题组研究报告：“中国改革中

期的制度创新与面临的挑战”,《社会学研究》1997 年第 1 期。

34. 申素平:“试析英美高等学校的法律地位”,《比较教育研究》2002 年第 5 期。

35. 胡劲松、葛新斌:“关于我国学校‘法人地位’的法理分析”,《教育理论与研究》2001 年第 6 期。

36. 申素平:“试论高等学校法人地位问题”,《高等师范教育研究》1997 年第 4 期。

37. 邬大光:“高校贷款的理性思考与解决方略”,《教育研究》2007 年第 4 期。

38. 和震:“大学自治研究的基本问题”,《清华大学教育研究》2005 年第 6 期。

39. 张斌贤、孙益:“西欧中世纪大学的特权”,《北京师范大学学报(社会科学版)》2004 年第 4 期。

40. 别敦荣:“我国高等学校的自主办学与西方的大学自治”,《高等教育研究》1999 年第 5 期。

41. 郑亚:“法国高等教育改革趋势和高等教育的欧洲模式”,《比较教育研究》1999 年第 4 期。

42. 刘铁:“我国现行大学制度的历史演进及特征”,《黑龙江高教研究》2003 年第 2 期。

43. 顾明远:“中国高等教育传统的演变与形成”,《高等教育研究》2001 年第 1 期。

44. 张斌贤:“现代大学制度的建立和完善”,《国家教育行政学院学报》2005 年第 11 期。

45. 周川:“高校与政府关系的几点思考”,《高等教育研究》1995 年第 1 期。

46. 张斌贤、李子江:“论学术自由在美国的制度化历程”,《沈阳师范大学学报(社会科学版)》2003 年第 5 期。

47. 姚云:“美国高等教育法治化演进及其特点”,《华东师范大学学报（教育科学版）》2004 年第 1 期。

48. 申素平：“公立高等学校与政府的分权理论”，《比较教育研究》2003 年第 8 期。

49. 杨东平：“现代大学制度的形成、演变和创新”，《国家教育行政学院学报》2005 年第 5 期。

50. 孔垂谦：“制度环境与大学组织的现代性”，《清华大学教育研究》2004 年第 2 期。

51. 熊庆年：“大学法人化趋势与我们的对策”，《江苏高教》2002 年第 4 期。

52. 黄福涛：“日本国立大学独立行政法人的现状与趋势”，《高等教育研究》2000 年第 5 期。

53. 李守福：“日本国立大学将不再姓‘国’——日本国立大学独立行政化述评”，《比较教育研究》2000 年第 5 期。

54. 周光礼：“学习自由的法学透视”，《高等工程教育研究》2005 年第 5 期。

55. 劳凯声：“教育市场的可能性及其限度”，《北京师范大学学报（社会科学版）》2005 年第 1 期。

56. 王一兵：“大学自主与大学法人化的新诉求——全球化知识经济带来的挑战”，《高等教育研究》2001 年第 3 期。

57. 吴开华：“论我国私立学校的法律性质”，《教育科学》2001 年第 2 期。

58. 史秋衡，宁顺兰：“高等学校产权分析”，《教育与经济》2002 年第 4 期。

59. 潘懋元：“教育主权与教育产权关系辨析”，《中国高等教育》2003 年第 6 期。

60. 王绽蕊：“中国能否借鉴美国高校的董事会制度？”，《董事会》2007 年第 8 期。

61. 车海云：“中美高校董事会的比较研究”，《江苏高教》

2001 年第 3 期。

62. 龙宗智："依法治校与高校领导体制的改革完善"，《北京大学学报（哲学社会科学版）》2005 年第 1 期。

63. 潘燕："美国高校董事会制度及其启示"，《教育科学》2004 年第 2 期。

64. 金顶兵、闵维方："研究型大学组织整合机制的案例研究"，《北京大学教育评论》2003 年第 2 期。

65. 张君辉："中国大学教授委员会制度的本质论析"，《教育研究》2007 年第 1 期。

66. 姚剑英："我国大学教授委员会现状分析及实践构想"，《现代教育科学》2007 年第 2 期。

67. 厉以宁："确立企业法人财产权的意义"，《金融时报》1994 年 2 月 2 日。

68. 覃壮才："我国公立高等学校法人治理结构的基本模型探析"，《教育学报》2005 年第 4 期。

69. 罗豪才："行政法的核心与理论模式"，《法学》2002 年第 8 期。

70. 廖湘阳，王战军："我国教育中介机构的组织系统分析"，《江苏高教》2002 年第 5 期。

71. 陈鹏、祁占勇："论教育法的价值冲突及其选择"，《中国教育学刊》2004 年第 5 期。

72. 胡建华："两种大学自治模式的若干比较"，《全球教育展望》2002 年第 12 期。

73. 马凤歧："大学自治与学术自由"，《高教探索》2004 年第 4 期。

74. 唐玉光、薛天祥："大学自治与高校办学自主权"，《上海高教研究》1994 年第 4 期。

75. 李如森："高等学校面向社会自主办学的理性思考"，

《中国轻工教育》2002 年第 1 期。

76. 姚启和："自主办学：高等学校自身发展规律的要求"，《高等教育研究》1995 年第 5 期。

77. 马龙海："论高校自主办学的权力与责任"，《辽宁教育学院学报》2001 年第 3 期。

78. 黄厚明："大学自主权的历史——文化视角"，《理工高教研究》2002 年第 6 期。

79. 湛中乐、韩春晖："论大陆公立大学自主权的内在结构——结合北京大学的历史变迁分析"，《教育管理研究》2005 年第 3 期。

80. 刘北成："以职业安全保障学术自由——美国终身教授的由来及争论"，《美国研究》2003 年第 4 期。

81. 褚宏启："中小学生权利的法律保护"，《中国教育学刊》2000 年第 4 期。

82. 程雁雷："高校学生管理纠纷与司法介入之范围"，《法学》2004 年第 12 期。

83. 程雁雷："高校退学权若干问题的法理探讨"，《法学》2000 年第 4 期。

84. 谢晖："论权力与权利界分及其对我国改革的意义"，《天津社会科学》1994 年第 2 期。

85. 丁丽娟、张卫良："我国大学章程的现状及建设"，《江苏高教》2005 年第 6 期。

86. 陈玉琨、戚业国："论我国高校内部管理的权力机制"，《高等教育研究》1999 年第 3 期。

87. 周光礼："学术自由的实现与现代大学制度的建构"，《学术界》2003 年第 2 期。

88. 孔明："对学术权力的再审视"，《现代大学教育》2004 年第 1 期。

89. 熊庆年："大学法人化趋势与我们的对策"，《江苏高教》2002 年第 4 期。

外文类

1. North. D, Institutions, institutional change and economic performance, Cambridge: Cambridge University Press1990.

2. Thorndike Lynn. University Record & Life in the Middle Ages. New York: Columbia University Press1944.

3. Paolo Nardi. Relation with Authority. Hilder De Riddler – Symoens (ed.). The Universities in the Middle Ages. London: Cambridge University Press1992.

4. Alan B. Cobban, The medieval universities: their development and organization. London: Methuen & CoLtd. 1975.

5. Alan B. Cobban, Universities in the Middle Ages, Liverpool University Press1990.

6. Duryea Edwin D. The Academic Corporation: A History of College & University Governing Board. New York: Falmer Press2000.

7. Brody Alexander. The American State & Higher – Education T H Aston. The University as a Corporate Body, The History of Oxford (I). Oxford: Charendon Press1986.

8. T H Aston. The University as a Corporate Body, The History of Oxford (I). Oxford: Charendon Press1986.

9. Verger J, Patterns. In Hilde De Ridder – Symones. Ed. A History of the University in Europe. Volume 1. University in the Middle Ages. London: Cambridge University Press, 1996.

10. See James J. Fishman & Stephen Schwarz, Nonprofit Organization: Case and Materials, Second Edition, New York, Founda-

tion Press, 2000.

11. See Henry Hansmann. The Role of Nonprofit Enterprise, Yale Law Journal, Vol. 89, pp835, 840 – 845 (1980).

12. See Dennis D. Pointer, James E. Orlikoff, The High – performance Board: Principles of Nonprofit Organization Governance, The Jossey – Bass Nonprofit and Public Management Series, 2002.

13. See William G. Bowen, Inside the Boardroom: Governance by Directors and Trustee, 1994.

14. E. Schick, Shared Visions of Public Higher Education Governance: Structures and Leadership Styles That Work, American Association of State College and Universities with Support from the American Council on Education, 1992.

15. D. Bol, Higher Learning, Cambridge, Mass.: Harvard University Press1983.

16. The four essential freedom of a university to determine for itself on academic grounds who may teach, what may be taught, how it shall be taught, and who may be admitted to study. See Sweezy v. New Hamshire, 354U. S. 237 (1975)

17. Martin Trow, "On the Accountability of Higher Education in the United States", in W. Browen and H. Shapiro ed., Universities and Their Leadership, Princeton, N. J.: Princeton University Press, 1998.

18. C. Kerr & M. Gade, The Many Lives of Academic Presidents; Time, Place and Character, Washington, D. C.: Association of Governing Boards of Universities and Colleges, 1986.

19. Donald Willower, "School Principals, School Culture and School Improvement", Educational Horizons 63 (1984).

20. Ketleen Florestal, Rob Cooper · M. Decentralization of edu-

cation: Legal Issues, Washington D. C.: World Bank, 1997.

21. Dennis A. Rondinelli, "Government Decentralization in Comparative Perspective: Theory and Practice in Developing Coutries", International Review of Administrative Science 47 (1981).

22. R. E. Kelly, The Power of Followership, New York: Doubleday, 1999.

23. Terrence J. Mac Taggart and Associates, Seeking Excellence Through Independence, Jossey - Bass publishers, San Francisco, 1998.

24. Willard Lane, Ronald Corwin, and William Monahan, Foundations of Educational Administration: A Behavioral Analysis [New York: Macmillan, 1996].

后　记

本书是在我的博士论文基础上修订完成的，同时也是陕西省2007年度社会科学基金资助项目“现代大学制度的法律重构”（立项号：07K004Z）的最终研究成果。

时光不会因为人的感觉而改变它的节奏，但人可以在生活中对时间作出快慢的体验。此时看似一晃而过的三年，其实充满了日日月月、分分秒秒的努力和劳作，也凝聚着老师、亲人、朋友的帮助、鼓励和期盼。

感谢我的导师栗洪武教授！本研究从选题、修改到最终定稿，导师都给予了悉心的指导和帮助。我能够顺利完成学业，里面倾注了导师辛勤的汗水。三年来，导师严慈相济、周密细致、循循善诱、谆谆教导、言传身教，使我终身受益。同时，导师对我人生的点拨和生活上的帮助，都是我顺利完成学业的动力。在此之际，谨向尊敬的导师表示深深的谢意！导师之情，无以言表，终生难忘。

感谢我的硕士导师陈鹏教授！一直以来，陈老师对我的指导与关注从未停止过，从本科到硕士，再到博士，陈老师不仅给予了我学业上的点拨与教导，而且给予了生活上的关照与帮助，更是给予了工作上的支持和鼓励。他那敏锐的思维、深厚的底蕴、风趣的语言，成为我不断前进的动力。

感谢郝文武教授、李国庆教授、司晓宏教授、陈晓端教授、刘新科教授，作为教育学原理的导师，无论是平时的学习还是在课堂教学中，导师们渊博的学识和谦和的为人，使我在专业学习和研究的道路上受益匪浅，使我知道了什么是学问不易、学海无涯。感谢袁祖社教授，他一丝不苟的治学态度、平易近人的品质，为我专业领域的拓展提供了多维的视角和难得的机会。感谢霍涌泉教授，在本研究出版之际，担任了本书的评阅人，对研究中的相关问题提出了独到的见解，使我有一种豁然开朗的感觉。感谢刘少林老师，他的关心和帮助，使我得以顺利完成学业。

在论文开题中，北京师范大学教育学院张斌贤教授、中央教育科学研究所刘惊铎教授针对本研究中的有关问题提出了中肯而富有建设性的修改意见，对本研究结构的完善大有裨益。在此表示衷心的感谢！

感谢北京师范大学教育学院劳凯声教授、北京大学教育学院陈学飞教授，在答辩中，他们针对本研究存在的问题提出了深刻而独到的见解，作为晚辈必将加倍努力，以取得力所能及的成绩。

感谢何菊玲、张立国、强建周、何善平、王鹏炜、窦坤、郭祥超等本专业的同学，在本研究的写作中，他们提出了许多宝贵的意见。三年来，他们在学业上的鼓励和帮助、生活中的关心和激励，给我的学习和生活平添了许多动力和乐趣。

同时，非常感激我的父母和岳父母，他们一直无怨无悔地支持和鼓励着我。感谢妻子张旸！三年来，她不仅要完成自己的教研工作，还要操持家务，抚育女儿，让我安心地学习。她的全力支持与鼓励，是我能够完成本研究的动力。

感谢所有教导、关注、帮助过我的师长和朋友们！